Hans-Michael Empell

Gutenberg vor Gericht

Der Mainzer Prozess um die erste gedruckte Bibel

Peter Lang
Internationaler Verlag der Wissenschaften

Bibliografische Information der Deutschen Nationalbibliothek
Die Deutsche Nationalbibliothek verzeichnet diese Publikation in der Deutschen Nationalbibliografie; detaillierte bibliografische Daten sind im Internet über <http://www.d-nb.de> abrufbar.

Diese Arbeit wurde von
Herrn Prof. Dr. Gerhard Köbler
zur Aufnahme in diese Reihe empfohlen.

Umschlagabbildung:
Justitia – Sinnbild der Gerechtigkeit.
Dieser Bildausschnitt wurde einem Buch
aus dem 17. Jahrhundert entnommen.

ISSN 0344-290X
ISBN 978-3-631-58108-7

www.peterlang.de

Danksagung

In den folgenden Zeilen möchte ich all denen meinen Dank aussprechen, die dazu beigetragen haben, dass die vorliegende Untersuchung entstehen und publiziert werden konnte. Vor allen anderen schulde ich Herrn Professor Dr. Gerhard Köbler, Universität Innsbruck, Dank für wertvolle Anmerkungen sowie für seine Empfehlung, die Untersuchung in die „Rechtshistorische Reihe" aufzunehmen. Ich danke ferner Herrn Professor Dr. Dr. h. c. mult. Peter Landau, Ludwig-Maximilians-Universität München, für eine gutachterliche Stellungnahme. Herrn Dr. Armin Schlechter (Universitätsbibliothek Heidelberg, Abteilung für Handschriften und Alte Drucke) schulde ich Dank dafür, dass er einen Entwurf meiner Arbeit gelesen und mit Anmerkungen versehen hat, von denen ich ausnahmslos profitiert habe. Ich danke auch Herrn Dr. Leonhard Hoffmann, dem bekannten Gutenbergforscher, für eine Reihe von Kommentaren zu einem Resümee meiner Arbeit, die Anlass für mich waren, die Untersuchung an mehreren Stellen in erheblichem Umfang zu ändern.

Für einzelne Auskünfte schulde ich Dank Herrn Dr. Wolfgang Dobras, dem Leiter des Stadtarchivs Mainz, ferner Herrn Dr. Rudolf Steffens vom Institut für geschichtliche Landeskunde an der Universität Mainz e.V. sowie Herrn Dr. Stephan Schaede, Theologe an der Forschungsstätte der Evangelischen Studiengemeinschaft (FEST) in Heidelberg, an der ich seit über zwanzig Jahren als Bibliothekar und als Völkerrechtler tätig bin. Schließlich danke ich Herrn Privatdozent Dr. Wolfgang Bock, einem ehemaligen Kollegen an der FEST, jetzt Richter am Landgericht Frankfurt am Main, für seine Unterstützung.

Herr Pascal Vollmer, weder Gutenbergforscher noch Rechtshistoriker und auch sonst nicht „einschlägig" beruflich tätig, sondern Elektroingenieur und Fachmann für die Qualitätssicherung von Softwareprogrammen, hat gleichwohl meine Arbeit kritisch gelesen und mit Anmerkungen versehen, die mich zu zahlreichen sowohl stilistischen als auch inhaltlichen Änderungen veranlasst haben. Nicht aus professionellem Interesse, sondern aus Freundschaft hat er die Arbeit begutachtet. Dafür möchte ich ihm meinen ganz besonderen Dank aussprechen.

Herrn Dr. Helmut Rohlfing (Niedersächsische Staats- und Universitätsbibliothek Göttingen, Abteilung Handschriften und Alte Drucke) danke ich für die Erlaubnis, den Text einer in der vorliegenden Untersuchung analysierten Urkunde, des Helmasperger'schen Notariatsinstruments, im Anhang dieser Arbeit abzudrucken. Schließlich dürfen einige Institutionen nicht unerwähnt bleiben, die mir bei der Beschaffung von Literatur und anderen Quellen dankenswerterweise behilflich waren: die Heidelberger Universitätsbibliothek, die Bibliotheken des Instituts für Geschichtliche Rechtswissenschaft und des Historischen Seminars der Universität Heidelberg sowie das Institut für Stadtgeschichte in Frankfurt am Main.

Heidelberg, im Februar 2008

Inhaltsverzeichnis

A. Thema und Gang der Untersuchung

1. Zur Einführung

Um die Mitte des 15. Jahrhunderts strengte der Mainzer Bürger Johannes Fust ein Gerichtsverfahren gegen den Erfinder der Buchdruckerkunst Johannes Gutenberg an. Einen sehr hohen Betrag verlangte er von ihm, 2020 Gulden.[1] Der Konflikt, der Fust zu diesem Schritt veranlasste, bezog sich auf den Druck einer Bibel – des ersten großen Werkes, das mit Hilfe der neuen Technik hergestellt wurde. Dieses Werk, heute Gutenberg-Bibel genannt, wird von manchen als das schönste jemals gedruckte Buch angesehen. Obwohl das Mainzer weltliche Gericht (Stadtgericht) im Herbst 1455 ein Urteil gesprochen hat, wird der Prozess über Jahrhunderte hinweg von Teilen der Gutenbergforschung weitergeführt. Ein neues Urteil wird angestrebt: Das Gericht habe, so heißt es, Fust zu Unrecht bevorzugt, es sei einseitig gegen Gutenberg vorgegangen. Seine „Ehren-Rettung" sei deshalb erforderlich, wie es bereits im Titel einer im Jahre 1741 von Johann David Köhler veröffentlichten Schrift heißt.[2] Aber auch in umgekehrter Richtung wird neuerdings argumentiert. So hat sich der Kunsthistoriker Eberhard König in einem 1986 publizierten Aufsatz ausdrücklich „für Johannes Fust" eingesetzt.[3] Wenn der Fall Fust gegen Gutenberg hier erneut aufgegriffen wird, so geschieht dies nicht in der Absicht, für den einen oder anderen Kontrahenten Partei zu ergreifen. Soll historische Forschung überhaupt mit einem Gerichtsverfahren verglichen werden, dann wird hier angestrebt, den Streit eher aus der Warte eines von Absichten möglichst freien Gerichts zu behandeln.[4] Bevor Zielsetzung, Methode und Gang der Untersuchung erläutert werden, wird Gutenbergs Lebensweg kurz geschildert; außerdem wird dargelegt, zu welchen Ergebnissen die Gutenbergforschung im Hinblick auf den Prozess bisher gelangt ist.

---

1 Hoffmann (1993a), S. 260 stellt fest, für 100 Gulden habe man ein mittelgroßes Bürgerhaus erwerben können. Nach Bechtel (1992), S. 378 entsprechen 800 Gulden dem Betrag von 160 000 US-Dollar oder 240 000 DM (1992). Galantaris (2004), S. 43 konstatiert, dass 800 Gulden heute wenigstens 160 000 Euro ausmachen.

2 Köhlers Versuch einer „Ehren-Rettung" betrifft in erster Linie die Stellung Gutenbergs als des Erfinders der Buchdruckerkunst, bezieht sich aber auch auf Fusts Klage und das Urteil des Mainzer Gerichts; vgl. Köhler (1741/2000), Vorrede.

3 Dies der Titel des Aufsatzes; vgl. König (1986), S. 285.

4 Zum Verhältnis von Geschichtswissenschaft und Jurisprudenz vgl. Ginzburg (1991), S. 26 ff. und 97 f.; zum Verständnis von geschichtswissenschaftlicher Darstellung als Verteidigung vgl. Ginzburg (1991), S. 28.

2. Gutenbergs Leben – eine Skizze

Nur wenig ist vom Leben Johannes Gensfleischs, der sich selbst Gutenberg nannte,[5] bekannt. Schon das genaue Datum und der Ort seiner Geburt sind nicht überliefert.[6] Um die Wende vom 14. zum 15. Jahrhundert muss er geboren sein, wohl in Mainz, vielleicht aber auch in Eltville, wo die Familie ein Anwesen besaß. Deutlicher ist seine ständische Herkunft: Gutenberg entstammte einer vornehmen Familie wohlhabender Kaufleute.[7] Sie gehörte zum Kreis der „Alten" oder „alten Geschlechter", wie es in den Quellen heißt.[8] Im Anschluss an den Sprachgebrauch der Humanisten wurden (und werden) solche Familien auch „Patrizier" genannt.[9] Sie waren ratsfähig[10] und genossen darüber hinaus weitere Privilegien.[11] Sein Vater war Friele Gensfleisch (um 1350 – 1419), seine Mutter Else Wirich (gestorben vor 1433), die Tochter eines wohlhabenden Krämers, der nicht zum Kreis der Patrizier gehörte. Eine Urkunde, die Auskunft über Gutenbergs Kindheit und Jugend gibt, ist nicht überliefert. Vielleicht hat er an der Universität Erfurt studiert. Die Wahl dieser Universität lag nahe, weil die Stadt Erfurt zum Erzbistum Mainz gehörte; der Erzbischof war Rektor der Universität. Im Matrikelbuch der Universität ist verzeichnet, dass sich ein „Johannes de Alta Villa" (Johannes aus Eltville) im Sommersemester 1418 hat immatrikulieren lassen, im Wintersemester 1419 legte er seine Prüfung als Baccalaureus ab. Da Gutenberg möglicherweise in Eltville geboren wurde, könnte sich die Eintragung auf ihn beziehen; eindeutig ist dies nicht. Die erste sichere Erwähnung findet sich in einem Dokument von 1420, das sich auf Erbstreitigkeiten mit einer älteren Halbschwester bezieht. Zu dieser Zeit muss Gutenberg bereits volljährig, das

---

5 Seine Eltern waren im Hof zum Gutenberg ansässig, wo Gutenberg wohl auch seine Kindheit verbrachte; vgl. Wagner (2000), S. 114 f. Zu den unterschiedlichen Namensformen, unter denen Gutenberg in zeitgenössischen Urkunden erscheint, vgl. Ruppel (1947), S. 32 f.; Bechtel (1992), S. 144 ff.

6 Zum Folgenden vgl. Wagner (2000), S. 114 ff.

7 Vgl. Ruppel (1947), S. 21 ff.

8 Vgl. Dobras (2001), S. 96 mit weiteren Nachweisen.

9 Zur Problematik des Begriffs „Patrizier" vgl. Dobras (2001), S. 95.

10 Die Patrizier hatten zunächst ein Monopol auf die Sitze in dem seit 1244 bestehenden Rat. Seit 1332 waren auch die in Zünften organisierten Handwerker und Händler, die die Mehrheit der Bürger bildeten, im Rat vertreten; vgl. Dobras (2001), S. 96.

11 Die Privilegien bilden die Merkmale, durch die sich die Patrizier von den übrigen Bürgern der Stadt unterschieden: das Dienstrecht (das Recht, in die Dienste des Erzbischofs zu treten und von ihm Lehen zu empfangen), das Gadenrecht (das Recht, Wolltuch zu schneiden und zu verkaufen) und die Mitgliedschaft in der Münzerhausgenossenschaft (verbunden mit dem alleinigen Recht des Edelmetallhandels und des Geldwechsels); vgl. Dobras (2001), S. 97 f.

heißt mindestens 14 Jahre alt, gewesen sein, da er, wie sich aus dem Dokument ergibt, nicht durch einen Vormund vertreten wurde.

Aufschluss über Gutenbergs weiteren Lebensweg gewährt eine Urkunde vom 28.3.1430. In der „Rachtung"[12] des Erzbischofs Konrad von Dhaun ist eine Einigung zwischen den Patriziern und den Zünften dokumentiert, durch welche die politischen Machtverhältnisse in der Stadt neu geordnet wurden. Vorausgegangen war (seit 1428) ein Konflikt, in dem die Zünfte den Patriziern Misswirtschaft und eine hohe Verschuldung der Stadt vorgeworfen hatten. In dem seit 1429 von den Zünften beherrschten Rat wurde daraufhin beschlossen, die von den Patriziern zu zahlenden Steuern zu erhöhen. Um eine Steuerflucht zu verhindern, sollten sie verpflichtet werden, zehn Jahre lang in der Stadt zu bleiben, wenn sie nicht das Bürgerrecht verlieren wollten. Ein Teil der Patrizier reagierte gleichwohl mit Auswanderung. Auch Gutenberg wurde in der Urkunde von 1430 als zurzeit „nit inlendig", das heißt nicht im Herrschaftsbereich der Stadt lebend, namentlich genannt. Zusammen mit anderen Patriziern wurde er zur Rückkehr aufgefordert. Dieses Angebot nahm Gutenberg, soweit bekannt, nicht an. Wohin er im Jahre 1428 gezogen war, ist nicht überliefert. Irgendwann ließ er sich in Straßburg nieder, wo er vom März 1434 bis März 1444 zuverlässig nachweisbar ist.[13]

Um das Jahr 1436 führte die Patrizierin Ennelin von der Yserin Thüre (Eisernen Türe) einen Prozess vor dem geistlichen Gericht zu Straßburg gegen Gutenberg wegen eines angeblich gebrochenen Eheversprechens.[14] Der Ausgang des Verfahrens ist nicht überliefert, so dass nicht sicher zu sein scheint, ob Gutenberg die Klägerin schließlich geheiratet hat oder nicht. In der Gutenbergforschung werden zahlreiche Indizien angeführt, die dafür sprechen, dass Gutenberg *nicht* zur Eheschließung verurteilt wurde und dass er die Klägerin tatsächlich auch nicht geheiratet hat.[15] In der Diskussion zu diesem Punkt wurde bisher Folgendes nicht beachtet: Wenn ein Mann von einem geistlichen Gericht wegen des Bruchs eines Eheversprechens verurteilt wurde, war die Folge in aller Regel nicht eine Zwangsheirat, sondern die Zahlung von Schadenersatz oder eines Reuegeldes, das heißt des Betrages, der bei der Verlobung für den Fall ausbedungen war, dass die Ehe nicht geschlossen wurde.[16] Allein schon aus diesem

---

12 Eine „Rachtung" ist eine rechtliche Regelung oder Entscheidung, die Beilegung eines Streits, eine Vereinbarung, ein Vergleich.

13 Zum Folgenden vgl. Kapr (1988), S. 61 ff.; Bechtel (1992), S. 212 ff.; Wagner (2000), S. 122 ff.; Venzke (2000), S. 85 ff.; Dobras (2000), S. 22.

14 Vgl. Wagner (2000), S. 123 mit weiteren Nachweisen.

15 So war Gutenberg zu keiner Zeit Straßburger Bürger, was er im Fall einer Heirat ohne Weiteres geworden wäre.

16 Vgl. Weigand (1993), S. 248 ff. und 345 ff.

Grund ist es sehr unwahrscheinlich, dass Gutenberg zur Eheschließung verurteilt wurde – sofern das Gericht der Klägerin überhaupt Glauben schenkte.

Zu Beginn des Jahres 1438 vereinbarte Gutenberg mit Hans Riffe, einem reichen Straßburger Patrizier, Devotionalien herzustellen, die für eine Pilgerfahrt nach Aachen bestimmt waren, die „Aachener Pilgerspiegel".[17] Die nächste der alle sieben Jahre stattfindenden Pilgerfahrten war für 1439 vorgesehen. Das Unternehmen beruhte auf einer Erfindung Gutenbergs, die es ermöglichte, solche Pilgerspiegel einfacher, schneller und damit in größerer Zahl herzustellen, als dies zuvor möglich war. Bald danach wurden zusätzlich Andreas Heilmann und Andreas Dritzehn in die Gesellschaft aufgenommen. Hans Riffe war Investor, Gutenberg brachte die auf seiner Erfindung beruhenden Produktionsmittel ein, die beiden neuen Partner trugen ihre Arbeitskraft und eine Einlage von jeweils 80 Gulden bei. Sie alle wurden von Gutenberg in das Geheimnis der Erfindung eingeweiht und sollten am Gewinn beteiligt werden. Gutenbergs Gewinnanteil betrug die Hälfte, Riffe hatte Anspruch auf ein Viertel, Dritzehn und Heilmann konnten jeweils ein Achtel des Gewinns verlangen. Die für 1439 vorgesehene Pilgerfahrt wurde allerdings, vielleicht wegen einer sich ausbreitenden Pest, auf das Jahr 1440 verschoben, so dass die 1438 hergestellten Pilgerspiegel zunächst einmal nicht abgesetzt werden konnten.

Im Anschluss an die Herstellung der Pilgerspiegel gründeten die gleichen Geschäftspartner ein neues Unternehmen, das als „aventur und kunst" bezeichnet wurde. Ein weiteres Mal stellte Gutenberg eine Erfindung zur Verfügung. Worin diese bestand, ist nicht überliefert; möglicherweise ging es dabei bereits um den Druck mit beweglichen Lettern. Hans Riffe, Andreas Dritzehn und Andreas Heilmann brachten Geld in die Gesellschaft ein. Dritzehn und Heilmann hatten auf Grund eines zusätzlichen finanziellen Beitrags ein Recht darauf, in das Geheimnis der Erfindung eingeweiht zu werden.[18] Die beiden Projekte sind nur deshalb überliefert, weil sie Anlass für Streitigkeiten boten, die zu Gerichtsverfahren führten. Die Prozessakten sind, wenn auch nicht im Original, so doch in wörtlichen Abschriften erhalten. In einem Straßburger Dokument wird Gutenberg ein letztes Mal am 12.3.1444 genannt: Er zahlte seine jährlich fällige Weinsteuer.

---

17 In Aachen wurden den Pilgern Reliquien gezeigt. Mit den „Spiegeln" sollte die wundertätige Strahlung, die, wie man glaubte, von den Reliquien ausging, über eine größere Entfernung hinweg „eingefangen" und gewissermaßen nach Hause getragen werden; vgl. Wagner (2000), S. 309 f.

18 Falls einer der Mitgesellschafter sterben würde, sollten die übrigen Gesellschafter 100 Gulden an die Erben zahlen, während das restliche Geld und was sonst der Gesellschaft gehörte bei den Gesellschaftern verbleiben musste. Das Geheimnis der Erfindung sollte auf den Kreis der Gesellschafter beschränkt bleiben.

Die älteste urkundliche Erwähnung Gutenbergs *nach* seinem Aufenthalt in Straßburg findet sich möglicherweise in einem Dokument des Frankfurter Schöffengerichts vom 10.8.1447, das sich auf einen „Henne Genßfleisch von Menze" bezieht.[19] Dieser bereits 1841 veröffentlichten, in der Literatur zur Gutenbergforschung aber erst 2001 publizierten Urkunde lässt sich vielleicht entnehmen, dass Gutenberg nach seinem Straßburger Aufenthalt wieder in Mainz oder in der Umgebung von Mainz lebte.[20] Die erste sichere Erwähnung ist einer Urkunde vom 17.10.1448 zu entnehmen. Arnold Gelthus, ein Verwandter Gutenbergs, verschaffte ihm einen Kredit über 150 Gulden, für den Gelthus selbst als Schuldner haftete, während Gutenberg die Zinsen zahlen musste. Dieser Kredit stand wohl bereits in einem unmittelbaren Zusammenhang mit dem Buchdruck: Spätestens als er in seine Heimat zurückgekehrt war, begann Gutenberg damit, die Technik des Drucks mit beweglichen Lettern zu entwickeln. Nicht nur finanzielle Hilfe empfing er dabei, sondern er wurde vielleicht auch bei der Entwicklung der neuen Technik unterstützt – von dem bereits erwähnten

---

19 Vgl. Schartl (2001), S. 85.

20 Es ist nicht eindeutig, ob die Urkunde tatsächlich Johannes Gutenberg betrifft. Schartl (2001), S. 85 stellt fest, die Urkunde könne sich nicht auf einen entfernten Verwandten Gutenbergs, Henne Gensfleisch den Alten aus der Linie Sorgenloch, beziehen, weil dieser sehr wahrscheinlich bald nach einer letzten urkundlichen Erwähnung vom 28.10.1443 verstorben sei. Schenk zu Schweinsberg (1900), S. 97 = I 34, S. 105 = II 10 geht ebenfalls davon aus, dass Henne Gensfleisch der Alte 1443/1444 gestorben ist. Friederichs (1968b), S. 98 berichtet von einem Grabstein dieses Henne Gensfleisch und fügt hinzu, 1443 sei er verstorben. Dennoch bleiben Zweifel daran, ob sich die Urkunde vom 10.8.1447 tatsächlich auf Johannes Gutenberg bezieht. Aus der Linie Sorgenloch sind nämlich zwei weitere Personen bekannt, die Henne Gensfleisch hießen. Einer von ihnen (spätestens 1411 – 1467) war ein Neffe des wohl 1443 verstorbenen Henne Gensfleisch. Er wurde, wie Schenk zu Schweinsberg (1900), S. 109 = II 14 mitteilt, nach dem Tod seines Onkels stets als „der Alte" bezeichnet, so bereits 1445 – zur Unterscheidung von einem gleichnamigen Vetter, der bis zum Tode des „Alten" (1467) „der Junge" genannt wurde („der Junge" wurde erstmals 1442 urkundlich erwähnt und starb wohl 1478). Johannes Gensfleisch „der Junge" war in erster Ehe mit einer Nichte Gutenbergs (der Tochter seines Bruders Friele) verheiratet; vgl. Schenk zu Schweinsberg (1900), S. 110 = II 18. In der von Schartl publizierten Urkunde vom 10.8.1447 wird lediglich von einem „Henne Genßfleisch von Menze" gesprochen – ohne den Zusatz: „der Junge" oder „der Alte". Daraus könnte geschlossen werden, dass keiner von beiden mit dem Henne Gensfleisch identisch ist, von dem in dieser Urkunde die Rede ist, was dafür sprechen würde, dass sie sich auf Johannes Gutenberg bezieht. Schenk zu Schweinsberg (1900), S. 97 = I 34 stellt jedoch auch fest, Gutenberg sei „ständig" als „Johann Gensfleisch, den man nennt Gutenberg", oder kurz als „Johann Gutenberg" bezeichnet worden. Im gleichen Sinne konstatiert Ruppel (1947), S. 33, wenn in zeitgenössischen Urkunden der Name Johannes Gensfleisch ohne den Beinamen Gutenberg erscheine, könne man sicher sein, „dass es sich nicht um den großen Erfinder handelt". Die These, wonach „Henne Genßfleisch von Menze" in der Urkunde vom 10.8.1447 mit Johannes Gutenberg identisch ist, muss daher wohl mit einem Fragezeichen versehen werden.

Johannes Fust (um 1400 – 1466)[21], der gelernter Goldschmied[22] sowie Geschäftsmann und Fürsprecher war. Auch Peter Schöffer (um 1430 – 1502/03), der 1449 als Schreiber in Paris tätig gewesen war,[23] könnte an der Entwicklung der Drucktechnik, vielleicht sogar entscheidend, beteiligt gewesen sein.[24] Bereits in der ersten Hälfte des 11. Jahrhunderts war die Technik des Drucks mit beweglichen Lettern in China erfunden worden. Zunächst wurden bewegliche Keramiklettern, seit dem 13. Jahrhundert auch bewegliche Metalllettern verwendet, wie Gutenberg dies später getan hat.[25] In Korea wurden seit dem 13. Jahrhundert ebenfalls Bücher mit beweglichen Lettern gedruckt.[26] Gleichwohl hat Gutenberg den Druck mit beweglichen Lettern „von sich aus" entwickelt, und dies selbst, wenn man annimmt, dass er Kenntnis von in Asien praktizierten und anderen Drucktechniken hatte und dass diese Kenntnisse in die Entwicklung der Drucktechnik eingeflossen sind.[27] Wenn darüber hinaus sämtliche von Gutenberg im Hinblick auf den Bücherdruck entwickelten Innovationen ins Auge gefasst werden, insbesondere das Handgießinstrument und die Druckpresse, kann er zu Recht als Erfinder bezeichnet werden.[28] Auch unter der Voraussetzung, dass Fust und Schöffer an der Entwicklung der Drucktechnik beteiligt waren, ist unstreitig, dass Gutenberg der Motor dieser Entwicklung gewesen ist. Zunächst hat Gutenberg vielleicht Drucke geringen Umfangs produziert, wohl in einer

---

21 Vgl. S. 11.

22 Vgl. Geldner (1974), Sp. 427.

23 Vgl. Geldner (1974), Sp. 420.

24 In frühen Quellen wird Schöffer als Mit-Erfinder genannt. So heißt es in der Schlussschrift einer Ausgabe von Justinians Institutionen, die 1468 von Schöffer gedruckt wurde, Gutenberg und Fust hätten die Druckerkunst zwar erfunden, aber erst Schöffer habe die Erfindung zu Ende geführt (Nemirovskij 2003, S. 31 = Nr. 39; vgl. auch S. 78 = Nr. 174). Daneben gibt es frühe Quellen, in denen allein Gutenberg als Erfinder bezeichnet wird (Nemirovskij 2003, S. 36 = Nr. 50; S. 75 = Nr. 166). Auf Grund von Einsichten der Innovationsforschung betont Keiderling (2002), S. 346, die Entwicklung der Druckerkunst sei durch die „Arbeit einer Gruppe" zustande gekommen, wobei Gutenberg die treibende Kraft, der Motor gewesen sei. Zu Leben und Werk Peter Schöffers, der aus Gernsheim stammte, vgl. die englischsprachige Monographie von Hellmut Lehmann-Haupt (1960), die im Jahre 2002, versehen mit einem ausführlichen Vorwort von Monika Estermann, in deutscher Übersetzung erschienen ist (Lehmann-Haupt 2002), sowie die Untersuchung von Cornelia Schneider (2003), ferner die kurze Darstellung von Schöffers Lebensweg bei Schmitz (2001), S. 23 ff. Zum Bild Schöffers „in Überlieferung und Legende" vgl. Hanebutt-Benz (2004); zur Druckerpraxis der Nachkommen Schöffers vgl. Roth (1892); Reske (2007), S. 588 ff.; kurze Darstellung zu Peter Schöffer und seinen Söhnen: Corsten (2007), S. 359 f.

25 Vgl. Twichett (1994), S. 58 ff.; Flessel (2003), S. 278 f.

26 Vgl. Flessel (2003), S. 279; Lie (2003), S. 25 ff.

27 Vgl. von Stromer (2000).

28 In diesem Sinne z.B. auch Lie (2003), S. 74.

kleinen Werkstatt, der sog. Urdruckerei.[29] In einer größeren Werkstatt, die er ab etwa 1450 einrichtete, schuf er sodann zusammen mit Peter Schöffer und anderen das erste große, in der neuen Technik hergestellte Werk, eine 42-zeilige Bibel in lateinischer Sprache.[30] In der breiten Öffentlichkeit ist dieses Werk als Gutenberg-Bibel bekannt, während es in der Forschung auch als B 42 bezeichnet wird.[31] Die Bibel hat einen Umfang von insgesamt 643 Blättern (1286 Seiten).[32] Die Auflage ist nicht bekannt, vermutet werden insgesamt 180 Exemplare, 150 auf Papier, 30 auf Pergament. Auch die Zahl der Pressen ist nicht überliefert; in der Gutenbergforschung werden zuweilen sechs genannt, möglicherweise waren es aber nur zwei. Auf Grund dieser Unklarheit ist auch nicht deutlich, wie viele Personen (Drucker, Setzer, Hilfskräfte) in der Werkstatt beschäftigt waren. Der Vertrieb wurde möglicherweise im Wege der Subskription durchgeführt.[33] Der Verkaufspreis ist nicht sicher überliefert.[34] Erhalten sind 48 (zum Teil unvollständige) Exemplare, zwölf davon auf Pergament (vier vollständig). Es wird angenommen, Ende 1451 oder Anfang 1452 sei mit dem Druck begonnen worden. Häufig wird vermutet, im Jahre 1456 sei der Druck abgeschlossen worden, es werden aber auch die Jahre 1453 und 1454 genannt.[35] Gutenberg konnte den Bibeldruck nur beginnen und zu Ende führen, weil er in Johannes Fust einen finanzkräftigen Geschäftspartner gefunden hatte, der sehr viel Geld in das Unternehmen investierte. Es kam dann jedoch zu einem Konflikt, der dazu führte, dass Fust vor dem weltlichen Gericht zu Mainz Klage gegen Gutenberg erhob. Das dadurch eingeleitete Verfahren ist im „Helmasperger'schen Notariatsinstru-

---

29 Vgl. Wagner (2000), S. 130. Sprenger (1999), S. 42 ff. vertritt die Auffassung, Gutenberg habe 1452 im Auftrag des Nikolaus von Kues Ablassbriefe gedruckt, wie sich aus einem Brief Nikolaus' von Kues von Bruneck (Tirol) aus an den Prior des Mainzer St. Jakobsklosters vom Mai 1452 ergebe. Der Autor stützt seine These in der Hauptsache auf ein einziges Wort: „expressio", das er als Bezeichnung für die von Gutenberg entwickelte neue Technik interpretiert; vgl. die ablehnende Stellungnahme von Mentzel-Reuters (2001), S. 287.

30 Vgl. Gesamtkatalog der Wiegendrucke, Bd. 4 (1930), Sp. 72 ff. = Nr. 4201. Einen sicheren Nachweis dafür, dass die 42-zeilige Bibel von Gutenberg gedruckt wurde, gibt es nicht: Ein Drucker wird darin nicht genannt. Entsprechend der in der Gutenbergforschung allgemein vertretenen Ansicht wird in der vorliegenden Untersuchung aber vorausgesetzt, dass nur Gutenberg der Drucker gewesen sein kann. Ein Überblick über die heute noch vorhandenen Exemplare findet sich bei König (2004), S. 66 ff.

31 Die Bezeichnung der B 42 als „Gutenberg-Bibel" ist zwar üblich, aber nicht ganz eindeutig, da auch eine 36-zeilige Bibel (1460) existiert, die Gutenberg zugeschrieben wird; vgl. König (1983), S. 48 Anm. 8.

32 Zum Folgenden vgl. Hanebutt-Benz (2000), S. 184 ff.

33 Vgl. S. 141 ff.

34 Überlegungen zum Preis der B 42 bei Hoffmann (2002), S. 50 ff.

35 Vgl. S. 136 ff.

ment"[36] teilweise dokumentiert – einer Urkunde, die am 5.11.1455 vom Mainzer Notar Ulrich Helmasperger ausgestellt wurde. Der Streit zwischen Fust und Gutenberg bezog sich, wie es in dem Dokument heißt, auf das „Werk der Bücher" (Z. 42: „werck der bucher"). Zwar wird in der Urkunde nicht erläutert, was darunter genau zu verstehen ist. In der Gutenbergforschung herrscht aber Einigkeit darin, dass damit nur der Druck der 42-zeiligen Bibel gemeint sein kann.[37] Im Herbst 1455 verkündete das Gericht sein Urteil.

Leben und Wirken Gutenbergs in der Zeit während des Gerichtsverfahrens und danach sind nur spärlich dokumentiert: 1457 wird er in einem in Mainz ausgestellten Notariatsinstrument als Zeuge genannt. Auch ist er wohl weiterhin als Drucker tätig gewesen. Es gibt zwar kein einziges Werk, in dem Gutenberg als Drucker namentlich erwähnt wird. Verschiedene Kleindrucke werden ihm aber zugeordnet: eine Ausgabe der „zyprischen Ablassbriefe" (1454/55), ein „Türkenkalender" (1454), ein „Aderlasskalender" (1456) und die „Türkenbulle" (1456/57), um nur einige Beispiele anzuführen. Vielleicht war Gutenberg darüber hinaus am Druck einer 36-zeiligen Bibel, die wohl in Bamberg hergestellt wurde, beteiligt. Schließlich wird vermutet, dass er auch der Drucker einer Ausgabe des „Catholicon" ist, eines umfangreichen, von Johannes de Balbua verfassten Wörterbuches; diese These ist allerdings sehr umstritten.[38]

Seit 1458 hat Gutenberg die Zinsen für ein Darlehen, das er 1442 beim Sankt-Thomas-Stift in Straßburg aufgenommen hatte, nicht mehr gezahlt.[39] Gutenberg wurde daraufhin vom Sankt-Thomas-Stift beim Kaiserlichen Hofgericht in Rottweil verklagt und in das dortige Acht-Buch eingetragen. Geächtet wurde, wer trotz Ladung nicht vor dem Hofgericht erschien oder wer einem Urteil dieses

---

36 Im Folgenden wird der Text des Notariatsinstruments zu Grunde gelegt, wie er im Internet veröffentlicht ist: http://www.gutenbergdigital.de/gudi/dframes/index.htm. Der vollständige Text ist im Anhang wiedergegeben; vgl. S. 152 ff. Wenn in der vorliegenden Untersuchung auf den Wortlaut der Urkunde Bezug genommen wird, werden die entsprechenden Stellen unter Angabe der jeweiligen Zeile (mit der Abkürzung „Z.") angeführt. Die Bezeichnung als Helmasperger'sches Notariatsinstrument ist nicht ganz korrekt. Mehrere von Helmasperger ausgefertigte Instrumente sind überliefert. Die Benennung hat sich jedoch eingebürgert; vgl. Wagner (2000), S. 340 Anm. 1. Weitere Angaben über von Helmasperger ausgestellte Urkunden finden sich in der vorliegenden Untersuchung auf S. 42 f. Anm. 72.

37 Vgl. Dziatzko (1890), S. 113 ff.; Schwenke (1900), S. VII; Hartwig (1900b), S. 273; Widmann (1972), S. 23 f.; Geldner (1972), S. 109 f. mit weiteren Nachweisen auf S. 109 Anm. 35 und 36; Corsten (1979), S. 59; Davies (1996b), S. 18 und 34. Es wird die Auffassung vertreten, das „Werk der Bücher" habe mehr als den Druck der B 42 umfasst, nämlich auch den Druck des Mainzer Psalters („Psalterium Moguntinum"); vgl. Corsten (1979), S. 63. Zu der These, ursprünglich hätten Gutenberg und Fust geplant, ein Missale zu drucken: Blum (1954), S. 97 f.; Corsten (1979), S. 33 ff.; König 1987, S. 168 und 181 f. Anm. 54.

38 An der Diskussion sind vornehmlich zwei Frühdruckforscher beteiligt: Lotte Hellinga und Paul Needham; vgl. Bechtel (1992), S. 535 ff. mit weiteren Nachweisen auf S. 659.

39 Text bei Schorbach (1900), S. 281 ff.; Widmann (1972), S. 33.

Gerichts nicht nachkam.[40] Theoretisch bestand die Folge einer Ächtung darin, dass der Geächtete geschäftsunfähig wurde. Praktisch hatte die Ächtung aber keine oder nur sehr geringe Bedeutung. Im Fall Gutenbergs ist das Vorgehen des Hofgerichts problematisch: Die Untertanen des Mainzer Erzbischofs waren von der Gerichtsbarkeit des Hofgerichts befreit und ausschließlich der Jurisdiktion des Erzbischofs unterworfen.[41] Das Hofgericht machte allerdings große Anstrengungen, um die Geltung derartiger Befreiungen einzuschränken.[42] Die Eintragung in das Acht-Buch brauchte Gutenberg wohl nicht zu einem Umdenken zu bewegen. Jedenfalls zahlte er keine Schulden mehr zurück. Deshalb wurde die geschuldete Summe vom Sankt-Thomas-Stift 1474 abgeschrieben.[43] Am 17.1.1465 nahm der Mainzer Erzbischof Adolf von Nassau Gutenberg für erwiesene Dienste unter seine Hofleute auf und sagte zu, ihn bis zu seinem Tod mit zwei Fudern Wein und zwanzig Maltern Getreide im Jahr sowie mit Hofkleidung zu versorgen und ihn gleichzeitig vom Wach- und Folgedienst sowie von Steuern und anderen Lasten zu befreien.[44] Mit der Ernennung zum Hofmann war verbunden, dass Gutenberg nicht mehr beim weltlichen Gericht zu Mainz verklagt werden durfte.[45] Es musste unmittelbar beim Erzbischof, und das heißt beim Hofgericht, gegen ihn geklagt werden.[46] Dies galt für Zivil- und für Strafsachen. Das Hofgericht, das unter dem Vorsitz des Erzbischofs oder des Viztums (Vizedoms) als seines Vertreters tagte, trat am jeweiligen Aufenthaltsort des Erzbischofs zusammen. Da Erzbischof Adolf von Nassau auch nach der Eroberung von Mainz (1462) seine Hofhaltung in Eltville beibehielt, tagte das Hofgericht zu der Zeit, als Gutenberg Hofmann war, in Eltville. Am 3.2.1468 starb Gutenberg.[47] Er hinterließ Druckgerät, das nicht ihm, sondern dem Mainzer Juristen Dr. Conrad Humery gehörte.[48] Dieser verpflichtete sich in einem Brief an den Mainzer Erzbischof (26.2.1468), das Gerät in Mainz zu belassen und im Falle des Verkaufs einem Mainzer Bürger den Vorrang vor einem Fremden zu geben.[49]

---

[40] Zum Folgenden vgl. Grube (1969), S. 30.

[41] Vgl. Grube (1969), S. 21; vgl. auch die vorliegende Untersuchung S. 39.

[42] Vgl. Grube (1969), S. 22.

[43] Vgl. Wagner (2000), S. 351.

[44] Vgl. Schorbach (1900), S. 290 ff.; Werkmüller (1976), S. 359 mit weiteren Nachweisen Anm. 24; Venzke (2000), S. 289 ff.; bei Wagner (2000), S. 139 findet sich eine Abbildung der Ernennungsurkunde.

[45] Vgl. Bechtel (1992), S. 550.

[46] Vgl. Werkmüller (1976), S. 359, 365 f. und 412.

[47] Zur Datierung vgl. Kapr (1969), S. 7. Sicher ist das Datum nicht; möglicherweise starb Gutenberg bereits im Lauf des Jahres 1467; vgl. Wagner (2000), S. 356 f.

[48] Zu Humery vgl. Erler (1964), S. 28 ff.; Dobras (2001), S. 99 Anm. 34 mit weiteren Nachweisen.

[49] Vgl. Bechtel (1992), S. 553 ff.; Venzke (2000), S. 297 ff.

3. Zum Inhalt des Notariatsinstruments

Das Notariatsinstrument enthält im Wesentlichen eine Eidesleistung Fusts. Vorangestellt werden eine Klage Fusts gegen Gutenberg, dessen Antwort sowie das gerichtliche Urteil, auf dem die Eidesleistung beruhte. Zunächst zur *Klage*: Als Erstes forderte Fust 800 Gulden: Diesen Betrag habe er Gutenberg auf Grund eines Darlehensvertrages, der schriftlich dokumentiert sei, gewährt. Weitere 800 Gulden verlangte er mit der Begründung, der erste Kredit habe Gutenberg nicht ausgereicht, so dass er ihm zusätzliche 800 Gulden als Darlehen gezahlt habe. Darüber hinaus machte Fust, wie im Darlehensvertrag vereinbart, Zinsen (6 % jährlich) geltend, die Gutenberg bisher nicht gezahlt habe – für die zuerst gezahlten 800 Gulden: 250 Gulden; für die später geleisteten 800 Gulden: 140 Gulden. Das gesamte Gutenberg geliehene Geld habe er selbst gegen Zinsen aufgenommen. Da er, um die Zinsforderungen seiner Gläubiger zu erfüllen, wiederum Kredit gegen Zinsen (36 Gulden) habe aufnehmen müssen, verlangte er zusätzlich 36 Gulden. Insgesamt forderte Fust 2020 Gulden.[50]

In der *Antwort* stellte Gutenberg fest: Was die zuerst gezahlten 800 Gulden betreffe, so habe Fust ihm diesen Betrag nicht vollständig und auch nicht sogleich gezahlt. Mit dem Kredit habe er „sin geczuge“ (Z. 37 f.), sein Gerät, und das heißt wohl: eine Druckwerkstatt oder zumindest Teile davon, einrichten sollen. Zur Sicherung seiner Forderung auf Rückzahlung des Kredits habe er Fust ein Pfandrecht an diesem Gerät bestellt. Fust habe versprochen, die zunächst vereinbarten Zinsen nicht einfordern zu wollen. Zu den später vereinbarten 800 Gulden führte Gutenberg aus, er habe mit Fust einen Vertrag über ein gemeinsames Unternehmen geschlossen, um das Werk der Bücher („werck der bucher“, Z. 42) zu vollenden. Zu diesem Zweck habe Fust ihm jährlich 300 Gulden ausgehändigt, insgesamt 800 Gulden. Im Hinblick auf diesen Betrag sei er bereit, Rechenschaft abzulegen. Was den Fall betreffe, dass sich die beiden Partner „alsdan“, das heißt nach dem Abschluss des gemeinsamen Unternehmens, nicht weiterhin einig sein sollten, die Druckerei gemeinsam fortzuführen, sei vereinbart worden, dass er, Gutenberg, den Kredit an Fust zurückzahlen müsse.

Im Notariatsinstrument folgt ein Hinweis darauf, dass die beiden Parteien weitere Erklärungen (Widerrede und Nachrede) abgegeben haben, ohne dass auf deren Inhalt näher eingegangen wird. Danach wurde das *Urteil* (der Rechts-

---

50 Die von Fust verlangten 2020 Gulden decken sich nicht ganz mit dem Betrag, der sich aus den von ihm angeführten Teilbeträgen ergibt: 2026 Gulden. Hier liegt wohl ein Abschreibfehler vor: Eine „6“ konnte leicht mit einer „0“ verwechselt werden; vgl. auch Hoffmann (1993a), S. 260. Der verlesene Text entstammt wohl, um dies hier vorwegzunehmen, einem Gerichtsbrief, dessen Inhalt aus dem Gerichtsbuch übernommen wurde (vgl. S. 57), so dass Abschreibfehler leicht passieren konnten; vgl. auch S. 78 Anm. 16.

spruch) verkündet: Was die Zinsfrage angeht, so legte das Gericht fest: Wenn Fust durch Eid oder glaubwürdige Zeugen beweise, dass er das Gutenberg geleistete Darlehen selbst gegen Zinsen aufgenommen habe, müsse Gutenberg die vereinbarten Zinsen zahlen. Im Hinblick auf die später gezahlten 800 Gulden entschied das Gericht, Gutenberg dürfe eine Abrechnung vornehmen. Wie viel Gutenberg außer den zuerst gezahlten 800 Gulden (die er als Darlehen empfangen hatte) zahlen müsse, hänge vom Ergebnis der Abrechnung ab.[51] Im *Eid* beschwor Fust, dass er 1550 Gulden gegen Zinsen (6 % jährlich) geliehen und Gutenberg übergeben habe. Weiter heißt es im Eid: Der Teil der 1550 Gulden, den Gutenberg *nicht* für das gemeinsame Unternehmen verwendet hatte, sei von ihm zu verzinsen.

4. Divergierende Auslegungen

Die literarischen Äußerungen zum Notariatsinstrument sind nahezu unübersehbar, fast alle bedeutenden Gutenbergforscher des ausgehenden 19. und des 20. Jahrhunderts haben sich auf die Urkunde eingelassen – Karl Dziatzko, Karl Schorbach, Paul Schwenke, Gottfried Zedler, Aloys Ruppel, Rudolf Blum, Ferdinand Geldner, Albert Kapr, Severin Corsten, Leonhard Hoffmann und Guy Bechtel, um einige, besonders wichtige Namen zu nennen. Gleichwohl liegen nur wenige Publikationen vor, die sich ausführlich, umfassend und gründlich mit dem Dokument beschäftigen. Im Folgenden soll eine kleine Auswahl von Publikationen vorgestellt werden, die sich teils besonders intensiv mit dem Notariatsinstrument befasst, teils (auch) weite Verbreitung gefunden haben.

Eine sehr frühe Erwähnung des Notariatsinstruments ist wohl bereits in der 1681 herausgebrachten Schrift „Wahrhafftige Historia von Erfindung der Buchdruckerey-Kunst“ des Philipp Ludwig Authaeus zu finden, in der dieser auf den Konflikt zwischen Fust und Gutenberg einging.[52] Einer seinerzeit verbreiteten Ansicht entsprechend hielt er Fust für den Erfinder. Authaeus nahm auf ein „Instrument“ von 1455 Bezug, das er „in Archivis“ eingesehen habe. Damit sprach er wahrscheinlich das Notariatsinstrument an, zumal Übereinstimmungen im Wortlaut der Darlegungen des Authaeus und des Notariatsinstruments fest-

---

[51] Dieser Teil des Urteils ist schwer verständlich, er kann hier nur sehr verkürzt und ungenau wiedergegeben werden, um die eigene Interpretation nicht vorwegzunehmen; zur Auslegung des Urteils vgl. S. 92 ff.

[52] In: Florian, Gebhard: Der [...] Handels-Stadt Franckfurt am Mayn Chronica, 1706, S. 435-438; vgl. Dziatzko (1889), S. 4; Hoffmann (1993a), S. 261 f.; Hoffmann (1993b), S. 119; zu einer noch früheren Erwähnung (1631) vgl. Dziatzko (1889), S. 4.

stellbar sind.[53] Von weit größerer, bis in die Gegenwart reichender Bedeutung ist das 1741 in Leipzig publizierte Buch „Ehren-Rettung Johann Guttenbergs“ des seinerzeit in Göttingen lehrenden Historikers Johann David Köhler.[54] Wie schon im Titel angedeutet, sollten damals verbreitete Zweifel an der Urheberschaft Gutenbergs durch dieses Buch ausgeräumt werden – „zu unvergänglichen Ehren der Teutschen Nation“, wie es im Titel weiter heißt. Köhler war im Besitz einer Urkunde, aus der diese Urheberschaft abgeleitet werden konnte: des Helmasperger'schen Notariatsinstruments, das Köhler in dem genannten Werk veröffentlichte und kommentierte.[55] Seine Erläuterungen haben das Bild vom Verhältnis zwischen Gutenberg und Fust bis in die Gegenwart hinein geprägt: Aus Geldgier[56] habe Fust einen Prozess mit überhöhten Forderungen gegen Gutenberg vom Zaun gebrochen, noch bevor Gutenberg den Bibeldruck[57] vollendet und den ihm zustehenden Erlös erhalten habe. Fust habe Gutenberg in die Zahlungsunfähigkeit treiben wollen, um sich mit Hilfe des vereinbarten Pfandrechts die Werkstatt anzueignen, was ihm mit Hilfe eines furchtsamen Gerichts schließlich auch gelungen sei.[58] Köhler fährt fort: „Denn daß dieses geschehen, ist daher zu schliessen, weil [...] alle nach den 1455. Jahr in Mayntz gedruckte Bücher, allein von Fausten ausgegeben worden sind, welches ja unmöglich geschehen können, so Guttenberg seine Druckerey behalten hätte.“[59] Im April 1741 schenkte Köhler das Notariatsinstrument der damaligen Königlichen Bibliothek,

---

53 Authaeus verwendete die Worte: „solches Werck“ und „das gemeine Werck“; im Notariatsinstrument heißt es: „solch werck“ (Z. 41), „vnser gemein wergk“ (Z. 60).

54 Ein Reprint, versehen mit einem kurzen Vorwort von Axel Halle, wurde 2000 veröffentlicht; vgl. Köhler (1741/2000). Zu Köhlers Leben und Werk vgl. Schmidmaier (1993), S. 93 ff.

55 Den ersten Abdruck hat bereits 1734 Heinrich Christian Senckenberg vorgenommen; vgl. Dziatzko (1889), S. 1 f.

56 Vgl. Köhler (1741/2000), S. 24: „Hier lässt Faust [Fust; Verfasser] sein Hebräisches Naturell gar zu deutlich sehen“. In seiner antijüdischen Stoßrichtung macht dieses Zitat das Klischee von Johannes Fust als einem geldgierigen, skrupellosen Geschäftemacher in besonders drastischer Form deutlich.

57 Köhler setzte zu Recht voraus, dass sich der Streit auf den Druck einer Bibel bezog, obwohl in der Urkunde nur ungenau vom „Werk der Bücher“ gesprochen wird; vgl. Köhler (1741/2000), S. 24 ff.

58 Vgl. Köhler (1741/2000), S. 21 f., 24, 29 und 35; in seinem 1541 publizierten Gedicht „Chalcographiae inventione“ (Nemirovskij 2003, S. 406 ff.) hatte bereits Johannes Arnold („Bergellanus“) von einem „Forum pavidum“ gesprochen, worauf Köhler (1741/2000), S. 35 und Wetter (1836), S. 424 f. sich bezogen, der dies so erläuterte: Das Gericht war furchtsam und schüchtern, und dies auf Grund des Einflusses der Familie Fust in Mainz: „Die Faustische Familie durfte man also nicht vor den Kopff stossen, weil die selbe so wohl im Stadtrath, als bey den Zünfften in vielen Ansehen stand.“

59 Vgl. Köhler (1741/2000), S. 35.

der heutigen Niedersächsischen Staats- und Universitätsbibliothek Göttingen, wo es unter der Signatur Cod. ms. hist. Litt. 123 Cim. aufbewahrt wird.

Das von Köhler gezeichnete Bild wurde im 19. Jahrhundert zwar von zahlreichen Forschern übernommen,[60] blieb aber nicht unangefochten. Es wurden sogar erhebliche Zweifel angemeldet und Gegenpositionen formuliert.[61] In der 1843 von August Ernst Umbreit publizierten Schrift „Die Erfindung der Buchdruckerkunst“ heißt es, „dass das Gericht nichts anders als seine Schuldigkeit gethan hat, indem es Gutenberg gegen die zu weit getriebenen Forderungen Fust's in Schutz nahm.“[62] Fust „für einen Schurken zu halten, dazu ist nicht der geringste Grund vorhanden.“[63] Zusammenfassend stellte Umbreit fest: „Man macht überhaupt des Geschreies zu viel über diesen Proceß.“[64] Lange galt das Notariatsinstrument dann als verschollen – bis es von dem Bibliothekar Karl Dziatzko in der Göttinger Bibliothek wieder aufgefunden und 1889 erneut publiziert wurde.[65] Dziatzkos Kommentare waren erheblich zurückhaltender und sachlicher als die Darlegungen Köhlers. Bei ihm ist nicht davon die Rede, Fust habe vorzeitig geklagt, um sich die Druckwerkstatt anzueignen. Im Hinblick auf das Urteil führte Dziatzko aus, „so können wir nicht umhin, ihn [den Rechtsspruch; Verfasser) als im ganzen sachgemäß anzuerkennen“.[66] Weiter heißt es, der Ausgang des Prozesses stehe urkundlich nicht fest, „Vermuthungen darüber anzustellen, wäre zwecklos“.[67] Gleichwohl stellte Dziatzko fest, Gutenberg sei wohl kaum in der Lage gewesen, den Kredit (800 Gulden) samt Zinsen zurückzuzahlen. Dziatzko konnte nachweisen, dass die Bibel, auf deren Druck sich das Notariatsinstrument mit den Worten „werck der bucher“ bezieht, nicht, wie bis dahin vermutet, eine ebenfalls überlieferte 36-zeilige, sondern die 42-zeilige Bibel ist.[68]

---

60 Vgl. Schaab (1830), S. 314 f.; vgl. auch von der Linde (1886), S. 855, wonach Fust ein „Shylock“ und „herzloser Wucherer“ war. Um Gutenbergs Elend komplett zu machen, wurde sogar behauptet, er sei erblindet; vgl. König (1986), S. 286 mit weiteren Nachweisen Anm. 6. Zum Fust-Bild der älteren Forschung vgl. auch die kritischen Darstellungen bei Bechtel (1992), S. 39 f.; König (1995), S. 6 ff.; Estermann (1999), S. 234 f.; Schneider (2000), S. 192 f.; Venzke (2000), S. 181 ff.

61 Vgl. Sotzmann (1841), S. 603 f., 606; Kapp (1886/1970), S. 49; Umbreit (1843), S. 110 ff.; Hartwig (1900b), S. 275.

62 Vgl. Umbreit (1843), S. 81.

63 Vgl. Umbreit (1843), S. 117.

64 Vgl. Umbreit (1843), S. 88.

65 Vgl. Dziatzko (1889).

66 Vgl. Dziatzko (1889), S. 33.

67 Vgl. Dziatzko (1889), S. 37.

68 Vgl. Dziatzko (1890).

Aloys Ruppel vertrat in seiner Gutenberg-Monographie (erste Auflage: 1939, zweite Auflage: 1947[69]), die auch heute noch ein Standardwerk bildet, die Auffassung, Fust habe sich im Prozess nicht korrekt verhalten:[70] Er habe Zinsen von Gutenberg gefordert, obwohl er ihm die Zinsen zuvor erlassen habe. Außerdem habe er die später an Gutenberg gezahlten 800 Gulden nicht, wie er behauptete, als Kredit, sondern als Einlage in eine mit Gutenberg vereinbarte Gesellschaft geleistet. Auf Grund des Urteils habe Gutenberg den verpfändeten Teil seiner Werkstatt an Fust verloren, die Typen der B 42 allerdings behalten dürfen. Nur kurz erwähnt seien zwei kleinere Monographien von Walter Menn (1941) und Rudolf Juchhoff (1951). Zukunftsweisend ist Menns Feststellung, alle bisherigen Untersuchungen hätten an drei wesentlichen Fehlern gekrankt:[71]

> „Sie haben erstens die sprachliche Deutung zu leicht genommen, sie haben zweitens sich nicht genügend Form und Zweck des Prozesses klar gemacht, sie haben drittens von vornherein die Ausdeutung der Urkunde mit Hypothesen über die Druckerzeugnisse Gutenbergs verknüpft und damit die klaren Tatsachen der Urkunde in das Dunkel unseres Wissens und Nichtwissens um die ersten Drucke hineingerissen."

Die von Menn formulierten Anregungen wurden in der 1954 erschienenen Untersuchung „Der Prozess Fust gegen Gutenberg" von Rudolf Blum teilweise aufgegriffen.[72] Besonders wichtig und bis heute grundlegend ist hier die genaue Analyse des Wortlauts der Urkunde. Auf dieser soliden Basis werden die zwischen Fust und Gutenberg geschlossenen Verträge und das Gerichtsverfahren analysiert. Blum setzt dabei voraus, dass Gutenberg und Fust ursprünglich geplant hatten, ein Messbuch (Missale) zu drucken. Auf Grund technischer Schwierigkeiten[73] und dem Drängen Fusts nachgebend habe Gutenberg sich später allerdings entschlossen, zunächst eine Bibel herzustellen. Nachdem der Bibeldruck beendet war, habe Gutenberg die Herstellung des Messbuchs in Angriff nehmen wollen, die dafür erforderlichen Drucktypen habe er noch während des Bibeldrucks hergestellt. Nun aber habe Fust befürchtet, Gutenberg werde sich selbständig machen und ihn aus dem Geschäft drängen. Zudem habe er geargwöhnt, Gutenberg könne einen Teil des für den Bibeldruck bestimmten Geldes dafür verwendet haben, die Typen des Missales herzustellen. Deshalb habe er den Plan gefasst, Gutenberg aus dem Druckgeschäft zu entfernen, und zu diesem Zweck Klage gegen ihn erhoben. Das Gericht sei Fust zwar nicht in allen

---

69 Nachdruck: 1967.

70 Vgl. Ruppel (1947), S. 102 ff.

71 Vgl. Menn (1941), S. 7 f.

72 Vgl. Blum (1954), insbesondere S. 3 f.

73 Technische Probleme hätten sich daraus ergeben, dass vier verschiedene Typen für den Druck eines Messbuchs erforderlich gewesen sein, damit das gedruckte Missale nicht hinter einem geschriebenen zurückblieb.

Punkten gefolgt, Gutenberg sei aber zur Zeit des Urteils außerstande gewesen, die geschuldete Summe zurückzuzahlen, weil der Vertrieb der Bibel noch nicht abgeschlossen gewesen sei. Fust habe sich daher einen Teil der Typen für den Druck des Messbuchs aneignen können. Den Missale-Druck habe er dann, zusammen mit Gutenbergs einstigem Gesellen Peter Schöffer, vollendet. So sei es Fust gelungen, Gutenberg auszuschalten.

In seiner 1967 publizierten, seinerzeit weit verbreiteten Monographie über Gutenbergs Leben und Werk folgte Helmut Presser der traditionellen, auf Köhler zurückgehenden Linie:[74] Gutenberg habe nur das Vollkommene gelten lassen, während Fust als Geschäftsmann auf Eile gedrängt habe und ungeduldig geworden sei. Als Künstler sei Gutenberg in finanziellen Dingen dem Geschäftsmann unterlegen gewesen. Das Gericht, das vielleicht nicht ganz unbefangen gewesen sei, habe Fust Recht gegeben. Die Bibel sei noch nicht verkauft gewesen, als das Urteil gesprochen wurde, so dass Gutenberg den größten Teil seiner Werkstatt und die gedruckten Bibeln verloren habe. Abschließend betonte Presser: „Dass nicht ein Wort zu seiner [Gutenbergs; Verfasser] Würdigung gesagt wurde, wird dem Gericht immer vorgeworfen werden müssen."[75]

Auch Ferdinand Geldner hat sich in mehreren Publikationen zum Notariatsinstrument geäußert. An dieser Stelle sei nur sein Aufsatz in dem von Hans Widmann 1972 herausgegebenen Band „Der gegenwärtige Stand der Gutenbergforschung" angeführt.[76] Geldner druckte den Text der Urkunde ab, fügte eine Übersetzung in modernes Deutsch bei und erläuterte den Text.[77] Gemessen am traditionellen Bild vom Verhältnis zwischen Gutenberg und Fust sind die Kommentare sachlich und zurückhaltend. So heißt es im Hinblick auf Fusts Eidesleistung, dieser habe zwar keine „gute Presse" und werde häufig als „Betrüger" verunglimpft, es dürfe aber angenommen werden, dass er keinen Meineid geleistet habe.[78]

In den letzten Jahrzehnten hat sich die Auffassung, wonach die traditionelle, auf Köhler zurückgehende Interpretation der Urkunde abzulehnen ist, immer mehr durchgesetzt. Zur Begründung werden Überlegungen mitgeteilt, die sich auf die Frage beziehen, wann der Druck der B 42 beendet wurde. Severin Corsten, der, wie es im Titel einer von ihm verfassten Abhandlung heißt, „technische und chronologische Probleme" bei der „Drucklegung der zweiundvierzigzeiligen Bibel" untersucht hat, gelangt zu dem Ergebnis, „der Abschluss [sei] auf Ende 1453, besser noch auf Anfang 1454 zu legen" und damit deutlich frü-

---

74 Vgl. Presser (1967), S. 68 ff.

75 Vgl. Presser (1967), S. 74.

76 Vgl. Geldner (1972), S. 91 ff.

77 Die Erläuterungen Geldners sind auch der Internetversion des Notariatsinstruments beigefügt; vgl. die Angabe der Internetadresse auf S. 17 Anm. 36.

78 Vgl. Geldner (1972), S. 104.

her als bisher vermutet (1456) anzusetzen.[79] Da Gutenberg im Herbst 1455 verurteilt wurde, kann Corsten zufolge geschlossen werden, dass die Annahme, Gutenberg sei *vor* dem Verkauf der Bibeln verurteilt worden, hinfällig geworden ist.[80] In die gleiche Richtung scheint ein wichtiger, von manchen Autoren als geradezu sensationell bezeichneter Quellenfund zu weisen.[81] Im Jahre 1982 publizierte der Historiker Erich Meuthen einen Brief Enea Silvio de‘ Piccolominis, des damaligen kaiserlichen Rates und späteren Papstes Pius II.,[82] an den spanischen Kardinal Juan de Carvajal[83] vom 12.3.1455.[84] Piccolomini war aus Anlass eines Reichstages im Oktober 1454 in Frankfurt am Main gewesen,[85] wo er aus fünf Doppelblättern bestehende Faszikel einer gedruckten Bibel gesehen hatte. Weiter heißt es im Brief, einige Lagen seien auch zu Kaiser Friedrich III. nach Wiener Neustadt[86] gebracht worden. Zudem habe er glaubwürdige Informationen darüber empfangen, dass es auch schon vollständig gedruckte Bibeln gebe. Folgt man den Darlegungen Piccolominis, so haben bereits im Herbst 1454 fertig gedruckte Bibeln vorgelegen.[87] Da das Urteil gegen Gutenberg erst ein Jahr später verkündet wurde, wird geschlossen, dass schon zahlreiche, wenn nicht sogar alle Bibeln verkauft waren, als die gerichtliche Entscheidung erging. Auch dies spreche dafür, dass Fust nicht „vorzeitig“ Klage erhoben hat.[88]

Albert Kapr stellt in seinem 1988 erschienen Werk „Johannes Gutenberg – Persönlichkeit und Leistung“[89] fest, zwischen Gutenberg und Fust sei es zu

---

79 Vgl. Corsten (1979), S. 58; vgl. auch König (1995), S. 8 f. Hanebutt-Benz (1997) datiert den Druck der B 42 ebenfalls auf den „Zeitraum zwischen 1453 und 1454“.

80 Vgl. Corsten (1979), S. 61 f.

81 Vgl. Hoffmann (1983), S. 473; Hoffmann (1993a), S. 255; Kapr (1988), S. 168; Bechtel (1992), S. 364.

82 Zu Leben und Werk Piccolominis vgl. die knappen Darstellungen bei Esch (1993), Sp. 2190 ff.; Helmrath (2001), S. 492 ff.; Tavano/Karp (1996), S. 537 ff.

83 Vgl. Meuthen (1983), Sp. 1536.

84 Vgl. Meuthen (1982), S. 108 ff.; Davies (1996a), S. 193 ff.; Bechtel (1992), S. 363 ff.; König (1995), S. 9 f. Der Brief war bereits in einer Biographie Juan de Carvajals von Lino Gómez Canedo (Madrid 1947) und sogar schon in einer um 1480 in Köln gedruckten Ausgabe von Briefen Piccolominis (Drucker: Arnold ter Hoernen) veröffentlicht worden, blieb von der Gutenbergforschung jedoch unbemerkt.

85 Piccolomini war zum Reichstag nach Frankfurt am Main gefahren, dessen Thema der Türkenkrieg bildete. Er hielt sich dort seit dem 5.10.1454 auf und dürfte kurz nach dem 31.10.1454 abgereist sein; vgl. Meuthen (1982), S. 111.

86 Wiener Neustadt ist eine Stadt in Niederösterreich, die ca. 50 km südlich von Wien gelegen ist. Kaiser Friedrich III. hat sie (neben Graz) als Residenz genutzt.

87 Vgl. Hoffmann (1992), S. 46.

88 Vgl. Dodu (1985), S. 18; Braun (1987), S. 72; Bechtel (1992), S. 393; König (1995), S. 9; Estermann (1999), S. 235; Füssel (2000a), S. 11.

89 Das Werk erschien zunächst 1986 in Leipzig, Jena und Berlin; 1987 in Frankfurt am Main und Wien; in einer zweiten Auflage 1988 in München. 1995 kam eine von Douglas Martin

Zwistigkeiten gekommen, weil die Druckerei in Geldnöten war.[90] In Mainz hätten wahrscheinlich Informationen kursiert, wonach Gutenberg einen Teil der Einlage in eine zweite Druckerei gesteckt habe.[91] Nach dem Urteil habe Gutenberg die Werkstatt und die Typen der B 42 an Fust verloren, weil er zahlungsunfähig gewesen sei. Die Mitteilung Piccolominis vom Frühjahr 1455, die Bibeln seien bereits verkauft, könne nicht zutreffend sein. Entweder hätten ihm seine Gewährsleute etwas Falsches berichtet oder er habe bewusst die Unwahrheit gesagt, weil er der Verpflichtung Carvajals habe entgehen wollen, ihm ein Exemplar zu beschaffen.[92] Der Brief Piccolominis hat es demnach nicht vermocht, Kapr zu einem grundsätzlichen Umdenken im Hinblick auf Gutenbergs Schicksal zu bewegen.

In einer Reihe von tiefschürfenden und zum Teil umfangreichen Abhandlungen hat sich auch Leonhard Hoffmann zu Problemen des Bibeldrucks geäußert – sowohl zur Dauer des Drucks, der Zahl der Arbeitskräfte, den Unterhaltskosten für das Personal, der Zahl der Pressen und dem Verkaufspreis als auch zum Notariatsinstrument und dem darin dokumentierten Gerichtsverfahren.[93] Auf Grund des von Piccolomini verfassten Briefes stellt er fest, als Fust im Herbst 1455 seine Klage gegen Gutenberg erhob, sei der Druck der B 42 seit mindestens einem Jahr abgeschlossen und die große Mehrzahl der Exemplare verkauft gewesen.[94] Deshalb lehnt Hoffmann die traditionelle Ansicht ab, wonach Gutenberg zur Zeit des Urteils zahlungsunfähig gewesen ist.[95]

Guy Bechtel vertritt in seiner 1992 erschienenen, allgemein als herausragend anerkannten Monographie „Gutenberg et l'invention de l'imprimerie" die Auffassung, der Konflikt, der zum Gerichtsverfahren geführt habe, sei zwar erst entstanden, als der Vertrieb der Bibel bereits abgeschlossen war.[96] Die Ausgaben Gutenbergs für die B 42 (und vielleicht auch für andere Projekte) seien aber höher gewesen als die Einnahmen aus dem Verkauf. Gutenberg, der die Einnahmen zu verwalten gehabt habe, sei deshalb nicht imstande gewesen, Fust auszuzahlen: Die Kasse sei leer gewesen. So sei es zum Konflikt und zum Prozess gekommen. Bechtel hält insofern an der traditionellen Auffassung fest, als er die

---

besorgte Übersetzung ins Englische heraus, die auf einer von Kapr überarbeiteten deutschen Fassung beruht.

90 Vgl. Kapr (1988), S. 169.

91 Vgl. Kapr (1988), S. 177.

92 Vgl. Kapr (1988), S. 181.

93 Vgl. Hoffmann (1983), S. 474 ff.; Hoffmann (1993a), S. 259 ff.; Hoffmann (1993b), S. 121 ff.

94 Vgl. Hoffmann (1992), S. 46; Hoffmann (1993b), S. 121; Hoffmann (2004), S. 218.

95 Vgl. Hoffmann (1993a), S. 264; Hoffmann (1992), S. 45 f., bezeichnend ist der Titel dieses kurzen Aufsatzes: „Von wegen pleite".

96 Vgl. Bechtel (1992), S. 397 ff.

Meinung vertritt, Gutenberg habe seine Schulden bei Fust nicht begleichen können. Auch Stephan Füssel konstatiert in seinem zuerst 1999 erschienenen Werk „Gutenberg und seine Wirkung“,[97] wie sich aus dem Brief Piccolominis ergebe, sei der Bibeldruck zur Zeit des Urteils (Herbst 1455) zwar bereits vollendet gewesen; Gutenberg sei aber nicht in der Lage gewesen, seine Schulden bei Fust zu begleichen – vielleicht weil einige Käufer der Bibel den Preis noch nicht gezahlt hätten.[98] Nur wenige Monate hätten Gutenberg gefehlt, um die geschuldete Summe leisten zu können. Eingehende Gelder habe er wahrscheinlich bereits in neue Projekte investiert. Füssel bewegt sich damit auf der traditionellen Linie, wonach Fust „vorzeitig“ geklagt hat, so dass Gutenberg zahlungsunfähig gewesen ist.

Die in der neueren Gutenbergforschung von einigen Autoren formulierten Resultate und Vermutungen haben weitreichende Konsequenzen im Hinblick auf das traditionelle Bild vom Verhältnis zwischen Gutenberg und Fust. So ist nicht nur fraglich geworden, ob Gutenberg nach dem Urteil zahlungsunfähig war und ob Fust sich auf Grund des ihm zustehenden Pfandrechts die Werkstatt angeeignet hat. Auch das Bild, das von den Persönlichkeiten Gutenbergs und Fusts zu entwerfen ist, wird anders gesehen. In der neueren Forschung heißt es, weder sei Fust ausschließlich auf seinen finanziellen Vorteil bedacht gewesen[99] noch könne Gutenberg in geschäftlichen und juristischen Dingen unerfahren gewesen sein.[100] Die herkömmliche Auffassung von den Persönlichkeiten Gutenbergs und Fusts und von ihrem Verhältnis zueinander bilde nur eine romantische Legende. Gutenberg dürfe nicht idealisiert, Fust nicht verteufelt werden. Notwendig sei vielmehr, ein neues, realistisches Bild von Fust und Gutenberg zu entwerfen; so gelte es, Fust zu rehabilitieren.[101]

---

97 Füssel veröffentlichte 1999 im Rowohlt-Verlag die Monographie „Johannes Gutenberg“, im gleichen Jahr das Buch „Gutenberg und seine Wirkung“ im Insel-Verlag (2. Aufl. 2004). Beide Publikationen sind inhaltlich nahezu identisch. In der vorliegenden Untersuchung wird die 2. Aufl. des im Insel-Verlag erschienenen Werkes zu Grunde gelegt: Füssel (2004a).

98 Füssel (2004a), S. 15 ff.

99 Vgl. Widmann (1972), S. 8 mit weiteren Nachweisen; König (1986), S. 285 ff.; König (1987), S. 168 ff.; König (1991), S. 143 ff.; Bechtel (1992), S. 485 ff.

100 Vgl. König (1979), S. 64; Geldner (1966), S. 2539; auch Dziatzko (1890), S. 124 und Menn (1941), S. 31 haben sich bereits in diesem Sinne geäußert.

101 Kennzeichnend ist der Titel eines Aufsatzes von Eberhard König: „Für Johannes Fust“; vgl. König (1986), S. 285.

5. Aufgabe, Methode und Gang der Untersuchung

„Ergebnisse rechtsgeschichtlicher Forschung, die sich auf die Zeit der zweiten Hälfte des 15. Jahrhunderts beziehen, [können] geeignet sein [...], bei Frühdruckforschungen weiterzuhelfen, gewisse inkunabelkundliche Ermittlungen zu erleichtern, ja überhaupt an das erstrebte Ziel zu bringen."[102]

Jüngere Forschungen haben zwar neues Licht auf das Verhältnis zwischen Gutenberg und Fust und damit auch auf das Helmasperger'sche Notariatsinstrument geworfen; diese Arbeiten konzentrieren sich aber auf andere Themen, zum Beispiel den Brief Piccolominis. Deshalb ist eine Untersuchung erforderlich, die allein dem Notariatsinstrument gewidmet ist. Da die Urkunde in engem Zusammenhang mit einem Gerichtsverfahren steht, ist es notwendig, rechtshistorisch vorzugehen, zumal eine solche Untersuchung bisher fehlt. Die Hauptaufgabe der vorliegenden Arbeit besteht deshalb darin, das Notariatsinstrument zu interpretieren und dabei Erkenntnisse der rechtshistorischen Forschung zu nutzen.[103] Geprüft wird, was zwischen Gutenberg und Fust umstritten war und wie das Gericht jeweils entschieden hat. Gefragt wird auch, ob das Gericht parteilich gegen

---

102 Vgl. Langer (1968), S. 217. Prof. Dr. jur. Gottfried Langer (1896 – 1979) war von 1946 bis 1950 und von 1951 bis 1979 an der Universitäts- und Landesbibliothek Halle tätig; weitere Informationen zu G. Langer: Jahrbuch der Bibliotheken, Archive und Informationsstellen der Deutschen Demokratischen Republik, Jg. 10, 1976/77, Leipzig 1979, S. 485.

103 Dass die Resultate rechtshistorischer Forschung im Hinblick auf Gutenbergs Leben und Werk von Bedeutung sein können, ergibt sich auch aus Folgendem: Adalbert Erler hat 1981 einige Verfahren vor dem Schöffengericht zu Oberingelheim analysiert (Erler 1981b, ein weiteres Mal publiziert: Erler 1994, S. 16 ff.). Die Verfahren bezogen sich auf den Städtekrieg von 1388: In diesem Jahre hatten mittelrheinische Städte, darunter Mainz, gegen mehrere Territorialfürsten Krieg geführt, u.a. gegen den Kurfürsten Ruprecht II. von der Pfalz. Da der Krieg auch Ingelheim in Mitleidenschaft zog, haben viele Geschädigte vor dem Schöffengericht zu Oberingelheim gegen Einzelpersonen, überwiegend Mainzer Patrizier, auf Leistung von Schadenersatz geklagt – in insgesamt 73 Prozessen. Derartige Klagen wurden, wie Erler feststellt, auch gegen Gutenbergs Vater (Friele Gensfleisch) und dessen Bruder (Henne Gensfleisch), also einen Onkel Gutenbergs, sowie gegen einen weiteren Verwandten Gutenbergs (Henne zum Jungen), einen Neffen seines Vaters, geführt. In den Verfahren gegen die Mitglieder der Gensfleisch-Familie wurde Schadenersatz dafür verlangt, dass im Zuge des Städtekrieges das Kloster Weidas bei Alzey eingeäschert worden war. Erler hat die entsprechenden Eintragungen im „Haderbuch" Oberingelheims (1387 – 1391) untersucht – und zwar explizit „aus genealogischem Interesse. Denn unter den Verklagten finden sich der Vater und zwei weitere Verwandte des Erfinders der Buchdruckerkunst: des Johannes Gutenberg." (Erler 1981b, S. 13 f.) Die Abhandlung Erlers lässt zwar keine unmittelbaren Schlüsse auf Gutenbergs Leben zu, ist aber für jede Biographie Gutenbergs, in der auf seine Herkunft aus dem Mainzer Patriziat und insbesondere auch auf seinen Vater eingegangen wird, von Bedeutung.

Gutenberg vorgegangen ist und welches die Folgen waren, die das Urteil für Gutenberg hatte. Insbesondere wird der Frage nachgegangen, ob Gutenberg zahlungsunfähig war.

Die Untersuchung ist folgendermaßen aufgebaut: Im einleitenden Teil (B) werden die Institutionen behandelt, die im Mainz des 15. Jahrhunderts an der Ausübung der Gerichtsbarkeit beteiligt waren. Dabei wird insbesondere auf das weltliche Gericht eingegangen. In diesem Teil wird ferner erläutert, wie ein zivilrechtliches Verfahren vor dem Mainzer weltlichen Gericht im Einzelnen abgelaufen ist. Durch die Darstellung des am Prozess Fust gegen Gutenberg beteiligten Gerichts und des Verfahrens soll nicht nur der allgemeine Hintergrund geschildert werden, vor dem sich der Prozess abgespielt hat, sondern es werden auch Prinzipien des damaligen Gerichtsverfahrensrechts erläutert, die für das Verständnis des gegen Gutenberg geführten Prozesses von großer Bedeutung sind. Außerdem wird untersucht, welche Amtspersonen im Verfahren tätig waren, insbesondere wird auf den Notar Ulrich Helmasperger eingegangen.

Der Hauptteil der Untersuchung besteht aus zwei Abschnitten. Im ersten Abschnitt wird der Frage nachgegangen, was zwischen Gutenberg und Fust umstritten war und wie das Gericht entschieden hat (C – F). Im Einzelnen wird Folgendes behandelt: Um zu ermitteln, welche Streitpunkte im Prozess Fust gegen Gutenberg erörtert wurden, werden die Klage Fusts, die Antwort Gutenbergs und das Urteil analysiert (C und D). Sodann wird untersucht, wie das Gericht im Urteil entschieden hat. Insbesondere wird geprüft, ob die Entscheidung dem damals geltenden Recht entsprochen hat (E). Ferner wird der Frage nachgegangen, ob Fust, wie dies in der Gutenbergforschung allgemein angenommen wird, weitere Klagepunkte vorgebracht hat, die im Notariatsinstrument nicht erwähnt werden (F).

Im zweiten Abschnitt des Hauptteils wird geprüft, ob die traditionell vertretene These zutrifft, wonach Fust mit Hilfe des Prozesses das Ziel verfolgte, Gutenberg in die Zahlungsunfähigkeit zu treiben und sich auf Grund eines ihm zustehenden Pfandrechts die Werkstatt anzueignen (G). In einem Exkurs wird anschließend der Brief analysiert, den Piccolomini an Carvajal geschrieben hat. Der Brief soll vor allem darüber Aufschluss geben, wann der Bibeldruck vollendet wurde und zu welchem Zeitpunkt der Konflikt, der zum Prozess führte, entstanden ist (H). Schließlich werden die Ergebnisse der Untersuchung zusammengefasst (I).

Monika Estermann stellt fest, das Notariatsinstrument sei auch heute noch „von sphinxhafter Rätselhaftigkeit“.[104] Andere Autoren bezeichnen die Urkunde als unergiebig[105] und vermuten sogar, ihr genauer Inhalt könne vielleicht nie-

---

104 Vgl. Estermann (1999), S. 112; ähnlich Geldner (1988), S. 18 f.

105 Vgl. Schmiedt (1983), S. 5.

mals aufgeklärt werden.[106] Das Ziel der vorliegenden Untersuchung besteht aber gerade darin, dieses Rätsel zu lösen, oder, um es etwas bescheidener zu formulieren: einen Beitrag zur Lösung des Rätsels zu leisten.

---

106 Vgl. Bechtel (1992), S. 427; Péligry (2004), S. 8.

B. Die am Prozess beteiligten Institutionen und Amtspersonen sowie der Ablauf des Verfahrens

1. Die Mainzer Gerichtsbarkeit

a) Die Institutionen und die Amtspersonen

Im Mittelalter bestanden eine geistliche und eine weltliche Gerichtsbarkeit nebeneinander. Die geistlichen Gerichte, die das kanonische Recht, insbesondere auch das römisch-kanonische Zivilprozessrecht,[1] anzuwenden hatten, waren für „causae spirituales et spiritualibus annexae" zuständig, die weltlichen für „causae saeculares". Der Kreis der „causae spirituales" war weit gezogen. Er umfasste nicht nur Streitigkeiten, an denen Geistliche beteiligt waren. Auch Ehe- und Testamentsstreitigkeiten sowie Streitigkeiten um den Bruch eidlich bekräftigter Verträge gehörten vor das geistliche Gericht. Zuständig war die geistliche Gerichtsbarkeit zudem für Fälle, in denen ein Kläger den Beklagten des Wuchers bezichtigte oder in denen beide Parteien vereinbart hatten, ein geistliches Gericht anzurufen, sollte es zum Streit kommen (Prorogation).[2] Zu den „causae spiritualibus annexae" gehörten alle Materien, die mit dem Besitz und den Rechten der Kirche zusammenhingen, zum Beispiel die Zinsen aus Kirchengütern. So war mit dem kanonischen Recht „die theoretische Handhabe [...] geschaffen, um fast jeden Fall zu einem weltlichen zu stempeln."[3] Die geistliche Justiz befand sich damit in Konkurrenz zur weltlichen Gerichtsbarkeit. Das für Mainz zuständige *geistliche Gericht* war dem Erzbischof unterstellt.[4] Wegen der schwierigen und unklaren Abgrenzung der Kompetenzen zur weltlichen Ge-

---

1 Zum römisch-kanonischen Zivilprozess vgl. Wetzstein (2004), S. 33 ff.

2 Vgl. Kirn (1926), S. 173 f., 190 f.; Trusen (1973), S. 483 ff.; Budischin (1974), S. 19 ff.; Kroeschell (1983), S. 283; Elsener (1989), S. 70 f.; Buchholz-Johanek (1988), S. 146 ff.; Göbel (1990), S. 23 f.

3 Vgl. Kirn (1926), S. 174; vgl. auch Trusen (1973), S. 488 ff.; Göbel (1990), S. 24.

4 Der Mainzer Erzbischof war das Haupt der größten deutschen Kirchenprovinz und gebot über dreizehn Suffraganbischöfe. Das geistliche Gericht des Erzbischofs war für die gesamte Kirchenprovinz zuständig. In der ersten Hälfte des 15. Jahrhunderts hatte das Gericht seinen Sitz überwiegend in Höchst; in Mainz war ein Generalrichter tätig, der die Vollmachten eines ordentlichen geistlichen Richters hatte. Ohne Zuziehung der in Höchst residierenden Richter durfte er jedoch keine Endurteile fällen. Bis 1462 blieb das Gericht in Höchst; vgl. Krusch (1897), S. 113 f., 117; Kirn (1928), S. 565; May (1997), S. 527 ff., insbesondere S. 534 f.; May (2004), S. 105. Das geistliche Gericht des Mainzer Erzbischofs hatte eine lange Tradition: Ständige geistliche Richter sind erstmals in Mainz und Reims, und zwar für das Ende des 12. Jahrhunderts, nachweisbar; vgl. Falck (1973), S. 155; Wetzstein (2004), S. 27.

richtsbarkeit kam es zu Streitigkeiten zwischen dem Rat der Stadt und Erzbischof Dietrich I.[5] In einer Satzung (13.7.1449) wurde daraufhin bestimmt, dass für „werntlich sache" allein das weltliche Gericht zuständig sei – wobei nicht genau festgelegt wurde, was unter den weltlichen Angelegenheiten zu verstehen sei.[6] Falls ein Bürger in einem derartigen Fall das geistliche Gericht anrufe, müsse dieses den Kläger an das weltliche Gericht verweisen.[7]

Das *weltliche Gericht* (Stadtgericht)[8] unterstand ebenfalls dem Erzbischof – nicht als einem geistlichen Oberhaupt, sondern als dem weltlichen Stadtherrn von Mainz.[9] Es war zuständig für Straf- und Zivilsachen, einschließlich Erb- und Vormundschaftsangelegenheiten.[10] Bevor die Zusammensetzung des Gerichts und das von ihm anzuwendende Verfahrensrecht behandelt werden, ist der Frage nachzugehen, ob im Jahre 1455, als das Notariatsinstrument ausgestellt wurde, noch das alte deutsche Recht maßgeblich war (in der spezifischen Form, wie es in Mainz angewendet wurde) oder ob bereits die Rezeption des gemeinen Rechts (ius commune) stattgefunden hatte.[11] Im zweiten Falle hätte das Gericht aus gelehrten Richtern (studierten Juristen) bestanden. Die von Leopold Hallein

---

5 Vgl. auch May (2004), S. 100 f.

6 Vgl. Falck (1966), S. 268: Für „usura" (Wucher) sei das geistliche Gericht zuständig gewesen.

7 Vgl. Hallein (1891b), S. 107.

8 Das weltliche Gericht zu Mainz entspricht dem Stadtgericht anderer Städte. Die Bezeichnung als weltliches (auch in der Schreibweise: Weltliches) Gericht hat sich eingebürgert – wohl um dieses Gericht dem geistlichen Gericht sprachlich gegenüberzustellen. Auch wurde dieses Gericht seit dem Ende des 13. Jahrhunderts „iudicium seculare", „werntliches gericht" genannt; vgl. Falck (1973), S. 161.

9 Als weltlicher Herrscher war der Erzbischof Erzkanzler des Heiligen Römischen Reiches Deutscher Nation und damit der vornehmste Kurfürst. Er war der „zweite Mann im Alten Reich" (Hartmann 1997). Sein Herrschaftsgebiet (das Erzstift Kurmainz) deckte sich nicht mit dem Territorium der Erzdiözese; es lag weit verstreut: das Untere Erzstift umfasste z.B. Mainz, den Rheingau und die Gegend um Bingen; das Obere Erzstift reichte von Hanau am Main über Aschaffenburg bis in die Tauberlandschaft; ferner gehörten zum Territorium des Kurfürsten das Eichsfeld (mit Heiligenstadt und Duderstadt) sowie Erfurt; vgl. Kirn (1928), S. 303 und 307.

10 Vgl. Dobras (2000), S. 19; Müller (1978), S. 84. Zu erwähnen ist insbesondere die Hochgerichtsbarkeit, für die das weltliche Gericht zuständig war, also für Strafsachen, wie Mord, Raub, Diebstahl, Notzucht, die mit „blutigen Strafen" (Todesstrafen oder Verstümmelungen) geahndet wurden.

11 In der vorliegenden Untersuchung wird mit dem Begriff der Rezeption die „Vollrezeption", also die Übernahme des gemeinen Rechts „in complexu", bezeichnet, im Unterschied zur vorangegangenen „Frührezeption", in der lediglich einzelne Elemente des ius commune übernommen wurden; zum Begriff der Rezeption vgl. Wieacker (1996), S. 114 ff.; Kroeschell (1983), S. 279 ff. und Sellert (1998), S. 115 ff., die auch auf die in der rechtshistorischen Forschung geübte Kritik an diesem Begriff eingehen – eine Kritik, die bis zu dem Vorschlag reicht, auf den Begriff der Rezeption ganz zu verzichten

1891 publizierten Mainzer Gerichtsformeln, die überwiegend Dokumente aus den Jahren 1428 und 1440 zum Inhalt haben, geben noch das deutsch-rechtliche Verfahren wieder, sie wurden wahrscheinlich in der zweiten Hälfte des 15. Jahrhunderts aufgezeichnet.[12] In dieser Zeit muss das deutsche Recht noch maßgeblich gewesen sein, andernfalls hätte die Aufzeichnung keine praktische Bedeutung mehr gehabt. Ein Indiz für den Zeitpunkt der Rezeption in Mainz ist darin zu sehen, dass erstmals im Jahre 1494 ein gelehrter Jurist, Dr. jur. Georg Schraub, als Schultheiß (und damit als Richter) eingesetzt wurde.[13] Etwa in dieser Zeit dürfte die Rezeption begonnen haben.[14] Als Gutenberg lebte, war das Mainzer weltliche Gericht somit noch gemäß dem alten deutschen Recht zusammengesetzt. Diese Feststellung muss jedoch mit einer Einschränkung versehen werden: Auch schon in der Zeit *vor* der Rezeption war das weltliche Recht in einzelnen Punkten vom ius commune beeinflusst, in der Sache oder doch zumindest terminologisch. Begünstigt wurde diese Entwicklung in Städten, die neben der weltlichen Gerichtsbarkeit auch eine geistliche Jurisdiktion aufwiesen. Ein derartiger Einfluss ist zum Beispiel für Basel bezeugt,[15] im Hinblick auf Mainz ist dies ebenfalls zu vermuten. In einer Urkunde vom 10.1.1442 ist denn auch überliefert, dass Konrad Marburg als Prokurator am Mainzer weltlichen Gericht tätig gewesen ist.[16] Im deutsch-rechtlichen Verfahren waren Prokuratoren unbekannt. Im römisch-kanonischen Prozess dagegen war der Prokurator der Bevollmächtigte einer Partei, der Schriftstücke und Erklärungen in Empfang nahm und sie während der Gerichtssitzung überreichte (während der Advokat die Partei außergerichtlich beriet und Schriftsätze formulierte).[17] Um ein weiteres Beispiel anzuführen: Im Vergleich vom 13.7.1449, in dem Streitigkeiten zwischen dem Erzbischof und dem Rat der Stadt bereinigt werden sollten,

---

12 Vgl. Hallein (1891b), S. 17 f.

13 Vgl. Drüppel (1981), S. 124. Allerdings gehörten schon bis 1440 zwei Kämmerer in Mainz zum Kreis der Personen, die juristische Studien betrieben hatten; vgl. Männl (1998), S. 190 f. Die Kämmerer führten die Aufsicht über die weltliche Gerichtsbarkeit.

14 Dafür spricht auch, dass die Übernahme des gemeinen Rechts in Frankfurt am Main 1482 einsetzte. In den Jahren 1495 bis 1505 ist das römisch-rechtliche Verfahren dann in Frankfurt üblich geworden; vgl. Coing (1939), S. 87 und 117. Im Hinblick auf Mainz kommt wegen der räumlichen Nähe zu Frankfurt ungefähr der gleiche Zeitraum in Betracht, also die Wende vom 15. zum 16. Jahrhundert. Ein erstes schriftliches Zeugnis der Rezeption in Mainz bildet die Untergerichtsordnung von 1534; vgl. Hallein (1891b), S. 17 und 37; Marquordt (1938), insbesondere S. 10 f.; May (2004), S. 166.

15 Vgl. Mommsen (1974), S. 165 f.

16 Vgl. Dobras (2000), S. 79.

17 Vgl. Kroeschell (1981), S. 8 f.; Cordes (1998), S. 188 ff.; Baumann (2000), S. 550. Im Hinblick auf das geistliche Gericht des Mainzer Erzbischofs ist dagegen nicht von Advokaten, sondern nur von Prokuratoren (als Rechtsbeiständen und Vertretern im Prozess) die Rede; vgl. Falck (1973), S. 155.

wurde auch das Verhältnis zwischen dem weltlichen Gericht und dem Rat geregelt. So heißt es, dass die Parteien sich vor oder nach einem Urteil des weltlichen Gerichts nicht an den Rat der Stadt wenden durften: „nit ußheischen, sich berufen noch appellieren sollen."[18] Der Terminus „appellieren" ist dem römisch-kanonischen Zivilprozessrecht entnommen.[19] Schon zur Zeit Gutenbergs war die Praxis des weltlichen Gerichts somit in einzelnen Punkten (zumindest terminologisch) vom gemeinen Recht beeinflusst. Deshalb muss mit der Möglichkeit gerechnet werden, dass auch im Fall Fust gegen Gutenberg Elemente dieses Rechts sichtbar werden – bei der Zusammensetzung des Gerichts sowie in Bezug auf das Verfahren.

Das weltliche Gericht bestand aus dem Kämmerer (der seit dem 14. Jahrhundert vom Erzbischof ernannt wurde, stets aus dem Kreis der Domherren),[20] dem Schultheißen und vier Richtern.[21] Außerdem wurden Schöffen hinzugezogen. Im Hinblick auf die Zusammensetzung des Gerichts im Einzelfall ist zwischen „gebotenen" und „ungebotenen Dingen" zu unterscheiden. „Ungebotene Dinge" waren feststehende Gerichtstermine. Es gab drei derartige Gerichtstage im Jahr.[22] Diese Termine wurden im 15. Jahrhundert meist nur für Akte der freiwil-

---

18 Vgl. Hallein (1891a), S. 109. Der Terminus „ausheischen" bezeichnet sowohl das Sich-Berufen an den Oberhof als auch das Evokationsrecht, das heißt das Recht einer höheren Instanz, ein Verfahren an sich zu ziehen; vgl. Deutsches Rechtswörterbuch, Bd. 1 (1914-1932), Sp. 1037 f. Im Vergleich von 1449 ist die Einlegung eines Rechtsmittels gemeint, wie sich aus dem Zusammenhang ergibt.

19 Vgl. Buchda (1971), Sp. 196 ff. Charakteristisch für die Appellation (Berufung) nach dem römisch-kanonischen Prozessrecht war, dass eine Partei sich an ein höheres Gericht wandte mit dem Ziel, das Urteil einer niederen Instanz aufheben zu lassen und durch ein neues Urteil zu ersetzen. Die Tatsachenermittlung und die Rechtsanwendung sollten von der höheren Instanz überprüft werden. Es gab zwei gerichtliche Instanzen. Dagegen bestand der deutschrechtliche Rechtszug zu einem Oberhof darin, dass das Gericht sich vor Verkündung des Urteils an einen Oberhof wandte, falls die Schöffen sich nicht einig waren. Eine Rechtsauskunft sollte eingeholt werden. Ferner konnte eine Partei sich an einen Oberhof wenden, die mit einem Urteilsvorschlag der Schöffen nicht übereinstimmte (Urteilsschelte). Entschieden wurde nicht vom Oberhof, der nur Rechtsauskunft erteilte, sondern vom ursprünglich tätig gewordenen Gericht. Es gab nur eine einzige Instanz; vgl. Weitzel (1981), S. 4 ff.; Diestelkamp (1998), S. 7 ff. In Mainz bestand vor der Regelung von 1449 die Möglichkeit, dass sich eine Partei an den Rat der Stadt wandte, um ein vom weltlichen Gericht gesprochenes Urteil durch ein neues Urteil ersetzen zu lassen. Dies entsprach der Sache nach einer Appellation. Wenn in der Einigung von 1449 der Terminus „appellieren" benutzt wurde, so wurde damit eine sachlich angemessene Bezeichnung verwendet. Dem entspricht, dass die Appellation nach Diestelkamp (1998), S. 10 im weltlichen Prozessrecht seit der Mitte des 15. Jahrhunderts zu beobachten ist.

20 Vgl. Schrohe (1920), S. 59; Laubenstein (1953), S. 73 f.; Brück (1972), S. 3.

21 Vgl. Falck (1966), S. 266; Christ (1997), S. 282; Dobras (2000), S. 75.

22 Vgl. Hallein (1891b), S. 8; Falck (1966), S. 267; Falck (1973), S. 163; Hollmann (1990), S. 210 Anm. 297. Diese Termine waren am Mittwoch nach dem 13.1.; am Mittwoch nach

ligen Gerichtsbarkeit genutzt, insbesondere für Beurkundungen. Daneben gab es „gebotene Dinge", das heißt Termine, die vom Gericht eigens festgelegt wurden. Diese waren für die streitige Gerichtsbarkeit vorgesehen. Während bei ungebotenen Dingen unter dem Vorsitz des Kämmerers oder des Schultheißen als seines Vertreters alle Richter als Kollegium auftraten, leiteten bei gebotenen Dingen einzelne Richter die Verhandlung[23] und zogen Schöffen hinzu. Wie viele Schöffen dies waren, ist nicht bekannt.[24] Häufig bestanden die mittelalterlichen Gerichte aus zwölf Schöffen.[25] An den Verfahren waren zudem Fürsprecher (auch Vorsprecher oder Vorsprech genannt) beteiligt. Sie hatten die Aufgabe, für eine Prozesspartei zu sprechen und insbesondere Formeln, deren Wortlaut festgelegt war, zum Beispiel den Eid, im Auftrag einer Partei vorzutragen. Die Fürsprecher waren somit „Vertreter im Wort",[26] „Mund einer Partei",[27] die dem Schutz dieser Partei dienten. Wurde der vorgeschriebene Wortlaut nicht genauestens beachtet, verlor die Prozesspartei ihr Recht oder musste zumindest prozessuale Nachteile erleiden („vare", das heißt Prozessgefahr). Durch die Einschaltung eines Fürsprechers sollte ein solches Risiko ausgeschlossen werden. Die Partei musste die Erklärung des Fürsprechers jeweils genehmigen, damit diese wirksam war. Falls der Fürsprecher sich versprochen hatte, konnte die betroffene Partei die Genehmigung verweigern und so die Prozesshandlung annullieren („Erholung"). Die fehlerhafte Handlung wurde dadurch „gewandelt".[28] Das Amt des Fürsprechers wurde in Mainz vom Kämmerer verliehen.[29] Häufig fungierten die Fürsprecher zugleich auch als Schöffen.[30] Die Tätigkeit des Fürsprechers entwickelte sich vom „Vertreter im Wort" über ver-

---

Quasimodo, dem ersten Sonntag nach Ostern; sowie am Mittwoch nach St. Johannes dem Täufer, also nach dem 24.6.

23 Vgl. Hallein (1891b), S. 9.

24 Vgl. Hallein (1891b), S. 9; vgl. auch Falck (1973), S. 167.

25 Vgl. Battenberg (1990), Sp. 1466; Schartl (2006), S. 137 ff. Im Hinblick auf die Gemeinden, die zum Kurmainzer Rheingau gehörten, stellt Jeschke (2003), S. XIX fest, dass die Zahl der Schöffen im 15. Jahrhundert unterschiedlich war. So werden für Erbach und Kiedrich 4 Schöffen genannt, für Geisenheim und Oestrich 7, für Eltville 12. Coing (1939), S. 28 nennt für Frankfurt am Main 14 Schöffen, doch seien gegen Ende des 15. Jahrhunderts nur 10 bis 12 Schöffen beteiligt gewesen.

26 Vgl. Schlosser (1971), S. 161; Kroeschell (1981), S. 4; Schartl (2001), S. 86; Köbler (2005), S. 117; Tschepe (1976), S. 33.

27 Vgl. Zwerenz (1988), S. 65.

28 Vgl. Siegel (1863); Schlosser (1971), S. 181 ff.; Tschepe (1976), S. 33; Cordes (1998), S. 183 ff. Die These, wonach Erholung und Wandlung im mittelalterlichen Rechtsformalismus ihre Ursache haben, wird neuerdings, zumindest im Hinblick auf die Rechtsprechung des Ingelheimer Oberhofs, in Frage gestellt; vgl. Oestmann (2006), S. 30 ff.

29 Vgl. Hallein (1891b), S. 9.

30 Vgl. Hallein (1891b), S. 8; Ott (1980), S. 174.

schieden gestaltete Durchgangsformen zum Anwalt, der seinen Mandanten auch in der Sache beriet und vertrat.[31] In der Mitte des 15. Jahrhunderts dürften die in Mainz tätigen Fürsprecher bereits als Anwälte gewirkt haben. Leopold Hallein stellte 1891 im Hinblick auf Mainz für die zweite Hälfte des 15. Jahrhunderts fest, die Fürsprecher seien mit „den heutigen Anwälten" vergleichbar.[32] Der *Beklagte* war verpflichtet, sich eines Fürsprechers zu bedienen, es sei denn, das Gericht erlaubte ihm, selbst zu sprechen.[33] Folgt man Hallein, so haben die Parteien stets einen Fürsprecher zur Seite gehabt.[34] Im Fall einer Vormundschaft wurden „Mömpern" (auch Momparn genannt) als Vertreter ihrer jeweiligen Mündel vor Gericht tätig.[35] Schließlich ist der Gerichtsschreiber zu nennen. Er führte das Gerichtsbuch und schrieb auf Antrag der Parteien Gerichtsbriefe, in denen die gerichtlichen Entscheidungen dokumentiert wurden.

Auch der *Rat der Stadt* Mainz übte gerichtliche Funktionen aus.[36] Im Unterschied zum weltlichen Gericht war der Rat nicht dem Erzbischof unterstellt. Das Gericht des Rates bestand aus den Bürgermeistern[37] und vier Schöffen. Im Jahre 1449 beklagte sich der Erzbischof darüber, dass der Rat Streitsachen, die beim weltlichen Gericht anhängig gewesen waren, an sich gezogen habe, und dass

---

31 Vgl. Schlosser (1971), S. 156.

32 Vgl. Hallein (1891b), S. 54.

33 Vgl. Hallein (1891a), S. 52 unter XII: „wem man vor gericht zuspricht, der sall sich verantwurten mit seinem fursprechen und nit mit sein selbst münde, es enwer dan, dass ime das gericht laube gebe zu reden oder sich zu verantworten." Hier und im Folgenden werden mittelhochdeutsche Texte, die nicht ohne Weiteres verständlich erscheinen, ins Neuhochdeutsche übersetzt: „Wer vor Gericht verklagt wird, der soll sich mit einem Fürsprecher verantworten und nicht selbst, es sei denn, das Gericht habe ihm erlaubt, selbst zu reden oder sich zu verantworten."

34 Vgl. Hallein (1891b), S. 54.

35 Vgl. Hallein (1891b), S. 42. Das Wort „Mompar" setzt sich zusammen aus althochdeutsch „munt" (Schutz) und „bar" (tragen); vgl. Ogris (1984), Sp. 750 f. Im Hinblick auf Frankfurt am Main heißt es, Momparn seien rechtskundige Personen gewesen, die eine Partei, anders als Fürsprecher, nicht im Wort, sondern in der Sache vertraten; sie waren dort also eine Art Anwalt und insofern den Fürsprechern in Mainz vergleichbar; vgl. Schartl (2001), S. 86; Tschepe (1976), S. 38 ff. Im Deutschen Rechtswörterbuch, Bd. 9 (1992 – 1996), Sp. 830 ff. werden unter „Momber" sowohl der „Vertreter, Bevollmächtigte, Sachwalter, Vorsprecher, Anwalt" (wie es Frankfurt am Main entspricht) als auch der „Vormund, Pfleger" (wie in Mainz) genannt.

36 Vgl. Hallein (1891b), S. 5 und 7; Dobras (2000), S. 75 und 79.

37 Zu den Begriffen „Bürgermeister" und „Schultheiß": Der Schultheiß war ein Richter am weltlichen Gericht, der den Kämmerer in dessen Abwesenheit vertrat. Der Kämmerer und der Schultheiß waren vom Erzbischof ernannt. Die Bürgermeister waren dagegen vom Rat der Stadt gewählt. Der Rat und die von ihm eingesetzten Amtsträger, insbesondere die Bürgermeister, waren dafür zuständig, für den öffentlichen Frieden in der Stadt zu sorgen. Zu diesem Zweck waren die Bürgermeister auch in dem vom Rat eingesetzten Gericht tätig; vgl. Falck (1994), Sp. 193.

zudem Fälle aufgetreten seien, in denen sich das weltliche Gericht mit der Bitte um Rechtsbelehrung an den Rat gewandt habe.[38] Der Erzbischof rügte damit, dass sich der Rat die Funktion eines Oberhofs angemaßt habe. In der Satzung vom 13.7.1449[39] wurde daraufhin festgelegt,[40]

> „das sie [die Bürgermeister und Schöffen; Verfasser] uber schult und sunst andere werntlich sache vor das werntliche gericht gehorende nit richten oder pfenden sollen."[41]

Verboten wurde, dass die Parteien eines vor dem weltlichen Gericht anhängigen Verfahrens sich an den Rat der Stadt wandten oder einen solchen Schritt nach dem Urteil unternahmen.[42] Es wurde allerdings auch festgelegt, dass das weltliche Gericht Fälle, in denen es zu einer eigenen Entscheidung nicht in der Lage war, an den Rat abgeben durfte, „wie das von alters herkommen ist".[43] In solchen Fällen war der Rat befugt, selbst zu entscheiden. Diese Regelung war bis 1459 gültig.[44] Nach der Eroberung der Stadt durch Erzbischof Adolf II. von Nassau (1462) waren Berufungen gegen Entscheidungen des weltlichen Gerichts beim Erzbischof erlaubt.[45]

Daneben gab es besondere Gerichte. So durften die Zünfte „in den Sachen ihres Handwerks und Gewerbes eine Art Gerichtsbarkeit ausüben".[46] Die in der Münzerhausgenossenschaft zusammengeschlossenen Patrizier hatten ebenfalls einen eigenen Gerichtsstand und mussten daher in der Regel nicht vor dem weltlichen oder dem geistlichen Gericht erscheinen.[47] Gutenberg gehörte zwar zu den Patriziern, war aber nicht Mitglied der Münzerhausgenossenschaft, weil seine Mutter keiner patrizischen Familie entstammte.[48] Wenn es in der Gutenbergforschung heißt, der Streit mit Fust wäre für Gutenberg günstiger ausgegan-

---

38 Vgl. Müller (1978), S. 84.

39 Vgl. Hallein (1891a), 107 ff.

40 Vgl. Hallein (1891a), S. 113.

41 Vgl. Hallein (1891a), S. 113; Übersetzung: „dass sie [die Bürgermeister und Schöffen; Verfasser] über Schuldklagen und andere weltliche Angelegenheiten, die vor das weltliche Gericht gehören, nicht richten oder darauf bezogen die Pfändung anordnen sollen."

42 Vgl. Hallein (1891a), S. 109.

43 Vgl. Hallein (1891a), S. 110; Hallein (1891b), S. 13; Müller (1978), S. 85.

44 Vgl. Blum (1954), S. 10.

45 Vgl. Müller (1978), S. 85; vgl. auch Schrohe (1920), S. 60.

46 Vgl. Hallein (1891b), S. 15.

47 Vgl. Laubenstein (1953), S. 81; Dobras (2001), S. 98; vgl. auch Laubenstein (1953), Anhang Nr. 7: das Weistum über das Recht der Hausgenossen zu Mainz (1365), insbesondere S. 9-11.

48 Vgl. Dobras (2001), S. 100.

gen, falls dieser zu den Münzerhausgenossen gehört hätte,[49] so ist dies fragwürdig: Nachdem im Sommer 1444 Unruhen in Mainz ausgebrochen waren, die ihre Ursache in den Spannungen zwischen den Patriziern und den Zünften hatten, wurde durch eine am 23.12.1444 erlassene Regelung die patrizische Herrschaft in Mainz endgültig zerschlagen. Im Rat der Stadt waren nun nicht mehr Patrizier, sondern nur noch die Zünfte vertreten.[50] Ungeklärt blieb, ob die Patrizier andere Privilegien, wie das Münzerhausgenossenrecht, weiter ausüben durften.[51] Hätte Gutenberg zu den Münzerhausgenossen gehört, wäre unklar gewesen, ob die Genossenschaft ihre Gerichtsbarkeit überhaupt noch ausüben konnte. Gutenberg hätte wohl keinen sicheren rechtlichen Schutz durch die Münzerhausgenossenschaft gehabt. Fraglich ist zudem, ob Gutenberg durch das weltliche Gericht ungerecht benachteiligt wurde, er also auf den Schutz der Münzerhausgenossenschaft überhaupt angewiesen war.[52]

In der Goldenen Bulle von 1356 war den Kurfürsten des Reiches und damit auch dem Erzbischof von Mainz garantiert worden, dass keiner ihrer Untertanen in einer Strafsache oder einer zivilrechtlichen Streitigkeit vor ein Gericht wirksam geladen werden konnte, das außerhalb der Grenzen des Herrschaftsbereichs des jeweiligen Kurfürsten gelegen war.[53] Dieses Privileg hatte dem Mainzer Erzbischof zwar schon lange vor 1356 zugestanden, war aber in der Goldenen Bulle ausdrücklich bekräftigt worden. Der Erzbischof von Mainz hatte somit das „privilegium de non evocando et appellando“. Nur wenn ein angerufenes Gericht sich weigerte, Recht zu sprechen, konnte sich der Betroffene an das Kaiserliche Hofgericht (Wien) wenden. Verboten war also, dass ein Mainzer Bürger vor ein Gericht außerhalb des Kurfürstentums Mainz zitiert wurde. Für die Einwohner des Kurfürstentums waren nur Gerichte des Kurfürstentums zuständig. Dies galt sowohl für die erste Instanz als auch im Hinblick auf Berufungen gegen Gerichtsurteile aus dem Bereich des Kurfürstentums.

b) Das für das Verfahren gegen Gutenberg zuständige Gericht

Es wird die These vertreten, Fust habe vor dem weltlichen Gericht Klage erhoben, das Urteil sei jedoch eine Entscheidung des Rates gewesen. Das Gericht habe nämlich das Recht gehabt, einen Fall an den Rat zu verweisen, und dies sei

---

49 Vgl. Friederichs (1972), S. 69 und 74.
50 Vgl. Dobras (2001), S. 107.
51 Vgl. Dobras (2001), S. 107.
52 Vgl. S. 98 ff.
53 Vgl. Eisenhardt (1969), S. 75.

hier geschehen.[54] Blum vertritt dagegen die Auffassung, aus der Satzung von 1449, die bis 1459 gültig gewesen sei, ergebe sich, dass die behauptete Befugnis im Jahre 1455 nicht mehr bestanden habe. Allein das weltliche Gericht sei daher zuständig gewesen.[55]

In der Satzung von 1449 wurde dem Rat zwar untersagt, Fälle, die beim weltlichen Gericht anhängig waren, an sich zu ziehen. Erlaubt war dem Gericht aber weiterhin, Fälle, in denen es zu einer einvernehmlichen Entscheidung nicht in der Lage war, an den Rat abzugeben. Dieser durfte dann selbst entscheiden.[56] Gleichwohl spricht einiges dafür, dass das Urteil im Verfahren gegen Gutenberg nicht vom Rat, sondern vom weltlichen Gericht gesprochen wurde. Das Gericht dürfte nicht häufig Fälle an den Rat verwiesen haben, eine solche Verweisung bildete wohl nur die Ausnahme. Andernfalls hätte sich das Gericht selbst für inkompetent erklärt. Hinzu kommt: Im Notariatsinstrument werden die Klage Fusts, die Antwort Gutenbergs und der Rechtsspruch wiedergegeben. Da die Klage vor dem weltlichen Gericht zu erheben war (was unstreitig ist), müsste an irgendeiner Stelle in der Urkunde darauf hingewiesen worden sein, dass das Verfahren vom Gericht an den Rat verwiesen wurde, wenn eine solche Verweisung stattgefunden haben sollte. Ein derartiger Hinweis ist jedoch nirgendwo erkennbar. Im Gegenteil: Der Ablauf des Prozesses von der Klage bis zum Rechtsspruch wird sprachlich als ein *einziges* Verfahren dargestellt. Es dürfte somit allein das weltliche Gericht tätig geworden sein. Kämmerer zur Zeit des Prozesses gegen Gutenberg war Johann Mönch von Rosenberg.[57] Er war von Erzbischof Dietrich Schenk von Erbach ernannt worden (16.3.1455).[58] Schultheiß war Ditherich Billung.[59] Als weitere Richter werden in der Literatur genannt: Clas Schenkenberg,[60] Endres Weyse, Degenhard von Cleberg und

---

54 Menn (1941), S. 12 f. und 25 stellt fest, das Urteil sei möglicherweise eine Entscheidung des Rates. Ruppel (1947) konstatiert zunächst auf S. 19, das Notariatsinstrument enthalte neben der Eidesleistung „Entscheidungen des Rates der Stadt Mainz", während es auf S. 97 heißt, das Mainzer Stadtgericht (also das weltliche Gericht) habe das Urteil gesprochen (ähnlich auch S. 107). Venzke (2000), S. 173 und Schartl (2001), S. 83 setzen voraus, dass die Entscheidung ein Urteil des Rates bildet.

55 Vgl. Blum (1954), S. 10 und 103.

56 Vgl. Hegel (1968), S. 162 ff., insbesondere S. 168; vgl. auch Müller (1978), S. 85.

57 Vgl. Hollmann (1990), S. 212 und 412.

58 Zu Dietrich von Erbach vgl. Gerlich (1986), Sp. 1029; Jürgensmeier (1996), S. 630 f.; May (2004), S. 99 ff. sowie vor allem die umfangreiche Monographie von Wolfgang Voss (2004).

59 Vgl. Bechtel (1992), S. 652.

60 „Claus Schenkenberg" wird auch in einer Urkunde vom 21.4.1446 als Richter genannt; vgl. Matheus (2000), S. 43.

Friedrich von Weyler.[61] Welcher dieser Richter den Vorsitz im Prozess gegen Gutenberg führte, ist nicht überliefert. Erst recht nicht ist bekannt, welche Personen als Schöffen fungierten. Was die weitere Frage betrifft, ob auch Fürsprecher am Verfahren beteiligt waren, so wird im Notariatsinstrument ein Fürsprecher nicht ausdrücklich erwähnt. Es heißt zum Beispiel (Z. 37): „Dar uff Johan Guttenberg geantwert hat". Obwohl dieser Formulierung entnommen werden könnte, dass Gutenberg allein, ohne einen Fürsprecher, auftrat, ist diese Schlussfolgerung doch nicht berechtigt. In den Mainzer Gerichtsformeln werden Auszüge aus Gerichtsprotokollen zitiert, aus denen sich eindeutig ergibt, dass Fürsprecher am Verfahren beteiligt waren: Am Ende der jeweiligen Protokolleintragung werden zunächst die Richter namentlich genannt, anschließend wird darauf hingewiesen, dass auch „fursprechen" anwesend waren.[62] Gleichwohl werden die vorangestellten Darlegungen den Parteien selbst in den Mund gelegt. Entsprechend der in den Mainzer Gerichtsformeln enthaltenen Bestimmung musste Gutenberg als der Beklagte einen Fürsprecher zur Seite haben.[63] Ob Fust durch einen Fürsprecher vertreten war, ist dagegen fraglich. In den Gerichtsformeln ist nur festgelegt, dass der *Beklagte* einen Fürsprecher haben musste. Hinzu kommt, dass Fust selbst Fürsprecher war.[64] In der Gutenbergforschung wird ein Johannes Fust für die Jahre von 1428 bis 1432 so-

---

61 Vgl. Bechtel (1992), S. 652 Anm. 10 und 11 unter Berufung auf Schaab, Carl Anton: Geschichte der Erfindung der Buchdruckerkunst. Mainz 1830 – 1831, Bd. 1, S. 318. Dziatzko (1889), S. 33 Anm. 1 weist allerdings darauf hin, dass die Namen in dem bei Schaab als Beleg angegebenen Werk (Valentin F. von Gudenus: Codex diplomaticus, Bd. 2 1747, S. 486) nicht zu finden sind.

62 Vgl. z.B. Hallein (1891a), S. 10 f.

63 Vgl. S. 37.

64 Wenn in der Gutenbergforschung festgestellt wird, Fust sei „Advokat" gewesen (vgl. z.B. Lülfing 1969, S. 86; Geldner 1978, S. 149), so ist dies aus drei Gründen ungenau. Erstens war Fust nicht Anwalt, sondern Fürsprecher („Vertreter im Wort"), wobei einzuräumen ist, dass die Fürsprecher zur Zeit Gutenbergs und Fusts auch anwaltliche Aufgaben wahrnahmen (Beratung, Vertretung in der Sache). Zweitens waren „Advokaten" allein in der geistlichen Gerichtsbarkeit tätig; vgl. bereits S. 34: Der Advokat beriet die jeweilige Partei außergerichtlich und formulierte Schriftsätze, während der Prokurator Bevollmächtigter der Partei war, der Schriftstücke und Erklärungen in Empfang nahm und sie während der Gerichtssitzung überreichte. Drittens ist mit dem Begriff des Advokaten im heutigen, aber auch nach damaligem Sprachgebrauch häufig eine negative Konnotation verbunden. So heißt es bei Weitzel (2000), S. 55, Piccolomini habe 1438 zur Basler Rechtspflege, die noch (ebenso wie das Mainzer Recht) nach deutsch-rechtlichen Grundsätzen verfahren sei, festgestellt: „Hier kennt der Prozess keine Winkelzüge; hier gibt's nicht ‚als stete Begleiter in dicken Bündeln die Akten', keine erkauften Reden von Prokuratoren und Advokaten." Im Hinblick auf Fust soll die Bezeichnung „Advokat" wohl besagen, er habe seine Rechtskenntnisse und seine guten Beziehungen zum Gericht ausgenutzt, um seine Interessen Gutenberg gegenüber rücksichtslos durchzusetzen.

wie für 1442 und 1446 als Fürsprecher genannt. Ruppel und andere ihm folgende Autoren beziehen sich damit allein auf den Geschäftspartner Gutenbergs.[65] Friederichs dagegen unterscheidet: Gutenbergs Partner ist demnach nur für die Jahre 1442 und 1446 als Fürsprecher bezeugt, während die früheren Angaben einen gleichnamigen Onkel betreffen.[66] Auch Hoffmann stellt fest, Johannes Fust, der Partner Gutenbergs, sei (nur) in den Jahren 1442 und 1446 als Fürsprecher tätig gewesen.[67] Fust dürfte jedenfalls nicht durch einen Fürsprecher vertreten worden sein.[68] Im Übrigen unterhielt nicht nur Gutenbergs Partner enge Beziehungen zum weltlichen Gericht: Auch sein Vater „Clas" (Claus / Nicolaus Fust) war dort Richter gewesen (1438 – 1441)[69] und sein Bruder Jakob war Fürsprecher (1442).[70]

c) Ulrich Helmasperger

Auch der bereits erwähnte Notar Ulrich Helmasperger war am Verfahren beteiligt.[71] Er bezeichnete sich im Notariatsinstrument (Z. 70 f.) als

---

65 Vgl. Ruppel (1947), S. 96 Anm. 1; Ruppel (1971), S. 743; Geldner (1974), Sp. 423; Corsten (1989), Sp. 1066. Nach Ruppel (1947), S. 96 Anm. 1 wird Fust in Urkunden des Mainzer Stadtarchivs ab *1428* (bis 1446) als Fürsprecher erwähnt. In den Mainzer Gerichtsformeln taucht ein Johannes Fust jedoch schon *1427* (sowie für 1428) als Fürsprecher auf; vgl. Hallein (1891a), S. 63 (1428), S. 65 f. (1427), S. 68, 73, 83 (1427), 87 (1428).

66 Vgl. Friederichs (1968a), Sp. 2 ff.

67 Vgl. Hoffmann (1993a), S. 259. Die von Friederichs getroffene Unterscheidung ist auch für die Frage von Bedeutung, ob die von Schartl (2001), S. 83 publizierte Frankfurter Gerichtsurkunde vom 27.4.1446, die einen „Hansen Fuest von Menze" betrifft, tatsächlich, wie dieser Autor annimmt, den Partner Gutenbergs betrifft oder ob nicht vielmehr dessen Onkel gemeint ist, der laut Friederichs bis 1448 urkundlich erwähnt ist und der ebenfalls Beziehungen zu Frankfurt unterhielt.

68 In der vorliegenden Untersuchung werden die im Prozess abgegebenen Erklärungen der Einfachheit halber unmittelbar als Erklärungen Gutenbergs oder Fusts bezeichnet, unabhängig davon, ob diese sich eines Fürsprechers bedienten oder nicht; vgl. Blum (1954), S. 8 Anm. 1 und 2.

69 Vgl. Friederichs (1968a), Sp. 6; in den Mainzer Gerichtsformeln wird er für 1440 als Richter erwähnt: Hallein (1891a), S. 77 und 78 (hier wird das Jahr 1440 genannt). In Urkunden, die im Institut für Stadtgeschichte (Frankfurt am Main) aufbewahrt werden, erscheint Clas Fust mehrfach als Richter, und zwar für 8.9.-15.10.1438; vgl. den Bestand „Weltliches Gericht zu Mainz", Nr. 5-7, 11, 12, 14, 15.

70 Vgl. Ruppel (1947), S. 96 Anm. 1; Friederichs (1968a), Sp. 7.

71 Zu den Aufgaben eines Notars vgl. Konow (1959), S. 33 ff.; Dolezalek/Konow (1984), Sp. 1043 ff.; Kroeschell (1992), S. 34 ff.; speziell zu Ulrich Helmasperger: Corsten (1991), Sp. 438. Eine weitere von Helmasperger am 21.6.1457 ausgestellte Urkunde wird erwähnt von Blum (1954), S. 1 Anm. 2; Mayer (1959), S. 44 (Nr. 709) und S. 75; diese Urkunde wurde von Schorbach (1900), S. 279 f. publiziert. Unter der Bezeichnung „GM 161" wird darüber auch berichtet in: Wagner (2000), S. 355. Eine andere Urkunde erwähnt Ringel

„clerick Bamberger bistoms, von keyserlicher gewalt offen schriber vnd des heilgen stuls zu Mencze gesworn notarius."

Die Wendung „clerick Bamberger bistoms" besagt, dass Helmasperger Kleriker war.[72] Wahrscheinlich hatte er, wie die meisten Notare,[73] nur die niederen Weihen empfangen.[74] Die Aufnahme in den Klerikerstand geschah durch den Empfang der Tonsur.[75] Eine Verpflichtung zum Zölibat wurde damit nicht begründet. Die Rückkehr in den Laienstand war möglich. Helmasperger gehörte also vielleicht zu den verheirateten Klerikern, den „clerici coniugati" oder „uxorati", wie dies bei Notaren, aber auch bei Juristen[76] häufig der Fall war.[77] Für Notare war die Aufnahme in den Klerikerstand günstig. Im Fall einer Streitigkeit kam ihnen das „privilegium fori" zugute: Nicht die weltliche, sondern die geistliche Gerichtsbarkeit war für sie zuständig.[78] Ferner konnten sie sich für das Amt eines Notars bei einem geistlichen Gericht oder einer bischöflichen Behörde bewerben; dort wurden ausschließlich Kleriker zugelassen.[79] Die Wendung „clerick Bamberger bistoms" bringt demnach zum Ausdruck, dass Ulrich

---

(1980), S. 55 Anm. 6. Ulrich Helmasperger spielte auch im Streit um das Erzbistum Mainz zwischen dem Grafen Diether von Isenburg und dem vom Papst eingesetzten und unterstützten Adolf von Nassau eine Rolle. Im Jahre 1462 wurde über die Anhänger Diethers von Isenburg, darunter Helmasperger, von den päpstlichen Legaten der Bann verhängt; vgl. Velke (1900), S. 426 f. mit weiteren Nachweisen S. 427 Anm. 1. Dass Ulrich Helmasperger den Doktorgrad erworben hat, wie Davies (1996b), S. 15 feststellt, ist nicht überliefert.

72 Vgl. Konow (1959), S. 23 mit weiteren Nachweisen in Anm. 23.

73 Vgl. Haucap-Nass (1995), S. 16; Müller-Volbehr (1973), S. 144; Paarhammer (1977), S. 14. Zwingend war diese Voraussetzung nicht; es gab unter den öffentlichen Notaren auch Laien; vgl. Paarhammer (1977), S. 16 f. mit weiteren Nachweisen Anm. 93.

74 Papst Innozenz III. hat 1211 bei Strafe der Exkommunikation das Verbot erlassen, dass Kleriker mit höheren Weihen das Notariat ausübten. Dieses Verbot wurde allerdings nicht strikt befolgt; vgl. Wolf (1973), S. 508 f.

75 Zum Folgenden vgl. Schuler (1976), S. 95 f.

76 Zu den „Klerikerjuristen" vgl. Kroeschell (1992), S. 46 ff.; Kroeschell (1983), S. 283.

77 Vgl. Bader (1967), S. 12 ff.; Dolezalek/Konow (1984), Sp. 1044.

78 Zu den Gründen für das besondere Prestige der geistlichen Gerichte im Vergleich zu den weltlichen Gerichten vgl. Hashagen (1916), S. 218 ff., wonach ein Vorzug der geistlichen Gerichte gerade auch im Schuldprozess darin bestanden habe, dass die geistlichen Richter über „durchschlagend wirkende Straf-, Zwangs- und Exekutionsmittel" verfügten. Die Verfahren vor den geistlichen Gerichten seien zudem rascher verlaufen und überhaupt vielfach durch einen geringeren Formalismus gekennzeichnet gewesen. Auch sei das richterliche Personal den weltlichen Richtern geistig überlegen gewesen.

79 Vgl. Elsener (1989), S. 123. Der Begriff des Klerikers wird in der Gutenbergforschung auch im Hinblick auf Peter Schöffer und Johannes Bonne diskutiert (vgl. Z. 69). Schöffer und Bonne waren ebenfalls „Kleriker" in dem im Text dargelegten Sinne; vgl. Heidenheimer (1902), S. 451 ff.; Klee (1903), S. 325; Schuler (1976), S. 45 Anm. 99.

Helmasperger in der Diözese Bamberg die niederen Weihen empfangen hatte[80] und dadurch zum Kleriker ernannt worden war.[81] In der „Matrikel der Geistlichkeit des Bistums Bamberg“, die Johannes Kist im Jahre 1965 veröffentlicht hat,[82] ist Ulrich Helmasperger allerdings nicht verzeichnet. Es findet sich dort lediglich die folgende Eintragung:[83]

> „Helmannsperger (Helmsperger, Helmauß) Sebald, Benediktiner im Kl. St. Egidien zu Nürnberg. Ist als Prior seines Klosters bezeugt 1452 April 26 und 1457 Dez. 19. Abt dort: 1465 – 1473.“

Sebald Helmannsperger dürfte ein Verwandter Ulrich Helmaspergers gewesen sein. Geldner vermutet, dass er vielleicht sein Bruder war, und fügt hinzu, ein gemeinsamer Vorfahre werde wohl von Heldmannsberg (bei Hersbruck) nach Nürnberg übersiedelt sein.[84]

Die Formel „von keyserlicher gewalt offen schriber“ besagt zunächst, dass Helmasperger ein *öffentlicher* Notar („notarius publicus“) war, so dass von ihm ausgefertigte Urkunden öffentlichen Glauben genossen, das heißt vor Gericht volle Beweiskraft hatten, ohne dass es noch zusätzlicher Beweismittel, etwa eines Zeugen oder Eides, bedurfte.[85] Dadurch unterschied sich der öffentliche Notar von anderen Schreibkräften und Urkundsbeamten.

Außerdem ist der Formel zu entnehmen, dass er seine Autorisation vom *Kaiser* ableitete.[86] Helmasperger hatte damit die Erlaubnis, im gesamten Heiligen Römischen Reich Deutscher Nation in eigener Verantwortung Urkunden auszustellen.[87] Die Urkunden hatten dieselbe Beweiskraft wie eine Kaiserurkunde. Dies bedeutet nicht, dass Helmasperger vom Kaiser persönlich ernannt worden war. Der Kaiser hatte seine Befugnis zur Ernennung von Notaren auf andere Personen, insbesondere auf Erzbischöfe und Bischöfe, übertragen. So hatten die Mainzer Erzbischöfe seit Anfang des 14. Jahrhunderts das Recht, öffentliche Notare zu ernennen.[88] Jeder, der im Bereich der Erzdiözese Mainz als öffentlicher Notar tätig sein wollte, musste gemäß den Synodalstatuten des Erzbischofs Gerlach (31.8.1356) die Approbation des Erzbischofs haben.[89] Hel-

---

80 Vgl. Bader (1967), S.11 Anm. 39.

81 Vgl. Schuler (1976), S. 98.

82 Vgl. Kist (1965).

83 Vgl. Kist (1965), S. 173, Nr. 2591.

84 Vgl. Geldner (1954), S. 98.

85 Vgl. Trusen (1979), S. 548.

86 Vgl. Mayer (1953), S. 30 ff.; Konow (1959), S. 20 f.; Bader (1967), S. 6 ff.; Schuler (1976), S. 122 ff.

87 Vgl. Haucap-Nass (1995), S. 16.

88 Vgl. Mayer (1953), S. 35, 39; Konow (1959), S. 21.

89 Vgl. Konow (1959), S. 21.

masperger war also vom Mainzer Erzbischof zum öffentlichen Notar ernannt worden. Daneben gab es eine zweite Gruppe von öffentlichen Notaren: solche nämlich, die vom *Papst* autorisiert worden waren – „päpstliche“ oder „apostolische Notare“.[90] Manche Notare waren sogar doppelt autorisiert. Die meisten öffentlichen Notare leiteten ihre Befugnis jedoch vom Kaiser her; dies war auch in Mainz der Fall.

Die Wendung „des heilgen stuls zu Mencze gesworn notarius“ macht deutlich, dass Helmasperger nicht nur ein (letztlich durch den Kaiser autorisierter) öffentlicher Notar, sondern auch ein „gesworn notarius“ war. In anderen Quellen werden solche Schreiber auch als „notarii iurati“ bezeichnet. Er stand in einem besonderen, durch Eid begründeten Verhältnis zum Erzbischof.[91] Die Formulierung „des heilgen stuls zu Mencze“ weist darauf hin, dass er vom Mainzer Erzbischof als einem geistlichen Oberhaupt (nicht in seiner Eigenschaft als weltlicher Herrscher, Kurfürst) ernannt worden war.[92] Er könnte als Schreiber am geistlichen Gericht tätig gewesen sein.[93]

Spätestens seit der Mitte des 14. Jahrhunderts wurden als bischöfliche Notare nur *öffentliche* Notare zugelassen, die ihre Autorisation also vom Kaiser oder (seltener) vom Papst herleiteten.[94] In Mainz hatte der Erzbischof in der Regel zwölf, zeitweise aber auch mehr öffentliche Notare in seinen Diensten – allein für Tätigkeiten am geistlichen Gericht.[95] Die bei einem Bischof tätigen Notare sind in mehrere Klassen einzuteilen.[96] Die „notarii iurati“ standen unter den

---

90 Vgl. Mayer (1953), S. 31 ff.; May (1956), S. 268 f.; Bader (1967), S. 6 ff.; Paarhammer (1977), S. 52 f.

91 Trusen (1979), S. 349 f. betont, die Eigenschaften der „notarii iurati“ würden oft verkannt, in der Forschung sollte ihnen mehr Beachtung geschenkt werden. Nach Ansicht dieses Autors gab es außer der Autorisation durch Kaiser oder Papst eine Autorisation „de consuetudine“, wonach „civitates et communitates et domini iurisdictionem ex se habentes“ für ihren Bereich „notarii publici“ ernennen durften. Es sei dann von einem Gewohnheitsrecht abgesehen worden, falls die Obrigkeit eine selbständige „iurisdictio“ besessen habe. Insbesondere Erzbischöfe und Bischöfe als Ordinarien einer Diözese, aber auch als geistliche Landesherren hätten solche öffentlichen Notare ernannt. Diese seien meist als „notarii iurati“ bezeichnet worden.

92 Der Titel „Heiliger Stuhl“ stand im Mittelalter außer dem Papst weiteren bedeutenden Bischofssitzen zu, denen dieser Titel vom Papst verliehen worden war, z.B. dem Erzbistum Mainz. Seit der Säkularisierung (1803) darf allein der Papst als Oberhaupt der katholischen Kirche diesen Titel führen. Die einzige Ausnahme bildet nunmehr das Bistum Mainz.

93 Vgl. Mayer (1953), S. 33.

94 Vgl. Schuler (1987), S. XI; May (1956), S. 268; Müller-Volbehr (1973), S. 144; Wetzstein (2004), S. 31 Anm. 19; im Hinblick auf Mainz: Falck (1973), S. 157 f.

95 Vgl. Krusch (1897), S. 115; Falck (1973), S. 158.

96 Vgl. zum Folgenden Schuler (1976), S. 183, der sich mit seinen Darlegungen allerdings nur auf Konstanz und Basel bezieht. Eine ähnliche Einteilung ist aber auch im Hinblick auf

„notarii superiores“ und den „notarii collaterales“. Allein die beiden zuletzt genannten Gruppen von Notaren hatten nachweislich Stellen inne, die mit einer festen Besoldung verbunden waren. Deshalb kann Helmasperger, der nach dem Notariatsinstrument ein „gesworn notarius“ war und damit zu den „notarii iurati“ gehörte, nicht Inhaber einer derartigen Stelle gewesen sein.

Sofern öffentliche Notare in der Justiz beschäftigt waren, wurden sie *vor* der Rezeption des gemeinen Rechts üblicherweise allein bei geistlichen Gerichten im Rahmen des römisch-kanonischen Prozesses verwendet. An weltlichen Gerichten waren die Schreiber dagegen keine öffentlichen Notare. Im vorliegenden Fall ist dagegen ein *öffentlicher* Notar (Helmasperger) im Hinblick auf das Urteil eines *weltlichen* Gerichts tätig geworden. Einzelne Elemente des gemeinen Rechts wurden schon vor der Rezeption in die weltliche Gerichtsbarkeit übernommen.[97] Dies gilt insbesondere für Städte, in denen neben einem weltlichen Gericht ein geistliches Gericht tätig war. Hier lag es nahe, dass sich die weltliche Gerichtsbarkeit an der Praxis des jeweiligen geistlichen Gerichts orientierte.[98] So stellt Karl Mommsen im Hinblick auf das Basler Kanzleiwesen im Spätmittelalter fest, die Schreiber am Schultheißengericht (Stadtgericht) seien in der Regel öffentliche Notare gewesen.[99] Für einige von ihnen sei auch eine Tätigkeit als Notare am geistlichen Gericht nachzuweisen.[100] In Münster, wo ebenfalls ein geistliches und ein weltliches Gericht tätig waren, wurde im Jahre 1450 festgelegt, dass als Schreiber am Stadtgericht fortan nur noch öffentliche Notare tätig sein sollten; die ersten „Gerichtsnotare“ sind dort ab 1467 nachweisbar.[101] Da in Mainz neben dem weltlichen Gericht ebenfalls ein geistliches Gericht bestand, war Helmasperger möglicherweise Schreiber am weltlichen Gericht.

Köln nachzuweisen; vgl. Foerster (1921), S. 311. Diese Einteilung scheint somit allgemein üblich und daher auch für Mainz maßgeblich gewesen zu sein.

97 Vgl. S. 34 f.; vgl. auch Trusen (1979), S. 553. Schuler (1993), Sp. 1273 stellt fest, seit der Mitte des 15. Jahrhunderts seien Notare immer stärker als Hilfsorgane der weltlichen Gerichtsbarkeit herangezogen worden.

98 Zu den Gründen für die Attraktivität der geistlichen Gerichtsbarkeit vgl. S. 43 Anm. 79.

99 Die Bischöfe von Basel übten die weltliche Herrschaft über ein Gebiet aus, das als Fürstbistum bezeichnet wird und die heutigen Kantone Baselland, Solothurn und Bern sowie Gebiete im Elsass und in Baden umfasste. Die Grenzen der Diözese Basel fielen nicht mit den Grenzen des weltlichen Fürstbistums zusammen; vgl. Bühler (1972), S. 1 ff.

100 Vgl. Mommsen (1974), S. 165 f.

101 Vgl. Knemeyer (1964), S. 30 f.

2. Das vom weltlichen Gericht anzuwendende Recht

a) Die Verfahrensprinzipien

Das deutsche Verfahrensrecht, obwohl in den Details nicht einheitlich, stimmte doch in den Grundzügen überein.[102] Das im Verfahren Fust gegen Gutenberg einschlägige Mainzer Recht gehörte zum fränkischen Rechtskreis.[103] Es handelte sich um gewohnheitsrechtliche Normen, die in Gerichtsurteilen zum Ausdruck kamen.[104] Die Urteile wurden in Gerichtsbücher eingetragen. Die Mainzer Gerichtsbücher sind zwar verloren gegangen.[105] Es haben sich aber die bereits erwähnten Mainzer Gerichtsformeln erhalten, eine Sammlung von Auszügen aus Gerichtsbüchern.[106] Diesen Gerichtsformeln lassen sich Informationen über das Mainzer Prozessrecht des 15. Jahrhunderts entnehmen. Außerdem kann gelegentlich auf das Verfahrensrecht anderer Stadtgerichte zurückgegriffen werden. So können Wissenslücken im Hinblick auf das Mainzer Recht, wenn auch nur vermutungsweise, geschlossen werden.

---

102 Vgl. Kornblum (1960), S. 13.

103 Neben dem fränkischen Rechtskreis gab es den bairischen, schwäbischen und sächsischen Rechtskreis.

104 In der rechtshistorischen Forschung wird in neuerer Zeit häufig nicht von „Gewohnheitsrecht“, sondern von „Rechtsgewohnheiten“ gesprochen, weil der Begriff des Gewohnheitsrechts im Hinblick auf das mittelalterliche deutsche Recht problematisch ist. Im Bereich des materiellen Rechts, so heißt es, gab es nur vertragliche Regelungen, keine objektiven Normen; außerdem bilde der Begriff des Gewohnheitsrechts den Komplementärbegriff zum Gesetzesrecht, das es im mittelalterlichen deutschen Recht nicht gegeben habe, und könne deshalb nur innerhalb des modernen juristischen Denkhorizonts als sinnvoll angesehen werden; vgl. Kroeschell (1978), S. 85; Kannowski (2002), S. 6 ff., 30 f. Diese Überlegungen beziehen sich ausdrücklich nur auf das materielle, nicht das formelle Recht; vgl. Kroeschell (1992), S. 86: „Wo es um die Formen ging, [...] kannte das alte Recht [...] durchaus feste Regeln.“ Deshalb wird im Text von „gewohnheitsrechtlichen“ Normen des Verfahrensrechts gesprochen.

105 Nach Schaab (1830), S. 318; Hessels (1909), S. 396 und Blum (1954), S. 4 sind die Mainzer Gerichtsbücher aus der Zeit vor 1550 nicht mehr vorhanden. Im Mainzer Stadtarchiv werden Gerichtsbücher ab 1558 aufbewahrt (freundliche Mitteilung von Archivdirektor Dr. Wolfgang Dobras vom 13.6.2007).

106 Vgl. Hallein (1891b), S. 18; zum Text der „Gerichtsformeln“ vgl. Hallein (1891a). Die „Gerichtsformeln“ wurden wahrscheinlich von einem Richter oder einem Gerichtsschreiber aufgezeichnet. Der Zweck dieser Aufzeichnungen bestand darin, „auf Grund der Formeln sich selbst bei der Abfassung von Gerichtsprotocollen Hilfe zu schaffen, oder Laien bei Führung von Processen zu unterstützen und zu leiten.“ So Hallein (1891b), S. 17. Erler (1981a), S. 120 stellt fest, es sei „bestürzend, wie stark bei fast gleichartigem materiellen Recht sich das Formelwesen hier unterscheidet“ – nämlich im Vergleich mit den Gerichtsformeln der Oberhöfe Ingelheim und Weinstadt an der Neustraße.

Das deutsch-rechtliche Gerichtsverfahren war öffentlich und es war mündlich: Die Klage, die Einlassungen des Beklagten und das Urteil wurden mündlich vorgetragen. Die Parteien legten durch ihren Vortrag den Gegenstand des Verfahrens fest.[107] Das Gericht konnte im Urteil nur über den Streitstoff entscheiden, der von den Parteien vorgebracht worden war. Als Beweismittel waren zum Beispiel Zeugen, Urkunden und die Eidesleistung erlaubt.[108] Für den Ausgang des Verfahrens war entscheidend, wie die Beweisrollen vom Gericht verteilt wurden, das heißt welcher Partei im Hinblick auf einen umstrittenen Punkt das Recht zur Beweisführung zugewiesen wurde. Das Gericht durfte in Bezug auf einen streitigen Punkt immer nur *einer* Partei das Beweisführungsrecht geben, ohne dass der anderen Partei der Beweis des Gegenteils erlaubt wurde.[109] Deshalb wird dieses Recht als „Beweisvorrecht" bezeichnet. Von spezifischen Fallkonstellationen abgesehen, gab es keine allgemeinen Regeln, nach denen die Beweisrollen vom Gericht zu verteilen waren.[110] Das Beweisvorrecht erhielt zumeist diejenige Partei, die den Beweis führen wollte und die von der Sache her am ehesten in der Lage schien, Beweis zu erbringen, sofern dem Gegner ein vergleichbares Beweismittel fehlte. Diese Partei war dann „näher zum Beweis".[111]

Das Beweisvorrecht wurde vom Gericht durch Urteil zugewiesen. Derartige Entscheidungen waren somit Beweisurteile.[112] Wenn die Partei den Beweis erbrachte (oder falls sie dies unterließ), stand fest, wie der Prozess in der Sache ausgegangen war. Obwohl im Urteil nicht ausdrücklich und eindeutig festgestellt wurde, ob und in welchem Ausmaß der Kläger in der Sache Erfolg hatte, war die Rechtslage doch klar: Sobald eine der Parteien den Beweis geführt (oder dies unterlassen) hatte, konnte dem Urteil entnommen werden, was der Kläger vom Beklagten verlangen (oder nicht verlangen) durfte. Weil in solchen Urteilen zwei (eventuell eintretende) Entscheidungen getroffen wurden[113], werden sie als

---

107 Vgl. Schlosser (1971), S. 391.

108 Vgl. Schlosser (1971), S. 338 ff.

109 Vgl. Heuser (1989), S. 115; Fellinger (1975), S. 6 und 49 ff.

110 Vgl. Coing (1939), S. 33; Schlosser (1971), S. 377.

111 Vgl. Planitz/Eckhardt (1961), S. 231; Schlosser (1971), S. 377 ff.; Kornblum (1960), S. 84 ff.; Cordes (2002), S. 40. Köbler (2005), S. 117 konstatiert, entscheidend sei gewesen, wer das bessere Recht glaubhaft machte oder das stärkere Beweismittel anbot. Coing (1939), S. 33 stellt im Hinblick auf Frankfurt am Main fest, in der Regel sei derjenigen Partei der Eid gegeben worden, deren Vorbringen die größere innere Wahrscheinlichkeit für sich gehabt habe.

112 Vgl. Schmelzeisen (1974), S. 85; Weitzel (1981), S. 26 f.; Kroeschell (1992), S. 124 f.

113 Die Zahl der möglichen Rechtsfolgen war letztlich von den festgelegten Beweishandlungen abhängig, die wiederum dadurch bestimmt wurden, wie viele Streitpunkte entschieden wurden.

zweizüngige Urteile bezeichnet.[114] Einem derartigen Urteil konnte entnommen werden, wer als Sieger aus dem Prozess hervorgegangen war.[115] Einer weiteren Entscheidung bedurfte es in der Regel nicht mehr. Die zweizüngigen Urteile waren daher zumeist *Endurteile*.[116] Wenn die vorgesehenen Beweishandlungen nicht zu einem eindeutigen Ergebnis führten, war das zweizüngige Urteil ein Zwischenurteil, dem noch eine weitere gerichtliche Entscheidung zu folgen hatte, die das Endurteil bildete.[117]

Karl Kroeschell vertritt die These, die zweizüngigen Urteile der mittelalterlichen Schöffengerichte hätten sich darin erschöpft, die Beweisrollen zu verteilen. Die Urteile hätten somit nicht auf materiellem Recht beruht, sondern *ausschließlich* prozessualen Charakter gehabt. Vor allem die aus dem 13. und 14. Jahrhundert erhaltenen Schöffensprüche seien fast alle nur Beweisurteile. Allmählich erst würden die Endurteile häufiger, die eine Sachentscheidung zum Inhalt gehabt hätten.[118] Aber auch Urteile aus der Zeit des 14. und 15. Jahrhunderts bildeten Kroeschell zufolge lediglich prozessuale Entscheidungen.[119] Zusammenfassend heißt es bei ihm: „Das Recht, das die Schöffen in ihren Urteilen handhaben, ist also Verfahrensrecht!"[120] Dagegen fragt Bernd Kannowski: „Kann man sich [...] vorstellen, dass diese Zuweisung des Beweisvorrechts ausschließlich aus formalen Gründen, völlig ohne Überlegungen dazu, welche Lösung in der Sache zu einem gerechteren Ergebnis führte, getroffen wurde?"[121]

---

114 Coing (1939), S. 32 spricht von „doppelzüngigen" Urteilen.

115 Vgl. Buchda (1971), Sp. 1554; Schmelzeisen (1974), S. 85; Coing (1939), S. 32.

116 Vgl. Planck (1879), S. 14 f. und 233; Brunner/von Schwerin (1928), S. 481 f.; Buchda (1971), Sp. 408 f.; Tschepe (1976), S. 90. So auch im Hinblick auf die Urteile des Bamberger weltlichen Gerichts: Ott (1990), S. 222; in Bezug auf die Urteile des Ingelheimer Oberhofes: Kornblum (1960), S. 104. Zu Urteilen des Frankfurter Gerichts: Schartl (2006), S. 162 f.

117 Coing (1939), S. 34 konstatiert in Bezug auf Frankfurt am Main, nach dem Beweistermin habe das Gericht auf Antrag durch neues Urteil festgestellt, ob die beweisführende Partei den Beweis auch geführt habe.

118 Vgl. Kroeschell (1992), S. 124 f.

119 Kroeschell (1992), S. 124 beruft sich, um seine eigene Auffassung zu stützen, auf eine Arbeit von G. Gudian: Die Begründung in Schöffensprüchen des 14. und 15. Jahrhunderts (1960) und kritisiert im gleichen Zusammenhang eine Untersuchung dieses Autors: Ingelheimer Recht im 15. Jahrhundert (1968). Kroeschell bezieht seine These also auch auf Urteile aus dem 15. Jahrhundert.

120 Vgl. Kroeschell (1992), S. 124 f.; Kroeschell (1981), S. 5 f.; Kroeschell (1990), S. 337 (beschränkt auf das frühe Mittelalter); Kroeschell (1995), S. 329 f.; ähnlich auch Kaufmann (1961b), S. 156.

121 Vgl. Kannowski (2002), S. 40; vgl. auch Weitzel (2000), S. 58: „Auch hinter Beweisurteilen stehen, gelegentlich klar erkennbar, materielle Rechtsregeln." Der gleiche Autor stellt auf S. 57 fest, im Hinblick auf die Zeit spätestens seit dem 13. Jahrhundert sei Kroeschells These nicht mehr zutreffend. Nach Gudian (1968), S. 3 haben die Ingelheimer Schöffen „ein geschlossenes, in sich folgerichtiges und so gut wie widerspruchsfrei gehandhabtes Recht" an-

Die Analyse des gegen Gutenberg ergangenen Urteils wird erweisen, ob die Entscheidung mit Hilfe materiell-rechtlicher Überlegungen schlüssig erklärt werden kann. Sollte das der Fall sein, würde dies dafür sprechen, dass sich das Mainzer weltliche Gericht zur Zeit Gutenbergs zumindest auch von solchen Erwägungen hat leiten lassen.[122]

b) Der Ablauf eines Verfahrens vor dem weltlichen Gericht im Einzelnen

Der Kläger begab sich zum Gericht, das im erzbischöflichen Hof seinen Sitz hatte, wo er seine Klage mündlich vortrug.[123] Die Klage wurde daher als „ansprach" bezeichnet (vgl. Z. 21 und 45), aber auch „clage" genannt (vgl. Z. 22).[124] Nachdem der Kläger seine Klage vorgetragen hatte, war das Gericht verpflichtet, den Beklagten zu laden. Der Richter begab sich persönlich zum Beklagten und forderte ihn auf, zu einem vom Gericht festgelegten Termin zu erscheinen.[125] Der Beklagte war jedoch nicht verpflichtet, dieser Aufforderung schon beim ersten Termin Folge zu leisten. Er hatte vielmehr drei Gerichtstage zur Verfügung, zu denen er jeweils neu geladen werden musste:[126] „Aller guten Dinge sind drei".[127] Erst wenn er beim dritten Termin nicht erschien oder zwar erschien, sich aber zur Sache nicht einließ, wurde er säumig.[128] Das Gericht urteilte dann allein auf Grund dessen, was der Kläger vorgetragen hatte.

Der Beklagte, der zum Termin erschienen war, musste nicht sofort zur Klage Stellung nehmen. Er konnte vielmehr einen weiteren Termin beantragen, der

---

gewendet. Gudian bezieht sich hier auf materielles Recht. Schartl (2006), S. 156 konstatiert, für die Beweiszuteilung könnte auch die größere Wahrscheinlichkeit des jeweiligen Parteivortrages eine Rolle gespielt haben.

122 Vgl. S. 99 ff.

123 Vgl. Falck (1866), S. 268; Hallein (1891b), S. 8.

124 Ähnlich auch in bayerischen Quellen; vgl. Schlosser (1971), S. 225 f. Gudian (1968), S. 245; Erler (1981b), S. 21 und Zwerenz (1988), S. 84 ff. stellen fest, im Ingelheimer Recht sei terminologisch zwischen Klagen und Ansprachen (das Verb: „zusprechen") unterschieden worden. Die „Ansprache" sei eine gegen eine Person gerichtete Klage gewesen, die „Klage" dagegen direkt gegen das Gut einer Person gerichtet gewesen (die Klage gegen Gut war vor allem dann von Bedeutung, wenn der Beklagte nicht im Gerichtsbezirk wohnte, dort aber Gut hatte; vgl. Gudian 1968, S. 312); ganz strikt sei die Unterscheidung aber nicht durchgeführt worden.

125 Vgl. Hallein (1891a), S. 45.

126 So jedenfalls bei Schlosser (1971), S. 231; Gudian (1968), S. 246: Die einzelnen Termine mussten jeweils 14 Tage auseinanderliegen.

127 Vgl. Schmidt-Wiegand (1996), S. 76 f.

128 Vgl. Hallein (1891a), S. 44 f.; Hallein (1891b), S. 5.

acht Tage später stattfand.[129] Der Beklagte hatte schließlich zur Klage mündlich Stellung zu nehmen („antwurt", Z. 47)[130], worauf wiederum der Kläger und eventuell ein weiteres Mal der Beklagte antwortete („widderred vnd nachrede", Z. 47 f.). Der vorsitzende Richter verkündete schließlich das Urteil. Im mittelalterlichen Gerichtsverfahren bestand eine Arbeitsteilung zwischen dem Richter und den Urteilern (Schöffen): Der Richter repräsentierte die politische Herrschaft, er leitete das Verfahren. Die aus politischer Sicht als sekundär eingestufte Rechtsfindung im Einzelfall lag in den Händen von Urteilern, die aus der Rechtsgemeinschaft stammten: Der Richter erfragte das Urteil bei den Schöffen. Einer der Urteiler gab zunächst einen Urteilsvorschlag ab. Fand dieser die Zustimmung der übrigen Urteiler, verkündete der Richter die Entscheidung.[131] So muss es auch in Mainz zur Zeit Gutenbergs gewesen sein.[132]

Zum Abschluss bedurfte das Verfahren eines feierlichen „Besagens" vor dem Kämmerer: Die Gerichtsentscheidung wurde dem Kämmerer mündlich mitgeteilt.[133] Dadurch erlangte das Urteil Rechtskraft.[134] Falls der Kämmerer nicht in Mainz war, genügte die Besagung vor dem Schultheißen.[135] Danach trug der Gerichtsschreiber das Urteil in das Gerichtsbuch ein. Dort wurden die Klage, die Antwort des Beklagten sowie alle verfahrensrechtlich wichtigen Verfügungen und das Urteil vermerkt.[136] Die Aufzeichnungen im Gerichtsbuch hatten die Beweiskraft öffentlicher Urkunden. Auf Antrag einer Partei wurde ein Gerichtsbrief ausgestellt. Den wesentlichen Inhalt dieser Urkunde bildeten die getroffene Entscheidung sowie eine Darstellung des Prozesshergangs. Der Richter datierte und siegelte die Urkunde und verlieh ihr damit öffentliche Beweiskraft.[137]

---

129 Vgl. Hallein (1891a), S. 46.

130 Auch im Ingelheimer Recht wurde die Erwiderung auf die Klage als „antwurt" bezeichnet; vgl. Zwerenz (1988), S. 108 ff.

131 Vgl. Planck (1878), S. 248 ff.; Kroeschell (1978), S. 114; Landwehr (1979), S. 1 ff.; Schott (1997), S. 119; im Hinblick auf das Frankfurter Schöffengericht: Coing (1939), S. 31 f.

132 Hallein (1891b), S. 9 und 54 bezeichnete die Mainzer Schöffen als „Urtheilsfinder" und stellte fest, der Vorsitzende des Gerichts habe das Urteil „verkündigt". Damit setzte Hallein voraus, dass die dargestellte Aufgabenteilung auch im Mainz des 15. Jahrhunderts bestand.

133 Der Terminus „Besagung" kann die Entscheidung, das Urteil, den Befehl, die Anklage und schließlich die Aussage bezeichnen; vgl. dazu den Artikel „Besage" im Deutschen Rechtswörterbuch, Bd. 2 (1932-1935), Sp. 58 ff., insbesondere Sp. 60, und den Artikel „besagen" im Grimm'schen Wörterbuch, Bd. 1 (1984), Sp. 1540.

134 Vgl. Hallein (1891b), S. 7 f.

135 Vgl. Hallein (1891a), S. 8.

136 Vgl. Schlosser (1971), S. 134; Ott (1980), S. 233 ff.

137 Vgl. Schlosser (1971), S. 433.

c) Zum Verfahren gegen Gutenberg

Fust trug seine Klage mündlich vor.[138] Nachdem Gutenberg geantwortet hatte und es zu einem weiteren Hin und Her von Parteierklärungen gekommen war, die im Notariatsinstrument nicht im Einzelnen wiedergegeben sind, wurde das Urteil gesprochen. Die Entscheidung wurde mündlich verkündet.[139] Es müssen (nicht überlieferte) Fristen für die darin vorgesehenen Beweishandlungen (die Eidesleistung oder Beibringung von Zeugen durch Fust sowie die Abrechnung Gutenbergs) vorgesehen gewesen sein.[140] Die Klage, die Antwort und der Rechtsspruch wurden sodann im Gerichtsbuch vermerkt.

Karl Georg Bockenheimer hat betont, die Eidesleistung sei nicht, wie zu erwarten, vor einem zuständigen Richter, sondern vor einem vom Gericht nicht beauftragten Notar (Helmasperger) erbracht worden. Gerade Eidesleistungen seien jedoch von den Gerichten überwacht worden, weil die Form der Eidesleistung von entscheidender Bedeutung gewesen sei. Eine korrekte Eidesleistung hätte auch nicht in einem Kloster (vgl. Z. 4 f.), sondern an der Gerichtsstätte durchgeführt werden müssen. Fusts Eidesleistung sei daher als rechtlich unwirksam zu qualifizieren.[141] Zutreffend an Bockenheimers These ist, dass die von den weltlichen Gerichten im Urteil vorgesehenen Beweishandlungen zumeist vor Gericht und daher auch an der Gerichtsstätte zu erbringen waren. Es gehörte in der Regel nicht zu den Aufgaben eines öffentlichen Notars, einen Eid abzunehmen, der im Urteil eines weltlichen Gerichts vorgesehen war.[142] Dennoch dürfte Bockenheimers Schlussfolgerung, die Eidesleistung sei rechtlich unwirksam gewesen, voreilig sein. Fust war ein erfahrener Geschäftsmann und Fürsprecher, also ein „juristischer Fachmann“. Er wird sich kaum auf ein Verfahren eingelassen haben, das an einem gravierenden und offenkundigen rechtlichen Mangel litt und daher von vornherein als rechtlich unwirksam zu erkennen war. Auch Helmasperger konnte sich allein schon um seines Ansehens als Notar

---

138 Vgl. Bockenheimer (1900), S. 102 und Wagner (2000), S. 133 sprechen zu Unrecht von einer „Klageschrift“ Fusts.

139 Anderer Auffassung Blum (1954), S. 7. Wenn es bei Blum (1954), S. 8 weiter heißt, der Kläger habe eine Ausfertigung des Urteils erhalten, so ist dies in dem Sinne zu präzisieren, dass der Kläger auf Antrag einen Gerichtsbrief erhielt, der die Klage, die Antwort und das Urteil zum Inhalt hatte.

140 Kornblum (1960), S. 104 berichtet im Hinblick auf die Entscheidungen des Ingelheimer Oberhofes, dass darin grundsätzlich dreimal 14 Tage vorgesehen waren.

141 Vgl. Bockenheimer (1900), S. 97 ff.; vgl. auch Hessels (1909), S. 401.

142 Schuler (1987), S. 138 ff. nennt unter den Aufgaben des Notars nicht, er sei auch dafür zuständig gewesen, auf Grund gerichtlicher Urteile erbrachte Eidesleistungen oder andere Beweishandlungen zu protokollieren.

willen nicht an einem Verfahren beteiligen, das eindeutig rechtswidrig war.[143] Entscheidend dürfte sein, dass Helmasperger nicht einfach nur als Schreiber tätig war, der die Eidesleistung protokollierte. Er war vielmehr die einzige Amtsperson, die der Eidesleistung beiwohnte. Helmasperger nahm eine Aufgabe wahr, die in der Regel dem Gericht oder einem Richter vorbehalten blieb.[144] Weiterführend sind nun die folgenden Überlegungen: Vielleicht war Ulrich Helmasperger Schreiber am weltlichen Gericht.[145] Das Gericht könnte ihn beauftragt haben, die Eidesleistung entgegenzunehmen und zu protokollieren. Die Eidesleistung war dann ein offizieller Teil des Verfahrens. Dafür spricht, dass im Notariatsinstrument (Z. 10) festgestellt wird, die Eidesleistung sei an einem „endlichen Tag" („ein entlicher tag") vorgenommen worden. Der Ausdruck „endlicher Tag" oder „endlicher Rechtstag" hatte im mittelalterlichen deutschen Zivilprozess eine feststehende Bedeutung.[146] Er bezog sich auf einen Prozessgrundsatz, wonach der Beklagte nicht bereits beim ersten Termin, zu dem er geladen wurde, erscheinen musste, sondern mehrere (drei oder vier) Termine zur Verfügung hatte.[147] Dies galt nicht nur im Hinblick auf die Ladung zum ersten Termin, auf dem der Kläger gegenüber dem Beklagten seine Klage vorbrachte,[148] sondern offensichtlich auch in einem Fall wie dem vorliegenden, in dem Gutenberg den Termin vor einem Notar wahrnehmen sollte. Dass die Eidesleistung auf einen Termin fiel, der als „endlicher Tag" bezeichnet wurde, ist ein wichtiges Indiz dafür, dass dieser Termin noch einen offiziellen Teil des Gerichtsverfahrens bildete. Die sich aufdrängende Frage, wie es kommen konnte,

---

143 Bockenheimer zieht den Schluss, das Helmasperger'sche Notariatsinstrument sei eine Fälschung.

144 Vgl. Schlosser (1975), S. 49. Kornblum (1960), S. 106 stellt fest, die Beweisaufnahme auf Grund von Urteilen des Ingelheimer Oberhofes sei von den jeweiligen Untergerichten durchgeführt worden. Auch die im Straßburger Urteil gegen Gutenberg (12.12.1439) geforderten Eide wurden vor dem zuständigen Gericht geleistet; vgl. Fuhrmann (1940), S. 188 f.

145 Vgl. S. 46.

146 Blum (1954), S. 42 vertritt zwar die Auffassung, der „endliche Tag" sei hier nicht der dritte, jedem Geladenen zustehende Termin, sondern der Schlusstermin des gesamten Gerichtsverfahrens. Und auch Hoffmann (1993a), S. 266 ist der Ansicht, dass der „endliche Tag" als die „letzte Etappe in einem Gerichtsverfahren" zu verstehen ist. Der Begriff des „endlichen Rechtstages" bezeichnet den Schlusstermin eines Gerichtsverfahrens aber nur im strafrechtlichen Inquisitionsprozess: Nachdem der Angeklagte ein Geständnis abgelegt hatte, konnte das Vorverfahren abgeschlossen und der „endliche Rechtstag" anberaumt werden, auf dem dann das Urteil verkündet wurde; vgl. Schlosser (1978), S. 380. Es ist ja auch unbekannt, ob die Eidesleistung Fusts tatsächlich auf dem Schlusstermin stattfand. Möglicherweise war, um dies hier vorwegzunehmen, noch eine weitere Beweishandlung vorzunehmen, nämlich eine Abrechnung (durch Gutenberg), für die ein zusätzlicher Termin festgelegt werden musste; vgl. S. 102 f.

147 Vgl. Deutsches Rechtswörterbuch, Bd. 2 (1932-1935), Sp. 1531.

148 Vgl. Schlosser (1971), S. 230 ff.

dass ein Gerichtsschreiber die Funktion eines Richters wahrnahm, lässt sich vielleicht mit einem Blick auf die geistliche Gerichtsbarkeit beantworten: An den geistlichen Gerichten waren (ebenfalls) öffentliche Notare tätig.[149] Sie durften den Gerichtsvorsitz übernehmen, Zeugen verhören[150] und eidliche Erklärungen entgegennehmen.[151] Sogar die Untersuchung ganzer Fälle wurde ihnen von den Richtern übertragen.[152] Indem das weltliche Gericht seinen Schreiber Helmasperger mit der Aufgabe betraute, die Eidesleistung Fusts entgegenzunehmen, folgte es vielleicht einer bei der geistlichen Gerichtsbarkeit üblichen Praxis.[153] Sollte Helmasperger *nicht* Schreiber am weltlichen Gericht gewesen sein, wäre anzunehmen, dass das Verfahren mit dem Urteil abgeschlossen war. Die Eidesleistung hätte dann außergerichtlich stattgefunden. Fust hätte, um ein Beweismittel in der Hand zu haben, Helmasperger als öffentlichen Notar hinzugezogen und ihn beauftragt, ein Notariatsinstrument über den Vorgang auszustellen.

Die Eidesleistung fand am 6.11.1455 zwischen 11 und 12 Uhr im großen Refektorium (Speisesaal) des Barfüßerklosters zu Mainz statt (vgl. Z. 4 f.).[154] Ein solcher Ort war typisch für die Tätigkeit öffentlicher Notare. Diese wurden häufig an neutralen Orten aktiv, vorzugsweise in Kirchen und Klöstern.[155] Bevor Fust den Eid leistete, ließ er die Klage, die Antwort und das Urteil verlesen (Z. 21 f.). Für die Nachwelt und insbesondere für die Gutenbergforschung war dies nur günstig, weil auf diese Weise der Kontext des (für sich genommen nahezu unverständlichen) Eides überliefert wurde. Welchen Sinn aber hatte dies für Fust? Wahrscheinlich einen ähnlichen Grund: Durch Verlesung der genannten

---

149 Vgl. May (1956), S. 270 f. im Hinblick auf die Notare am geistlichen Generalgericht zu Erfurt, das dem Mainzer Erzbischof unterstand.

150 Vgl. Gottlob (1952), S. 155; Paarhammer (1977), S. 55; Müller-Volbehr (1973), S. 146; Steins (1973), S. 257.

151 Vgl. Paarhammer (1977), S. 55.

152 Vgl. Trusen (1973), S. 479.

153 Ein anderer Lösungsansatz könnte sich aus folgenden Überlegungen ergeben: Burger (1960), S. 151 stellt im Hinblick auf südwestdeutsche Stadtschreiber, die manchmal auch Gerichtsschreiber waren, fest, sie hätten im Auftrag des Stadtgerichts richterliche Befugnisse wahrgenommen, z.B. Zeugen vernommen und sie vereidigt. Nach Schlosser (1971), S. 129 ff., der sich auf bayerische Quellen bezieht, wurden den Gerichtsschreibern ebenfalls richterliche Befugnisse übertragen, sie konnten sogar als reguläre Vertreter des Richters selbständig die Verhandlung leiten. Die beiden Autoren bringen diese Praxis nicht mit dem römisch-kanonischen Zivilprozess in Verbindung. Möglicherweise hatte es sich auch am Mainzer weltlichen Gericht eingebürgert, dass der Gerichtsschreiber mit richterlichen Aufgaben betraut wurde, unabhängig von einer vergleichbaren Praxis der geistlichen Gerichtsbarkeit.

154 Nicht klar ist, wer den Termin zur Eidesleistung anberaumt hat. Blum (1954), S. 42 ist der Auffassung, „schwerlich das Gericht“, sondern Fust habe den Termin anberaumt.

155 Vgl. Konow (1959), S. 74. Blum (1954), S. 42 Anm. 4 weist darauf hin, dass Schaab der Auffassung war, Fust habe das Kloster ausgewählt, weil er gegenüber gewohnt habe. Dies hält Blum für fraglich.

Dokumente und die Aufnahme in das Notariatsinstrument war eindeutig klargestellt, in welchem Kontext der Eid geleistet wurde. Fust konnte sich nun mit dem Notariatsinstrument in der Hand an Gutenberg wenden und Zinszahlung verlangen.[156]

Im Notariatsinstrument heißt es, dass Fust einen „Zettel" mitgebracht hatte und einen Eid leistete, indem er beschwor, dass der Inhalt dieses Zettels wahr und richtig sei – „war vnd gerecht wer" (Z. 57 f.)[157] Damit benutzte Fust eine auch sonst bei Eidesleistungen verwendete Formel.[158] So leisteten die Parteien im römisch-kanonischen Prozess unmittelbar nach der „litis contestatio" („Streitbefestigung", durch welche der Gegenstand des Streits festgestellt und das Hauptverfahren über den Inhalt der Klageschrift eröffnet wurde) den Kalumnieneid („iuramentum calumniae"): Die Parteien beschworen, das Verfahren wahrheitsgemäß und ohne Ungerechtigkeiten betreiben zu wollen.[159] Die von Fust verwendete Formel ist wohl über das kanonische Recht ins weltliche Rechtsleben gelangt. Anschließend, so heißt es im Notariatsinstrument weiter, habe Fust dem Notar Helmasperger den Zettel übergeben (Z. 57).[160] Fust leistete den Eid nicht vollständig in mündlicher Form, sondern beschwor mündlich lediglich, dass eine von ihm zuvor schriftlich fixierte Aussage wahr und gerecht sei. Fust leistete den Eid „mit uffligenden fyngern lyplichen uff die heilgen in myner offenbar schribers hant" (Z. 56 f.). Fust schwor demnach „auf die Heiligen", worunter ein in einer Kirche oder einem Kloster aufbewahrter Reliquienschrein zu verstehen ist.[161] Er leistete also einen „Reliquieneid".[162] Der Schwörende legte eine Hand, wohl die rechte, auf einen solchen Schrein.[163] Im vorlie-

---

156 Ein ähnliches Beispiel findet sich bei Konow (1959), S. 133 f.: In einem (in Frankfurt am Main ausgefertigten) Notariatsinstrument wird eine Eidesleistung beurkundet. Zusätzlich sind der Streitgegenstand, der bisherige Gang des Verfahrens und das Urteil darin wiedergegeben.

157 Die Formel „wahr und gerecht" findet sich bereits in der Offenbarung des Johannes 16,7: „Et audivi altare dicens: ‚Etiam, Domine Deus omnipotens, vera et iusta iudicia tua!'" („Und ich hörte vom Brandopferaltar her sagen: ‚Ja, Herr, Gott und Herrscher über die ganze Schöpfung, wahr und gerecht sind Deine Gerichtsurteile.'"); vgl. auch Jeremias 4,2

158 Vgl. die Beispiele im Deutschen Rechtswörterbuch, Bd. 4 (1939-1951), Sp. 267 und bei Konow (1959), S. 132.

159 Vgl. Steins (1973), S. 251. Im kanonischen Recht wurden drei Kriterien für einen ordnungsgemäßen Eid aufgestellt: veritas (Wahrhaftigkeit), iudicium (Zurechnungsfähigkeit, die bei Kindern unter 14 Jahren fehlte), iustitia (sittenwidrige Eide waren ungültig); vgl. Landau (1982), S. 387.

160 Die Übergabe hatte wahrscheinlich den Zweck, es Helmasperger zu erleichtern, den genauen Wortlaut des Eides im Notariatsinstrument festzuhalten.

161 Vgl. Planck (1879), S. 33; Kornblum (1960), S. 27; Schüngeler (1973), S. 15 f.

162 Vgl. Kornblum (1960), S. 27.

163 Vgl. Kornblum (1960), S. 27. Bei Planck (1879), S. 34 heißt es genauer, „die zwei nächsten Finger vom Daumen" hätten auf den Reliquienschrein gelegt werden müssen. Freilich ist unklar, ob dies auch in Mainz zur Zeit Gutenbergs vorgeschrieben war.

genden Fall wurde der Schrein von Ulrich Helmasperger als dem öffentlichen Schreiber („offenbar schriber") gehalten. Woher dieser Schrein stammte, ist nicht bekannt – vielleicht aus dem Barfüßerkloster, in dem man sich aufhielt.

Die Eidesleistung geschah in Gegenwart weiterer Personen, die teils in Fusts Auftrag,[164] teils im Auftrag Gutenbergs[165] anwesend waren. Zu den Zeugen, die im Auftrag Fusts gekommen waren, gehörte Peter Schöffer („Peter Girnßheim", Z. 69), der am Druck der B 42 beteiligt gewesen war und später als Leiter der von Fust gegründeten Offizin gearbeitet hat. Es war erforderlich, dass bei notariellen Beurkundungen mehrere Zeugen zugegen waren. Ihre Aufgabe bestand darin, Zeugnis für die in der Urkunde dokumentierten Erklärungen abgeben zu können, falls später einmal Streit darüber entstehen sollte.[166]

Auffällig ist, dass Gutenberg zum Termin zwar geladen, aber nicht erschienen war, so dass die Eidesleistung ohne ihn durchgeführt wurde. Helmut Coing stellt im Hinblick auf das Frankfurter Gerichtsverfahren fest, der Prozessgegner habe bei Eidesleistungen anwesend sein müssen, weil ein Eid gerade dem Prozessgegner gegenüber zu leisten war.[167] Eine Anwesenheitspflicht Gutenbergs scheint jedoch nicht bestanden zu haben. Der erwähnte Grundsatz wurde wohl nicht immer streng beachtet.[168] Von Bedeutung könnte hier auch sein, dass Fust den Eid nicht vor Gericht leistete, sondern vor einem (vom Gericht beauftragten) öffentlichen Notar. Bei notariellen Beurkundungen mussten außer dem Notar, der erklärenden Partei und den Zeugen keine weiteren Personen, also auch nicht wie hier der Prozessgegner, anwesend sein.[169]

Nachdem Fust den Eid abgelegt hatte, fertigte Helmasperger die Urkunde, ein Notariatsinstrument, nach feststehenden Regeln aus.[170] Das Wort „Instrument" bezeichnet eine über ein Rechtsgeschäft aufgenommene Urkunde.[171] Eine „öffentliche" Urkunde war eine Urkunde, die volle Beweiskraft hatte. Ein Notariatsinstrument hatte vier Teile zu umfassen, damit es wirksam war: erstens das

---

164 Es handelte sich um Jakob Fust (den Bruder von Johannes Fust), Peter Granß, Johannes Kist, Johannes Kumoff, Johannes Yseneck, Peter Schöffer und Johannes Bonne; vgl. Blum (1954), S. 42.

165 Dies waren Heinrich Günther, Heinrich Kefer, Berthold Ruppel – Bedienstete Gutenbergs.

166 Vgl. Konow (1959), S. 62 f.

167 Vgl. Coing (1939), S. 34.

168 Schüngeler (1973), S. 61 f. stellt im Hinblick auf das Recht in Babenhausen fest, dass Zeugenaussagen auch erbracht werden konnten, wenn der Prozessgegner *nicht* anwesend war. Eine feste Regel sei den Quellen nicht zu entnehmen.

169 Vgl. Konow (1959), S. 62.

170 Zu den Regeln, nach denen ein Notariatsinstrument zu gliedern und zu formulieren war, vgl. Konow (1959), S. 88 ff.; Trusen (1977), S. 212 ff.; Schuler (1976), S. 205 ff.; Wetzstein (2004), S. 176 ff.

171 Vgl. Konow (1959), S. 47; Schuler (1976), S. 183.

Protokoll mit Eingangsformeln, Angaben über die anwesenden Personen sowie Zeit- und Ortsangaben; zweitens den rechtsgeschäftlichen oder amtlichen Teil, der beurkundet werden sollte (hier: die Eidesleistung Fusts samt Klage, Antwort und Urteil); drittens das Eschatokoll, das die erforderlichen Zeit- und Ortsangaben umfasste (sofern sie nicht bereits im Protokoll enthalten waren), und schließlich viertens die Unterschrift des Notars und das Notarszeichen (Notarssignet, auch Notariatssignet genannt). In der Gutenbergforschung wird die Auffassung vertreten, Helmasperger habe im Notariatsinstrument über das Verfahren gegen Gutenberg Bericht erstattet, indem er den Verfahrensablauf mit eigenen Worten zusammenfasste.[172] Damit wird Helmasperger als *Verfasser* der in der Urkunde enthaltenen Verfahrensdarstellung eingestuft. Aufschlussreich ist der Wortlaut des Notariatsinstruments. Danach war Fust bereit,

> „dem rechtspruch vber den ersten artickel siner ansprach gescheen noch inhalt des selben gnung zu thun, den er von wort zu wort alsdo ließ lesen mitsampt der clage vnd entwert, und ludet alsus:" (Z. 21 f.).[173]

Helmasperger stellte demnach fest, Fust habe einen Text wörtlich verlesen lassen. Der Text hatte den „Rechtsspruch über den ersten Artikel der Klage" sowie die Klage und die Antwort Gutenbergs zum Inhalt. Dieser Text muss in einem schriftlichen Dokument enthalten gewesen sein – im Gerichtsbuch oder in einem Gerichtsbrief, die beide vom Gerichtsschreiber verfasst wurden. Da Fust es war, der das Dokument verlesen ließ, dürfte er es in seinem Besitz gehabt haben. Fust hatte also wohl einen Gerichtsbrief in Händen.[174] Unter der Voraussetzung, dass Helmasperger als Schreiber am weltlichen Gericht tätig gewesen ist, war er tatsächlich der Verfasser der Eintragung im Gerichtsbuch sowie des Gerichtsbriefes und damit auch der im Notariatsinstrument enthaltenen Darlegungen zum Gerichtsverfahren.

---

172 Vgl. Hartwig (1900), S. 264; Bockenheimer, (1900), S. 97 und 102; Presser (1967), S. 70; Kind/Rohlfing (1995), S. 72; Wagner (2000), S. 133; Schneider (2000), S. 192; Venzke (1999), S. 185; Bechtel (1992), S. 370 und 375; Ing (1988), S. 29; Davies (1996b), S. 15.

173 Bei Übersetzungen von Zitaten aus dem Notariatsinstrument in modernes Deutsch wird hier und im Folgenden die Übersetzung Geldners (1972), S. 93 ff. zu Grunde gelegt. Stellen, die im Hinblick auf ihre Übersetzung umstritten sind, werden, anders als bei Geldner, dadurch gekennzeichnet, dass die unterschiedlichen Übersetzungsmöglichkeiten angegeben werden. Übersetzung: Fust war bereit, „dem Urteil über den ersten Artikel der Klage entsprechend seinem Inhalt genüge zu tun – das er alsdann wörtlich samt der Klage und der Antwort verlesen ließ, und [all dies] lautet folgendermaßen:"

174 In der Sache übereinstimmend Blum (1954), S. 8, wonach der Kläger (Fust) eine „Ausfertigung des Urteils" erhalten hat, das dann vom Schreiber des Notars abgeschrieben und in das Notariatsinstrument eingefügt wurde.

C. Die Streitpunkte (der erste Vertrag)

1. Wie lassen sich die Streitpunkte ermitteln?

Welche Punkte zwischen Gutenberg und Fust umstritten waren, ist in erster Linie der Klage Fusts und der Antwort Gutenbergs zu entnehmen. Da Fust eine Geldsumme (2020 Gulden) forderte, erhob er eine „Klage um Schuld".[1] Woraus sich diese von ihm behauptete Schuld zusammensetzte, wurde zwar bereits dargelegt,[2] soll hier aber kurz in Erinnerung gerufen und mit Erläuterungen versehen werden:

- 800 Gulden, so Fust, habe er Gutenberg auf Grund eines Darlehensvertrages gewährt.[3]
- Weitere 800 Gulden könne er zurückverlangen, weil der erste Kredit Gutenberg nicht ausgereicht habe.
- 250 Gulden Zinsen (6 % jährlich) müsse Gutenberg für die zuerst gezahlten 800 Gulden geben, 140 Gulden Zinsen für die später geleisteten 800 Gulden.
- Das gesamte Gutenberg geliehene Geld habe er selbst gegen Zinsen aufgenommen; um die Zinsforderungen seiner Gläubiger zu erfüllen, habe er ein weiteres Mal Kredit gegen Zinsen aufnehmen müssen. Diese Zinsen hätten sich auf 36 Gulden belaufen.

---

1 Ging die Klage auf Herausgabe einer Sache, wird im Hinblick auf das mittelalterliche deutsche Recht von einer „Klage um Gut" gesprochen. Falls sich die Streitigkeit auf den Boden bezog, ist von einer „Klage um Eigen und Erbe" die Rede; vgl. Planitz/Eckhardt (1961), S. 231.

2 Vgl. S. 20.

3 Fust stellte fest, er habe Gutenberg 800 Gulden „vngeuerlich verlegen" sollen (vgl. Z. 24). Weiter heißt es in der Klage, Fust verlange von Gutenberg 36 Gulden „vngeuerlich zu guter rechnung" (Z. 35) und „vngeuerlich" 2020 Gulden insgesamt (Z. 36). Fust wollte nicht bloß ungefähre Angaben machen; so jedoch Corsten (1979), S. 60. Blum (1954), S. 17 Anm. 1 stellt zu Recht fest: „Niemand erwartete hier [im Prozess Fust gegen Gutenberg; Verfasser] etwas anderes, als dass er [Fust; Verfasser] die Summe seiner Forderung genau angäbe." Das Wort „vngeuerlich" heißt: ohne böse Absicht, ohne Arglist; vgl. Deutsches Rechtswörterbuch, Bd. 3 (1935-1938), Sp. 1384 ff. Fust betonte somit formelhaft, die Zahlenangaben seien redlich. Auch die von Gutenberg benutzte Wendung „vnd hoff, das er ym nit pflichtig sy gewest, solche achthundert gulden uff das werck der bucher zulegen" (Z. 42) diente dazu, die Redlichkeit Gutenbergs zu unterstreichen. Eine ähnliche Beteuerungsformel, von einem Kläger verwendet, findet sich im Ingelheimer Recht: „er hoffe und vertraue, dass er das auch richten und machen solle"; vgl. Gudian (1968), S. 250. Zu Beteuerungsformeln aus der Praxis des Stadtgerichts Butzbach (15. Jahrhundert) vgl. Tschepe (1976), S. 66 f.

Der von Fust zuerst angesprochene Darlehensvertrag war in einem „Zettel" dokumentiert.[4] Die rechtliche Qualifikation dieses „Zettels" ist umstritten. So wird die Auffassung vertreten, das deutsch-rechtliche Darlehen sei kein Konsensualvertrag, sondern ein Realvertrag gewesen. Das bloße Darlehensversprechen sei daher als *Vor*vertrag einzustufen.[5] Ein solcher Vorvertrag sei im „Zettel" enthalten gewesen. Diese Auffassung ist fragwürdig: Ein Konsensualvertrag ist ein Vertrag, der allein durch eine Vereinbarung zustande kommt, während ein Realvertrag ein Abkommen bildet, für dessen Zustandekommen zusätzlich ein „Realakt", und das heißt im Hinblick auf einen Darlehensvertrag: die tatsächliche Hingabe des Darlehens, erforderlich ist. Im Hinblick auf den zwischen Gutenberg und Fust geschlossenen Vertrag bedeutet dies: Wenn der Darlehensvertrag einen Realvertrag gebildet hätte, würde die auf den Kredit bezogene Vereinbarung das konsensuale Element eines Darlehens*vertrages* bilden. Der „Zettel" hätte dann diesen Teil des Darlehensvertrages, nicht jedoch einen *Vor*vertrag zum Inhalt gehabt.[6] Hinzu kommt: Die Unterscheidung zwischen Konsensual- und Realverträgen, die dem römischen Recht entstammt, ist zwar für das gemeine Recht charakteristisch.[7] Was das ältere deutsche Recht angeht, so war die Unterscheidung nach der früher herrschenden Lehre ebenfalls von Bedeutung,[8] das deutsch-rechtliche Darlehen bildete danach einen Realvertrag.[9] Neuere Forschungen haben aber gezeigt, dass die deutsch-rechtlichen Quellen diese These nicht stützen.[10] Der deutsch-rechtliche Darlehensvertrag kam durch bloße Vereinbarung zustande. Der „Zettel" hatte keinen Darlehens*vor*vertrag zum Inhalt und bildete auch keine Quittung, wie Zedler und Menn meinten,[11] sondern enthielt einen Darlehensvertrag.

Die Klage endet mit den Worten: „vnd furdert ym solchs als an sin schaden ußzurichten vnd beczalen" (Z. 36 f.). Von besonderer Bedeutung ist hier die Wendung „an sin schaden" (ohne seinen Schaden, ohne dass ihm ein Schaden entstehe). Im spätmittelalterlichen deutschen Recht lässt sich die Tendenz

---

4 Z. 23, 30, 54: „zettel", Z. 43 und 45: „czettel"; Z. 59: „zedel". Das Wort „Zettel" wurde im Zusammenhang mit Gerichtsverfahren und überhaupt mit rechtlich bedeutsamen Vorgängen häufig verwendet. Es lässt sich wiedergeben mit: „Schriftstück", „Dokument". Nach dem Grimm'schen Wörterbuch, Bd. 31 (1984), Sp. 816 f. wurde das Wort „Zettel" „in der älteren sprache" zur Bezeichnung „von schriftlichen instrumenten und längeren schriftsätzen" verwendet. Im Hinblick auf das Ingelheimer Recht vgl. Erler (1981a), S. 115, 117, 122.

5 Vgl. Blum (1954), S. 62 f.; Geldner (1972), S. 99; Hoffmann (1983), S. 476 f.

6 In einem Vorvertrag verpflichten sich die Vertragspartner, künftig einen Vertrag zu schließen, dessen wesentliche Punkt sie im Vorvertrag festgelegt haben.

7 Vgl. Coing (1985), S. 470 ff.; Hofmeister (1990), Sp. 218 ff.

8 Vgl. Hofmeister (1990), Sp. 218.

9 Vgl. Gierke (1917), S. 577; Hallein (1891b), S. 31 ff.

10 Vgl. Mitteis/Lieberich (1981), S. 158; Hofmeister (1990), Sp. 219.

11 Vgl. Zedler (1907), S. 197; Menn (1941), S. 16.

nachweisen, zivilrechtliche Klagen unterschiedlichster Art, zum Beispiel wegen Körperverletzung, Beleidigung oder Vertragsverletzung, etwa auf Grund Sachmangels oder durch Verzug, in Form einer *Schadensklage* zu erheben.[12] Jedes rechtswidrige Handeln oder Unterlassen wurde als Unrecht (Delikt) qualifiziert, das der Kläger als „Schaden" bezeichnete und für das er Schadenersatz verlangen konnte. Häufig durfte der Kläger nicht nur den realen, nachweisbaren Schaden ersetzt verlangen, sondern einen weitaus höheren Geldbetrag fordern. Dies lief auf eine Privatstrafe hinaus, deren Höhe vom Kläger festgesetzt wurde. Die Höhe des Schadenersatzes war zum Teil typisiert. So wurden zum Beispiel häufig Beträge verlangt, die ein Vielfaches von 20 Gulden bildeten. Schadensklagen können im 15. Jahrhundert auch im fränkischen Rechtskreis nachgewiesen werden.[13] Aus Mainz sind daher ebenfalls Schadensklagen und darauf bezogene Urteile bekannt.[14] Ekkehard Kaufmann stellt fest, auffällig sei, dass in den Mainzer Urteilen zumeist unregelmäßige Beträge genannt werden, was darauf schließen lasse, dass hier nur der konkret nachweisbare Schaden gerichtlich durchsetzbar gewesen sei.[15] Die von Fust benutzte Wendung „an sin schaden" weist darauf hin, dass Fust eine Schadensklage erhob. Entsprechend der in Mainz herrschenden Übung beschränkte er sich auf den (seiner Auffassung nach) realen, beweisbaren Schaden, den er in der Klage im Einzelnen begründete und bezifferte.[16] In seiner Antwort erwiderte Gutenberg:

- Die als Erstes versprochenen 800 Gulden habe Fust ihm nicht vollständig und auch nicht sogleich ausgezahlt. Mit dem Kredit habe er Druckgerät herstellen sollen. Um die Forderung auf Rückzahlung des Kredits zu sichern, habe er Fust ein Pfandrecht an dem Gerät bestellt. Später habe Fust ihm zugesagt, die vereinbarten Zinsen nicht nehmen zu wollen.
- Einen weiteren Vertrag habe er mit Fust über ein gemeinsames Unternehmen geschlossen, um das „Werk der Bücher" zu vollenden. Fust habe ihm jährlich 300 Gulden gegeben, insgesamt 800 Gulden. Über die Verwendung dieses Geldes wolle er abrechnen.

---

12 Vgl. Kaufmann (1961a), S. 93 ff.; Kaufmann (1961b), S. 157 f.; Schlosser (1971), S. 274 ff.; Gudian (1968), S. 248 ff.; Gudian (1973), S. 121 ff.; Tschepe (1976), S. 62 ff.; Zwerenz (1988), S. 277 ff.

13 Vgl. Kaufmann (1961a), S. 95.

14 Vgl. Hallein (1891a), S. 23 ff.; Kaufmann (1961a), S. 124.

15 Vgl. Kaufmann (1961a), S. 124. In den Mainzer Gerichtsformeln (Hallein 1891a S. 23 f., 27) werden zwar unregelmäßige Beträge genannt (29 Gulden, 20 Gulden, 5 Gulden), aber jeweils mit dem Zusatz: „und den schaden, den er des hette oder gewinnen mochte". Im Hinblick auf das Butzbacher Schöffengericht stellt Weiss (1973), S. 69 fest, dass stets der (angeblich) tatsächlich entstandene Schaden eingeklagt wurde.

16 Ähnlich formulierte Klagen, die in der Mitte des 15. Jahrhunderts vor dem Stadtgericht zu Butzbach erhoben wurden, werden von Tschepe (1976), S. 62 ff. zitiert.

Weitere Streitpunkte könnten in dem Teil der Verhandlung erörtert worden sein, der auf Gutenbergs Antwort folgte. Dieser Teil ist im Notariatsinstrument zwar nicht wiedergegeben. Da das Gericht verpflichtet war, über alle Streitfragen zu entscheiden, müssen solche Punkte aber im Urteil ihren Niederschlag gefunden haben. Das Urteil hat nicht ausdrücklich und eindeutig materiell-rechtliche Entscheidungen zum Inhalt, sondern ist ein Beweisurteil: Den Parteien werden darin Beweisvorrechte zugewiesen. Fust durfte einen Eid ablegen oder Zeugen beibringen, Gutenberg erhielt das Recht zur Abrechnung. Das Gericht konnte das Beweisvorrecht nur im Hinblick auf eine Frage zuteilen, die zwischen den Parteien *umstritten* war. Diese Frage bildete das Beweisthema. Das jeweilige Beweisthema lässt deshalb einen Schluss darauf zu, was zwischen den Parteien umstritten war. Wenn das Gericht in Bezug auf eine Frage, die laut Klage und Antwort umstritten war, ein Beweisvorrecht *nicht* zuwies, erlaubt dies den Schluss, dass die Frage unmittelbar vor der Entscheidung nicht mehr umstritten war, weil sich die Parteien geeinigt hatten, und das heißt hier: in dem Verfahrensabschnitt, der im Notariatsinstrument nicht wiedergegeben ist.

2. Die Forderung Fusts auf Rückzahlung eines Darlehens

An erster Stelle der Klage machte Fust eine Forderung auf Rückzahlung eines Darlehens in Höhe von 800 Gulden geltend. In der Gutenbergforschung wird die Auffassung vertreten, das Gericht habe Gutenberg verurteilt, die von Fust verlangten 800 Gulden zu zahlen.[17] Gutenberg habe die Zahlung nämlich verweigert, er sei zahlungsunfähig gewesen,[18] und dies, weil Fust ihn verklagt habe, *bevor* er, Gutenberg, den Erlös aus dem Verkauf der gedruckten Bibeln erhalten habe.[19] In der Antwort auf die Klage ließ Gutenberg jedoch mit keinem Wort erkennen, dass er es ablehnte, das Darlehen zurückzuzahlen, und erst recht nicht bezeichnete er sich darin als zahlungsunfähig.[20] Es kann freilich nicht ausgeschlossen werden, dass er in dem Teil der Verhandlung, der im Notariatsinstrument nicht wiedergegeben ist, derartige Erklärungen abgegeben hat (obwohl es für ihn sehr viel nähergelegen hätte, bereits in der Antwort auf die Klage darauf einzugehen). Die in der Guten-

---

17 Vgl. Hartwig (1900a), S. 22; Painter (1970), S. 309; Hoffmann (1993a), S. 263.
18 Vgl. Galantaris (2004), S. 44 und 46.
19 Vgl. Davies (1999b), S. 17.
20 Vgl. Painter (1970), S. 309.

bergforschung gezogenen Schlussfolgerungen bedürfen deshalb eingehender Überprüfung. Im Urteil heißt es (Z. 48-52):[21]

> „Wan Johann Guttenberg sin rechnung gethain hat von allen innemen vnd ußgeben, daß er uff daz werck zu irer beider nocz ußgeben hait, was er dan men gelts dor uber enpfanngen vnd ingenummen hait, *das sall in die achthundert gulden gerechnet werdenn*. Wer es aber, das sich an rechnung erfunde, das er ym me dan acht hundert gulden her uß geben hatte, die nit in ieren gemeinen nocze kummen wern, *sall er ym auch widder geben*."

Das Gericht hat Gutenberg demnach nicht ausdrücklich verurteilt, 800 Gulden zu zahlen. Es setzte einfach voraus, dass er diesen Betrag zahlen musste. Das Urteil hat überhaupt keine explizit materiell-rechtlichen Entscheidungen zum Inhalt, sondern ist ein Beweisurteil. Allenfalls hätte das Gericht einer Partei das Beweisvorrecht zuweisen können – im Hinblick auf die Frage, ob Gutenberg ein Darlehen über 800 Gulden von Fust erhalten hatte oder ob die Forderung auf Rückzahlung des Kredits bereits fällig war. Dies hat es nicht getan, was nur den Schluss zulässt: Es war *unstreitig*, dass Gutenberg einen Kredit zurückzahlen musste. In der Antwort auf die Klage hatte Gutenberg denn auch nicht in Abrede gestellt, einen Darlehensvertrag über 800 Gulden mit Fust geschlossen zu haben, sondern lediglich behauptet, Fust habe ihm weniger als die versprochene Summe gezahlt. Den angeblich fehlenden Betrag hat Gutenberg nicht beziffert. Der Betrag muss gering gewesen sein, andernfalls hätte er die Differenz wohl genau bezeichnet.[22] Gutenberg hat jedenfalls *anerkannt*, dass er den Kredit (in welcher genauen Höhe auch immer) empfangen hatte und nun verpflichtet war, den entsprechenden Betrag zurückzuzahlen.[23]

Die Frage drängt sich auf, *warum* Gutenberg das Darlehen in der von ihm behaupteten Höhe nicht zurückgezahlt hat. Die in der Gutenbergforschung vertretene These, Fust habe „vorzeitig" gegen Gutenberg geklagt, so dass dieser zah-

---

21 Hervorhebungen vom Verfasser. Übersetzung: „Wenn Gutenberg seine Abrechnung erstellt hat von allen Einnahmen und Ausgaben, die er in Bezug auf das Werk zu ihrer beiden Nutzen hatte, soll das Geld, das er mehr?/weniger? empfangen und eingenommen hat, zu den 800 Gulden zugerechnet / in die 800 Gulden gerechnet werden. Wenn sich aber bei der Abrechnung ergibt, dass er [Fust] ihm [Gutenberg] mehr als 800 Gulden übergeben hat, die nicht zu ihrem gemeinsamen Nutzen verwendet wurden, soll er [Gutenberg] ihm [diesen Überschuss] auch zurückgeben."

22 Vgl. Dziatzko (1889), S. 32 Anm. 2.

23 Gutenberg hat nicht nur das Bestehen der Forderung, sondern auch deren Fälligkeit anerkannt. Andernfalls hätte er in der Antwort auf die Klage geltend gemacht, der Anspruch sei noch nicht fällig. Die Forderung muss zur Zeit von Gutenbergs Antwort bereits fällig gewesen sein. Denn Gutenberg hatte keinen Grund, auf die Einrede mangelnder Fälligkeit zu verzichten, wenn die Forderung noch nicht fällig gewesen wäre.

lungsunfähig war, wird zwar erst an einer späteren Stelle der Untersuchung zu prüfen sein.[24] Unabhängig davon lässt sich aber feststellen, dass eine andere, weit weniger dramatische Erklärung näherliegt: Fust und Gutenberg waren sich auf Grund mehrerer (hier noch nicht behandelter) Streitpunkte uneins darin, wie viel Fust von Gutenberg *insgesamt* verlangen durfte. Die beiden Kontrahenten haben sich nicht darauf verständigen können, dass Gutenberg wenigstens den *unstreitigen* Teil des von Fust verlangten Gesamtbetrages leistete – vielleicht weil die Positionen verhärtet waren und Fust nicht bereit war, von seiner Forderung auch nur teilweise und vorläufig abzurücken; vielleicht aber auch weil Fust befürchtete, Gutenberg könnte anschließend behaupten, Fust habe damit anerkannt, nur den von Gutenberg geleisteten Betrag verlangen zu dürfen. So kam es wohl, dass Gutenberg den von Fust geltend gemachten Anspruch auf Rückzahlung des Darlehens zwar prinzipiell anerkannte, aber nichts zahlte – und von Fust verklagt werden musste.

3. Der Streit um die Zinsen

a) Das Zinsverbot und seine Ausnahmen

Fust verlangte in der Klage 6 % Zinsen jährlich für die beiden angeblich gezahlten Kredite von jeweils 800 Gulden.[25] In der Antwort erwiderte Gutenberg, er habe zwar schriftlich (im „Zettel") versprochen, Zinsen zu zahlen; Fust habe ihm aber zugesagt, keine Zinsen nehmen zu wollen (Z. 43 f.):

> „so hab doch Johannes Fust ym zugesagt, das er solcher versoldunge nit begere von ym zunemen."[26]

Blum vertritt die Ansicht, im Verfahren gegen Gutenberg sei das Zinsverbot nicht von Bedeutung gewesen, weil das kanonische Recht allein für die geistliche Justiz, nicht aber für die weltlichen Gerichte verbindlich gewesen sei.[27] Das weltliche Zivilrecht des 15. Jahrhunderts war jedoch in erheblichem Umfang vom kanonischen Recht beeinflusst. Das Zinsverbot wurde auch im weltlichen

---

24 Vgl. S. 120 ff.

25 Vgl. Sotzmann (1841), S. 603 sprach von einem „Zinssatz von 6 Prozent, der den damals üblichen nicht überschritt".

26 Übersetzung: „so habe doch Johannes Fust ihm zugesagt, dass er diese Verzinsung nicht von ihm verlange".

27 Vgl. Blum (1954), S. 49 Anm. 1 und S. 61. Stammler (1912), S. 19 war der Ansicht, vom kanonischen Zinsverbot sei im Prozess Fust gegen Gutenberg keine Rede gewesen.

Recht anerkannt.[28] Im hier untersuchten Verfahren musste dieses Verbot daher ebenfalls beachtet werden.[29]

Das Zinsverbot, das heißt das Verbot, sich von einem Darlehensschuldner Zinsen versprechen zu lassen und Zinsen von ihm zu nehmen, bildete einen Sonderfall des *Wucherverbots*. Dieses Verbot war im kanonischen Recht verankert und wurde letztlich aus dem Alten und dem Neuen Testament abgeleitet.[30] In der scholastischen Theologie war es entwickelt und mit dem Gedanken der ausgleichenden Gerechtigkeit begründet worden. Es sollte ein Gleichgewicht zwischen Leistung und Gegenleistung bestehen. Die Hingabe eines Darlehens wurde nicht als eine Leistung anerkannt, die dazu berechtigte, eine Gegenleistung in Form von Zinsen zu verlangen, weil die Darlehenshingabe nicht auf eigener Arbeit beruhte. Wer dennoch Zinsen annahm, musste sie zurückzahlen und hatte darüber hinaus mit geistlichen Strafen zu rechnen, die bis zur Exkommunikation gehen konnten.[31] Nicht an das Zinsverbot gebunden waren die Lombarden[32] und Kawerzen[33] sowie die Juden.[34] Das Verbot des verzinslichen Darlehens konnte dadurch umgangen werden, dass man sich anderer Vertragsarten, zum Beispiel des Rentenkaufs,[35] bediente. Weitere Ausnahmen vom Zinsverbot wurden im kanonischen Recht entwickelt. Ein Darlehensgeber sollte aus der Hingabe eines Darlehens zwar keinen Vorteil ziehen, ihm wurde aber auch nicht zugemutet, einen über die Darlehenshingabe hinaus eintretenden Nachteil zu erleiden. So durfte er einen auf Grund der Zahlung eines Darlehens entstandenen Schaden („damnum emergens“) geltend machen. Als Schaden wurden zum Beispiel die Zinsen anerkannt, die der Darlehensgeber selbst hatte

---

28 Vgl. Leiber (1926); Tan (2002), S. 177 f.

29 Vgl. Schorbach (1900), S. 277; Hoffmann (1983), S. 478; Bechtel (1992), S. 377; Hartwig (1900), S. 277; Sotzmann (1841), S. 602.

30 Vgl. Lukas 6, 34, 35: „Et si mutuum dederitis, a quibus speratis recipere; quae gratia vobis? Nam et peccatoris peccatoribus foenerantur, ut recipiant aequalia. Verum tamen diligite inimicos vestros: benefacite, et mutuum date nihil inde sperantes“. Deutsche Übersetzung: „Und wenn ihr denen leiht, von denen ihr hofft zu bekommen, welche Gegenleistung ist das für euch? Auch Sünder leihen Sündern, um das Gleiche wiederzubekommen. Liebt jedoch eure Feinde und tut Gutes und leiht, in keiner Weise verzweifelnd.“

31 Vgl. Brundage (1995), S. 77.

32 Die Lombarden waren Kaufleute und Bankiers aus der Lombardei (in Oberitalien), allgemein: aus Italien, die auch in Deutschland tätig waren; vgl. Kellenbenz (1984), Sp. 37 f.

33 Kawerzen waren die Einwohner von Cahors (Südfrankreich), allgemein: Südfranzosen, die teils kraft persönlicher Privilegien, teils auf Grund von Eigenmacht außerhalb des Zinsverbots standen; vgl. Erler (1978), Sp. 695.

34 Vgl. Becker (1998), Sp. 1720; zu den Juden in Mainz vgl. Neumann (1865), S. 332 ff.; Menczel (1932), S. 49 f.

35 Vgl. Funk (1868), S. 65 ff.; Trusen (1990), Sp. 897 ff.

zahlen müssen, weil er seinerseits das Geld geliehen hatte.[36] Auch konnte der Darlehensgeber entgangenen möglichen Gewinn („lucrum cessans") erstattet verlangen. Der Darlehensgeber durfte den Nachteil auf den Darlehensnehmer abwälzen.[37] Als erlaubt wurde angesehen, eine prozentual bestimmte jährliche Leistung im Darlehensvertrag festzulegen. Im Ergebnis lief dies darauf hinaus, Zinsen zu vereinbaren, während das Zinsverbot prinzipiell aufrechterhalten blieb. Zu erwähnen ist schließlich noch die Auffassung, Wucher sei der aus der Hingabe eines Darlehens erwachsene Gewinn, der als solcher beabsichtigt sei.[38] Die Absicht, Gewinn zu erzielen, wurde zu einem Kriterium dafür erklärt, ob überhaupt Wucher vorlag. So wurde die Vereinbarung von Zinsen, obwohl theoretisch die Ausnahme, praktisch zur Regel.[39] Im 15. und 16. Jahrhundert wurden durchschnittlich 5 bis 8 %, am häufigsten jedoch, wie im Fall Fust gegen Gutenberg, 6 % Zinsen vereinbart.[40] Dieser Zinsfuß geht letztlich auf das römische Recht zurück: Der oströmische Kaiser Justinian hatte angeordnet, dass im Normalfall höchstens 6 % Zinsen verlangt werden durften. Eine entsprechende Regelung wurde in das Corpus Iuris Civilis (das unter Justinian 528 bis 534 n. Chr. zusammengestellt wurde) aufgenommen.[41]

Die allgemein übliche Praxis, das Wucherverbot einzuschränken und zu umgehen, blieb freilich nicht unangefochten. Im 14. und 15. Jahrhundert traten Bußprediger auf, die Missstände der Zeit geißelten und dazu aufriefen, das Wucherverbot strikt einzuhalten.[42] Besonders häufig kam es zu solchen Bewegungen nach Naturkatastrophen und nach der Ausbreitung von Seuchen, zum Beispiel der Pest. Der Kampf für eine rigorose Beachtung des Wucherverbots war häufig mit der Verfolgung der Juden verbunden. Die Aufrufe zu einer strengen Beachtung des Wucherverbots konnten dazu führen, dass Gläubiger auf die Forderung von Zinsen zumindest für kurze Zeit verzichteten und sogar bereits gezahlte Zinsen erstatteten.[43] Einer der Prediger, die zur Zeit Gutenbergs auftraten,

---

36 Vgl. Endemann (1883), S. 303. Endemann stellte dazu fest, dieser Fall sei bei den kanonistischen Autoritäten umstritten gewesen; vgl. auch Armstrong (2003), S. 63.

37 Vgl. Funk (1868), S. 78 ff.; Endemann (1874), S. 269 ff.; Hübner (1919), S. 495; Berman (1991), S. 404; Trusen (1961), S. 32 ff.; Schwintowski (1994), S. 261 ff.; Armstrong (2003), S. 56 ff.

38 Vgl. Armstrong (2003), S. 85 f.

39 Eine andere Einschätzung zur Wirksamkeit des Zinsverbots vertritt Tan (2002), S. 177 ff. Das kanonische Zinsverbot wurde danach weitgehend beachtet.

40 Vgl. Landau (1998), Sp. 1709.

41 Vgl. Kaser (1959), S. 250. Die Begründung lautete, die schwere Last der Zinsen müsse durch ein allgemeines Gesetz gemindert werden; vgl. Landau (1979), S. 386.

42 Vgl. Pauldrach (1989), S. 98 ff.; Gilomen (1990), S. 284, 297 und 298 Anm. 130.

43 Vgl. Gilomen (1990), S. 284: In den 1230er Jahren kam es in Norditalien zu einer von Rom und den Bettelorden inspirierten Welle, der Bewegung des sog. Alleluia, gegen den Wucher, z.B. zur Plünderung der Häuser von Wucherern. Gilomen (1990), S. 297: Kaufleute von

war der Franziskanermönch Johannes de Capestrano (im Deutschen auch Johannes Kapistran genannt),[44] der in den Jahren 1451 bis 1456 durch Deutschland reiste.[45] Der Kampf gegen den Wucher bildete eines seiner Kernthemen.[46] Im Oktober 1454 trat er in Frankfurt am Main auf.[47] Ebenfalls zur Zeit Gutenbergs unternahm Nikolaus von Kues (Nicolaus Cusanus), Fürstbischof von Brixen und berühmter Theologe, eine Legationsreise durch Deutschland (1450 – 1452), die dem Zweck diente, Kirche und Klöster zu reformieren. Er ordnete Maßnahmen gegen die Juden an (1451). Sie sollten Kleidung tragen, durch die sie von Weitem als solche erkannt werden konnten und auf der ein gelber Kreis zu sehen war. Auch verbot er den Juden den „Wucher".[48]

b) Die Frage des Zinserlasses

Gutenberg stellte fest, Fust habe ihm zugesagt, keine Zinsen nehmen zu wollen. Wenn Gutenberg lediglich Stundung, also Aufschub der Fälligkeit, behauptet haben sollte, hätte er angeben müssen, wann die Fälligkeit seiner Ansicht nach eintreten sollte. Es hätte ein Zeitpunkt *nach* der Klageerhebung sein müssen, andernfalls wäre die Forderung bei Klageerhebung bereits fällig gewesen. Eine solche Angabe fehlt jedoch in Gutenbergs Antwort. Dieser machte also geltend, Fust habe auf die Zinsen *verzichtet.*

Guy Bechtel ist der Ansicht, Fust sei davon ausgegangen, dass der Verkauf der gedruckten Bücher einen hohen Gewinn erbringen werde. Durch den Zinserlass habe er Gutenberg entlasten wollen, so dass dieser in seiner Arbeit frei von

---

Florenz befürchteten nach einem Erdbeben in Friaul (1348) den Weltuntergang und begannen damit, allen Schuldnern die Zinsen zurückzubezahlen. Nach acht Tagen war die Furcht verflogen und die Zahlungen wurden eingestellt. Gilomen (1990), S. 298 Anm. 130: In Genua sei 1467 eine „Gewissenskrise" aufgetreten, die zu rigoroser Ablehnung des Zinsdarlehens geführt habe.

44 Knappe Darstellungen von Leben und Werk des Johannes de Capestrano bei Elm (1991), Sp. 560 f.; Wagner (1992), Sp. 295 f.

45 Zur Predigtreise Johannes Kapistrans „diesseits der Alpen" vgl. Elm (1989), S. 500 ff.

46 Vgl. Elm (1989), S. 512; Werner (1994), S. 510. Johannes de Capistrano verfasste auch eine Schrift gegen den Wucher: „De usuris".

47 Vgl. Voss (2004), S. 177.

48 Vgl. Flasch (2001), S. 350 f. Letztlich konnte sich Nikolaus von Kues damit nicht durchsetzen. Städte wie Nürnberg, aber auch Bischöfe erhoben Widerspruch. Papst Nikolaus V. hob auf Bitten Kaiser Friedrichs III. die Anordnung für Nürnberg auf (Menczel 1932, S. 21). Zu den Anordnungen vgl. Acta Cusana (1996), Nr. 1251 = S. 852 ff. Zu einer möglichen Beziehung zwischen Nikolaus von Kues und Gutenberg vgl. Kapr (1972), S. 32 ff.; Kapr (1988), S. 57 ff.

finanziellen Sorgen habe fortfahren können.[49] Es ist jedoch kaum anzunehmen, dass Fust dermaßen altruistisch handelte, zumal er bereits sehr viel Geld in das Unternehmen investiert hatte und kein Anlass für ihn bestand, großzügig zu sein. Zedler vertritt die Auffassung, Gutenberg sei nicht in der Lage gewesen, die Zinsen zu zahlen.[50] Für diese Ansicht könnte sprechen, dass Gutenberg während des Bibeldrucks möglicherweise keine Einnahmequellen hatte. Denkbar ist ferner, dass es zur Zeit des Bibeldrucks in Mainz unter dem Einfluss eines Bußpredigers wie Johannes de Capestrano zum Erlass von Zinsen gekommen ist.[51] Ein derartiger Zinserlass könnte auch auf Nikolaus von Kues zurückzuführen sein. Am 3.12.1451 ordnete dieser für Mainz die bereits erwähnten antijüdischen Maßnahmen an, zu denen auch die strikte Einhaltung des Wucherverbots gehörte.[52] Vielleicht kam es in der Folge dazu, dass das Zinsverbot in Mainz von allen Gläubigern strenger als zuvor befolgt wurde und dass Fust auf die Zinsen verzichtete oder Gutenberg einen solchen Erlass dem Gericht gegenüber zumindest einigermaßen glaubhaft behaupten konnte. Möglicherweise lag aber auch nur ein Missverständnis vor: Wenn Gutenberg zur Zahlung der Zinsen tatsächlich außerstande war, könnte Fust die Forderung *gestundet* haben, was Gutenberg vielleicht als Erlass deutete. Es kann auch nicht ausgeschlossen werden, dass Gutenberg lediglich eine Schutzbehauptung vorbrachte.[53] All dies sind freilich nur Spekulationen. Die Fragen, ob Fust die Zinsen erlassen hatte und welches die Motive Gutenbergs waren, einen solchen Erlass geltend zu machen, sind letztlich nicht zu beantworten.

Unklar ist auch, wie Gutenberg seine Behauptung dem Gericht plausibel machen wollte. Um die Zinsforderung zu belegen, konnte Fust sich immerhin auf den „Zettel" berufen, in dem der Darlehensvertrag niedergelegt war. Gutenberg hatte dagegen keinerlei Beweismittel in der Hand. Aufschlussreich ist der Wortlaut der Antwort Gutenbergs. Der hier maßgebliche Teil lautet (Z. 44-47):

---

49 Vgl. Bechtel (1992), S. 379; vgl. auch Ruppel (1947), S. 99: Danach hat Fust Gutenberg die Zinsforderung im Jahre 1450 mündlich erlassen, weil er schon damals mit Gutenberg eine Gesellschaft vereinbart hat, an deren Gewinn er beteiligt sein würde. Das Gericht hielt Ruppel zufolge den mündlichen Erlass für bedeutungslos (S. 98 Anm. 1). Ruppel (1966), S. 341: „Laut mündlicher Vereinbarung brauchte er die Zinsen nicht zu bezahlen." Ähnlich Ruppel (1971), S. 743.

50 Vgl. Zedler (1907), S. 197.

51 Johannes de Capestrano ist zwar nicht in Mainz, wohl aber in Frankfurt am Main aufgetreten, wohin er auf Einladung des kaiserlichen Rates Enea Silvio de' Piccolomini zum Reichstag (Oktober 1454) gekommen war; vgl. Hofer (1965), S. 303; Schneider (2000), S. 194.

52 Vgl. Acta Cusana (1996), Nr. 2064 = S. 1323 ff.

53 In diesem Sinne Corsten (1979), S. 62.

> „So sin ym auch solch achthundert gulden nit alle vnd alßbalde noch inhalt deß czettels worden [...] So gestett er auch ym keins soltes noch wuchers [...]".[54]

Die Wendung „so ... so ..." bringt zum Ausdruck, dass die dem Wort „so" jeweils folgenden Feststellungen miteinander verglichen werden.[55] Gutenbergs Darlegungen lassen sich etwa folgendermaßen formulieren: „Ebenso wenig wie ich das Darlehen in voller Höhe und sofort erhalten habe, wie es im Zettel vorgesehen war, ebenso wenig bin ich verpflichtet, die Zinsen zu zahlen." Hinzufügen ließe sich: „Nicht alles, was im Zettel niedergelegt ist, wurde später in die Tat umgesetzt." Gutenberg wollte, wenn er den Zinserlass schon nicht direkt beweisen konnte, so doch wenigstens die Beweiskraft des „Zettels" erschüttern. Seine Behauptung, er habe das versprochene Darlehen nicht vollständig und auch nicht sogleich empfangen, bildete demnach keinen eigenständigen Streitpunkt, sondern war Teil eines Arguments, mit dem Gutenberg das Ziel verfolgte, das Gericht davon zu überzeugen, dass Fust ihm die Zinsen erlassen hatte. Dies erklärt, warum Gutenberg die Höhe des von Fust angeblich schuldig gebliebenen Kredits nicht bezifferte und warum er außerdem behauptete, das Darlehen später als vertraglich zugesagt erhalten zu haben. Gutenberg kam es nicht in erster Linie darauf an, einen geringeren Betrag als 800 Gulden zahlen zu müssen. Es war im Prozess auch nicht wichtig für ihn, den Kredit später als zugesagt empfangen zu haben. Ihm ging es allein darum, die Beweiskraft des „Zettels" in Zweifel zu ziehen und damit seine eigene Position zu stärken, wonach Fust ihm die Zinsen erlassen hatte.

c) Weitere Streitfragen zu den Zinsen?

Fust betonte, das Geld, das er Gutenberg gezahlt hatte, selbst gegen Zinsen aufgenommen zu haben (Z. 26). Da es erlaubt war, Zinsen zu verlangen, sofern der Gläubiger das geleistete Darlehen seinerseits als Kredit aufgenommen und selbst Zinsen gezahlt hatte,[56] bestand der Sinn und Zweck dieser Feststellung darin, zu begründen, dass eine Ausnahme vom Wucherverbot vorlag, die Zinsvereinbarung mit Gutenberg also rechtmäßig und wirksam war. Möglicherweise wollte Fust damit auf eine gegenteilige Behauptung Gutenbergs reagieren, die dieser bereits vor Prozessbeginn aufgestellt hatte. Dann hätte ein Streitpunkt darin be-

---

54 Übersetzung: „Übrigens seien ihm auch diese [ersten] 800 Gulden nicht vollständig und sofort gemäß dem Inhalt es Schriftstückes ausgehändigt worden, wie er [Fust] das im ersten Artikel seiner Klage behauptet und vorgebracht habe [...]. Deshalb gestehe er ihm auch weder Zinsen noch Wucher zu."

55 Vgl. Grimm'sches Wörterbuch, Bd. 10,1 (1984), Sp. 1352.

56 Vgl. S. 64 f.

standen, ob Fust das Gutenberg gezahlte Darlehen selbst gegen Zinsen aufgenommen hatte. Vielleicht hat Gutenberg diese Behauptung in dem Teil der Verhandlung wiederholt, der in der Urkunde nicht dokumentiert ist. Denkbar ist aber auch, dass Fust dem Gericht gegenüber einfach nur betonte, sein Zinsanspruch sei mit dem Wucherverbot vereinbar, ohne dass Gutenberg dies insofern bestritten hatte.

Die Behauptung Fusts ist nicht von vornherein unglaubwürdig.[57] Bechtel ist zuzustimmen, wenn er sich gegen die in der Gutenbergforschung vertretene Auffassung wendet, Fust habe Geld gegen Zinsen lediglich deswegen aufgenommen, um wiederum von Gutenberg Zinsen verlangen zu können. So machiavellistisch war Fust, wie es bei Bechtel heißt, wohl nicht.[58] Ebenfalls auf das Zinsverbot bezog sich möglicherweise Fusts Feststellung (Z. 26 f.):

> „dar an er [Gutenberg; Verfasser] doch kein gnungen, sundert sich beklaget, das er der achthundert gulden noch nit habe."[59]

Fust begründete also die Hingabe eines (angeblichen) zweiten Darlehens damit, Gutenberg habe sich beklagt, dass der erste Kredit nicht ausreichend für ihn gewesen sei. Dieser Teil der Klage lässt sich so interpretieren, dass Fust behauptete, er habe das zweite Darlehen aus einem altruistischen Motiv gewährt.[60] In der kanonischen Lehre vom Zinsverbot wurde die Auffassung vertreten, Wucher sei der aus der Hingabe eines Darlehens erwachsene Profit, der als solcher beabsichtigt sei.[61] Vielleicht hat Fust in Kenntnis dieser Auffassung festgestellt, er habe das zweite Darlehen, ja sogar den gesamten Kredit aus altruistischen Gründen gewährt, nicht jedoch, um Gewinn zu erzielen. Auf diese Weise könnte Fust ein weiteres Begründungselement vorgetragen haben, um dem Vorwurf des Wuchers zu entgehen. Entweder wollte Fust damit auf eine Behauptung Gutenbergs reagieren, der Zinsanspruch verstoße gegen das Wucherverbot, oder er wandte sich lediglich an das Gericht, indem er betonte, die Zinsforderung entspreche dem Wucherverbot. Auch Gutenberg sprach in der Antwort auf die Klage das

---

57 Wagner (2000), S. 130 geht ohne weiteres davon aus, dass Fust das Geld selbst geliehen hatte.

58 Vgl. Bechtel (1992), S. 377; vgl. auch Estermann (1999), S. 113.

59 Der Wortlaut von Z. 26 f. ist problematisch. Fust konnte nicht behaupten, er habe Gutenberg zunächst 800 Gulden gezahlt, dies sei aber nicht genug für Gutenberg gewesen – und nun habe Gutenberg sich beklagt, die 800 Gulden nicht erhalten zu haben. Blum (1954), S. 15 ist deshalb zu Recht der Auffassung, dass die Stelle nicht richtig überliefert ist. Korrekt muss es heißen: „das er der achthundert gulden noch nit *gnung* habe"; Übersetzung: „womit er aber nicht genug hatte, sondern sich beklagte, dass er an den 800 Gulden noch nicht genug habe."

60 Zwingend ist diese Interpretation nicht: Vielleicht hat Fust den Vorgang einfach nur plausibel darlegen wollen.

61 Vgl. Armstrong (2003), S. 85 f.

Wucherverbot an: „So gestett er auch ym keins soltes noch wuchers" (Z. 46 f.).[62] In der Gutenbergforschung wird allgemein angenommen, das Wort „wucher" bezeichne hier Zinseszinsen.[63] Der Terminus „wucher" hatte jedoch nicht die spezifische Bedeutung von „Zinseszinsen", sondern bezeichnete alle mit dem Wucherverbot unvereinbaren Zinsen.[64] Die Wendung: „keins soltes noch wuchers" ist ein zweigliedriger Ausdruck, der sich auf *einen* Gegenstand, nämlich Zinsen, bezieht. In der germanistischen Philologie werden derartige Wendungen „zwei-" oder, allgemein gesprochen, „mehrgliedrige" Ausdrücke genannt.[65] Ein derartiger Sprachgebrauch ist auch im Notariatsinstrument nachzuweisen. Allein in der Klage, der Antwort und dem Urteil finden sich die folgenden Wendungen: „nye ußgeracht noch beczalt hat" (Z. 34): weder entrichtet noch bezahlt; „ußzurichten vnd beczalen" (Z. 36 f.): entrichten und bezahlen; „zurichten vnd machen" (Z. 38): herrichten und anfertigen; „gemeldet vnd furgewant" (Z. 45): angegeben und behauptet; „ußrichten vnd beczalen" (Z. 54): entrichten und bezahlen; „swure, geredt vnd gelubt" (Z. 58): schwor, redete und gelobte[66]; „by allen obgemelten punten vnd artickeln" (Z. 72): durch alle angesprochenen Punkte und Artikel.[67] Michael Cirullies stellt im Hinblick auf die Rechtsterminologie des Stadtgerichts Babenhausen in der zweiten Hälfte des 15. Jahrhunderts fest, dass zwei- oder mehrgliedrige Ausdrücke häufig gebraucht wurden, um den Worten Nachdruck zu verleihen.[68] Gutenberg erklärte also, er sei nicht bereit, die von Fust verlangten Zinsen zu zahlen, weil die Forderung gegen das Wucherverbot verstoße.[69] Möglicherweise wollte er damit bekräftigen, was er bereits zuvor festgestellt hatte, dass Fust ihm nämlich zugesagt hatte, keine Zinsen nehmen zu wollen. Die Zinsforderung war demnach rechtswidrig und wucherisch, weil Fust die Zinsen erlassen hatte. Eine weitere Interpretationsmöglichkeit besteht in der Annahme, dass Gutenberg die Zinsforderung aus einem *zusätzlichen* Grund bestritt, indem er behauptete, die Zinsverein-

62 Übersetzung: „Deshalb gestehe er ihm auch [von den zweiten 800 Gulden; Verfasser] weder Zinsen noch Wucher zu."

63 Vgl. Geldner (1972), S. 96; Bechtel (1992), S. 607; Kapr (1988), S. 173; Kind/Rohlfing (1995), S. 70; Hupp (1917), S. 107.

64 Vgl. Grimm'sches Wörterbuch, Bd. 30 (1984), Sp. 1688 ff., Artikel „wucher", dort nur die Bedeutung: „Zinsen" (Sp. 1694), nicht auch: „Zinseszinsen".

65 Vgl. Besch (1964), S. 200 ff.; Matzinger-Pfister (1972), S. 7 ff.; Schmidt-Wiegand (1984), Sp. 1387 ff.

66 Zu dieser und ähnlichen Formeln bei Eidesleistungen vgl. Schmidt-Wiegand (1977a), S. 84.

67 Zu dieser Wendung vgl. S. 106.

68 Vgl. Cirullies (1981), S. 49 f.

69 Gutenberg bekräftigte seine Weigerung, Zinsen zu zahlen, mit dem Satz: „vnd hofft, ym im rechten dar vmb nicht pflichtigk sin" (Z. 47). Dies ist eine „Beteuerungsformel", die der Bekräftigung der vorgetragenen Behauptung diente; vgl. S. 58 Anm. 3.

barung sei wegen Verstoßes gegen das Wucherverbot unwirksam, etwa aus dem Grund, dass Fust den Kredit nicht, wie er behauptet hatte, gegen Zinsen aufgenommen hatte. Dann wäre die Zinsvereinbarung im „Zettel" von vornherein rechtswidrig und unwirksam gewesen.

Ein Grund, mit dessen Hilfe vielleicht erklärt werden kann, warum Gutenberg sich ausdrücklich auf das Wucherverbot bezog, könnte auch darin bestehen, dass für Streitigkeiten, in denen dieses Verbot von Bedeutung war, nicht allein die weltlichen Gerichte zuständig waren.[70] Häufig befanden sich diese Gerichte in Konkurrenz zur geistlichen Justiz. Auch in Mainz kam es deshalb zu einem Konflikt.[71] In einer Satzung (13.7.1449) wurde daraufhin festgelegt, allein das weltliche Gericht sei für „werntlich sache" zuständig. Falls ein Bürger das geistliche Gericht in einem solchen Fall anrufe, habe dieses den Kläger an das weltliche Gericht zu verweisen.[72] Falck stellt fest, für „usura" (Wucher) sei auch nach der Satzung von 1449 das geistliche Gericht zuständig gewesen.[73] Vielleicht wollte Gutenberg mit der Berufung auf das Wucherverbot erreichen, dass die Sache an das geistliche Gericht verwiesen wurde, weil er hoffte, dieses Gericht werde seiner Behauptung, Fust habe ihm die Zinsen erlassen, eher Glauben schenken und überhaupt das Zinsverbot strenger durchsetzen. Gegen diese Möglichkeit spricht allerdings, dass die geistlichen Gerichte im Bereich der Kirchenprovinz des Mainzer Erzbischofs einen schlechten Ruf hatten; der Erzbischof war mehrfach gezwungen, Visitationen durchführen zu lassen.[74]

d) Die von Fust verlangten „Zinseszinsen"

Fust machte in der Klage nicht nur eine Zinsforderung geltend, sondern behauptete auch, um die von ihm zu leistenden Zinsen zahlen zu können, habe er ein Darlehen, wiederum gegen Zinsen, aufnehmen müssen, weil Gutenberg die ihm obliegenden Zinszahlungen nicht erbracht habe. Auch diese Zinsen (36 Gulden) verlangte er von Gutenberg zurück. In der Gutenbergforschung werden sie allgemein als Zinseszinsen bezeichnet.[75] Von „Zinseszinsen" wird gespro-

---

70 Vgl. S. 32 f.

71 Vgl. auch May (2004), S. 100 f. Bereits 1417 hatte der Rat der Stadt Frankfurt am Main Beschwerde gegen den Fiskalprokurator (einen Beamten des Erzbischofs von Mainz, der dessen finanzielle Interessen zu vertreten hatte und zu dessen Aufgaben gehörte, Vergehen strafrechtlich zu verfolgen) wegen Bedrückung Frankfurter Bürger geführt, u.a. weil dieser bei Verdacht des Wuchers tätig geworden war; vgl. May (1996), S. 89 f.

72 Vgl. Hallein (1891b), S. 107.

73 Vgl. Falck (1966), S. 268.

74 Vgl. Krusch (1897), S. 116.

75 Vgl. Kapp (1886/1970), S. 47; Stammler (1912), S. 17; Menn (1941), S. 26; Ruppel (1942), S. 292; Ruppel (1966), S. 341; Presser (1967), S. 70 und 72; Geldner (1972), S. 94;

chen, wenn fällige Zinsen nicht gezahlt werden, sondern wiederum Zinsen tragen. Die von Fust geltend gemachten Zinsen sind jedoch (angeblich) dadurch zustande gekommen, dass Gutenberg mit der Zahlung der versprochenen Zinsen in Verzug geraten war, so dass Fust einen Schaden erlitten hatte, weil er ein weiteres Darlehen gegen Zinsen hatte aufnehmen müssen. Fust machte also einen Schadenersatzanspruch geltend, genauer: einen Anspruch auf Ersatz von Verzugsschaden.[76] Auf diesen Punkt ging Gutenberg in seiner Antwort nicht ein. Dies war nur konsequent: Da er behauptet hatte, Fust habe ihm die Zinsen erlassen, konnte er aus seiner Sicht mit Zinszahlungen nicht in Verzug geraten sein und einen Schaden verursacht haben.

Fust betonte, der Schaden (36 Gulden) sei dadurch entstanden, dass er weiteren Kredit gegen Zinsen „vnder cristen vnd Juden" (Z. 34) habe aufnehmen müssen. Was die übrigen, früher aufgenommenen Kredite betrifft, so hatte er einen vergleichbaren Hinweis auf den oder die Kreditgeber nicht gegeben. Auf Grund von Annahmen über die Laufzeiten der beiden von Fust geltend gemachten Kredite (fünf und acht Jahre) gelangt Corsten zu dem Resultat, dass die „Zinseszinsen" von 36 Gulden auf einem Zinsfuß von etwas mehr als 9 % beruhten.[77] Der Zinssatz sei damit deutlich höher als die üblichen 6 %, die Fust im Hinblick auf die beiden (angeblichen) Kredite von jeweils 800 Gulden zu zahlen gehabt habe. Der Grund für den höheren Zinssatz sei wahrscheinlich, dass Fust in Eile gewesen sei und wenig oder gar keine Sicherheit habe bieten können. Diese Interpretationsmöglichkeit ist einleuchtend: Mit der Wendung „vnder cristen vnd Juden" wollte Fust nicht einfach nur feststellen, dass er sich an mehrere Kreditgeber, Christen und Juden, gewandt hatte. Es handelt sich vielmehr um eine feststehende Formel, die *gewerbsmäßige* Geldverleiher bezeichnete.[78] Was die jüdischen Geldverleiher angeht, so befand sich in Mainz, neben Worms

---

Hoffmann (1983), S. 475; Hoffmann (1993a), S. 260; Hoffmann (1993b), S. 123; Corsten (1979), S. 59; Corsten (1991), S. 309; Kapr (1988), S. 172; Fischer (2001), S. 23; Hanebutt-Benz (1997), S. 16; Koppitz (1997), S. 46.

76 Blum (1954), S. 16 führt aus: „Wir nennen diese Zinsen im folgenden der Einfachheit halber Zinseszinsen." Damit deutet Blum an, dass Fust tatsächlich keine Zinseszinsen verlangte.

77 Vgl. Corsten (1979), S. 60 f.: Der erste Kredit müsse eine Laufzeit von fünf Jahren, der angebliche zweite Kredit eine Laufzeit von drei Jahren gehabt haben. Fust habe 4,5 Gulden im Jahr an Zinsen aufbringen müssen, um den Kredit zu erhalten, der es ihm ermöglichte, die gegen ihn gerichteten Zinsforderungen zu erfüllen. Dies entspreche einem Zinssatz von etwas mehr als 9 %. Der von Corsten genannte Betrag von 4,5 Gulden ergibt sich wohl daraus, dass die beiden Kredite zusammen eine Laufzeit von acht Jahren hatten. Fust hatte angeblich 36 Gulden als weitere Zinsen zahlen müssen, pro Jahr also 4,5 Gulden. Fust musste für die Laufzeit von acht Jahren insgesamt 390 Gulden Zinsen zahlen, im Jahr also 48 Gulden. Die jährlich zu zahlenden 4,5 Gulden hatten einen Zinsfuß von über 9 % zur Grundlage.

78 Vgl. Blum (1954), S. 16.

und Speyer, eine der bedeutendsten jüdischen Gemeinden Mitteleuropas. Nachdem die Juden im Jahre 1438 aus Mainz vertrieben worden waren, wurden sie 1445 wieder aufgenommen.[79] Ein Indiz für die Anwesenheit von Juden in Mainz zu der hier maßgeblichen Zeit bildet die bereits erwähnte Anordnung des Nikolaus von Kues von 1451, durch welche die Juden verpflichtet wurden, Kleidung zu tragen, die sie als solche erkennen ließ.[80] Die Zahl der zur Zeit Gutenbergs in Mainz lebenden Juden ist nicht überliefert.[81] Um die Höhe seiner Schadenersatzforderung zu rechtfertigen, wies Fust ausdrücklich auf Juden als seine Geldgeber hin.

---

79 Vgl. Menczel (1932), S. 44 ff.

80 Vgl. S. 66. Menczel (1932), S. 53 stellt fest, die Kleiderordnung sei unausgeführt geblieben, der Erzbischof habe die Juden davor verschont.

81 Menczel (1932), S. 65 konstatiert, eine früher vorgenommene Schätzung von 50 Juden (bei einer Gesamteinwohnerzahl von 5750) für die Zeit vor 1462 (als viele Mainzer Bürger, darunter auch Juden, im Zuge der sog. Mainzer Stiftsfehde durch Adolf II. von Nassau aus der Stadt vertrieben wurden), sei viel zu gering, die Zahl sei zu verdrei- oder vervierfachen.

D. Die Streitpunkte (der zweite Vertrag)

1. Ein Konflikt um weitere 800 Gulden

a) Der Gegenstand des Streits

Fust behauptete, das zunächst gezahlte Darlehen (800 Gulden) sei nicht ausreichend für Gutenberg gewesen, so dass er ihm ein weiteres Darlehen (wiederum 800 Gulden) gewährt habe. Auch diese 800 Gulden müsse Gutenberg samt Zinsen zurückzahlen. Gutenberg stellte dagegen fest, als Erstes habe er mit Fust einen Darlehensvertrag (800 Gulden) geschlossen, um Gerät (für eine Druckwerkstatt) herstellen zu können. Anschließend habe er mit ihm ein gemeinsames Unternehmen gegründet, um das „Werk der Bücher" zu vollbringen. Fust habe sich verpflichtet, Gutenberg 300 Gulden im Jahr für Zwecke des Unternehmens zu geben. Insgesamt hätten sich die Beiträge auf 800 Gulden belaufen. Im Hinblick auf die Verwendung dieses Geldes sei er bereit, Rechenschaft abzulegen. Es liegt nahe, den Vertrag über das gemeinsame Unternehmen, von dem Gutenberg berichtete, mit einem modernen Ausdruck als Gesellschaftsvertrag zu bezeichnen.[1] Das wesentliche Merkmal einer Gesellschaft besteht darin, dass die Gesellschafter durch ihre Tätigkeit einen gemeinsamen Zweck fördern – was Fust und Gutenberg sicher vereinbart hatten. Albrecht Cordes stellt allerdings in Bezug auf die Handelsgesellschaften der Hanse fest, dass von einer Gesellschaft („selschop", „societas") nur gesprochen wurde, wenn *beide* Partner Kapital einzubringen hatten.[2] Folgt man der Klage Fusts und der Antwort Gutenbergs, so hatte allein Fust Geld für das gemeinsame Unternehmen aufzubringen. Obwohl der zwischen Fust und Gutenberg geschlossene Vertrag weder eine Handelsgesellschaft betrifft noch ins Recht der Hanse gehört, ist es daher möglicherweise unangemessen, den Ausdruck „Gesellschaftsvertrag" zu verwenden. In der Gutenbergforschung wird häufig von einer „Gemeinschaft" oder „Genossenschaft" zwischen Fust und Gutenberg gesprochen. Im Notariatsinstrument werden die

---

1 Schorbach (1900) sprach von einer „Gesellschaft" (S. 215, 218) bzw. einer „Societät" (S. 217), ebenso bereits Köhler (1741/2000), S. 22. Im klassischen römischen Recht wurde zwischen der Gemeinschaft („communio") und der Gesellschaft („societas") unterschieden. Jeder Gemeinschafter hatte danach einen selbständigen, quotenmäßigen Anteil an den gemeinsamen Rechten. Die „societas" war ein Zusammenschluss zweier oder mehrerer Personen, um einen gemeinsamen Zweck mit gemeinsamen Mitteln zu fördern (Kaser 1955, S. 493 und 478). Auch im geltenden Recht ist dieser Unterschied festzustellen (vgl. §§ 705 ff. und 741 ff. BGB). Im mittelalterlichen deutschen Recht wurde eine derartige Unterscheidung nicht getroffen.

2 Vgl. Cordes (1998), S. 117 f.

Verträge als solche nicht benannt. Die Verträge, die Gutenberg zuvor während seines Aufenthalts in Straßburg geschlossen hatte und die rechtlich mit dem hier behandelten Vertrag vergleichbar sind,[3] wurden in den diesbezüglichen Gerichtsdokumenten zumeist „gemeinschafft"[4] oder auch „gesellschafft" genannt.[5] Beide Ausdrücke wurden synonym gebraucht. Deshalb ist es unbedenklich, den zwischen Gutenberg und Fust geschlossenen Vertrag im Anschluss an den modernen Sprachgebrauch ebenfalls als „Gesellschaftsvertrag" zu bezeichnen. Um den Streitpunkt zu verstehen, der sich auf die später gezahlten 800 Gulden bezieht, sollte der Unterschied beachtet werden, der zwischen einem Darlehens- und einem Gesellschaftsvertrag bestand (und auch heute noch besteht). Auf Grund eines Darlehensvertrages war der Kreditnehmer verpflichtet, das empfangene Darlehen nach dem Ende der Laufzeit zurückzuzahlen. Ein Darlehen war rechtlich nicht zweckgebunden. Der Kreditgeber konnte deshalb keine Rechenschaft über die Verwendung des Darlehens verlangen. Anders beim Gesellschaftsvertrag: Die Gesellschafter verfolgten einen gemeinsamen Zweck. Damit dieser Zweck erreicht werden konnte, leistete jeder von ihnen einen vertraglich festgelegten Beitrag. Die Partner (oder zumindest einer von ihnen) mussten in der Regel auch einen finanziellen Beitrag aufbringen, dies war ihre Einlage in die Gesellschaft. Sobald das Unternehmen seinen Zweck erreicht hatte, war die Gesellschaft beendet. Jeder Partner hatte einen Anspruch auf Gewinnbeteiligung. Die Gesellschafter mussten über die von ihnen getätigten Ausgaben abrechnen. Im Hinblick auf die Frage, was zwischen Gutenberg und Fust umstritten war, werden im Wesentlichen zwei Auffassungen vertreten: Manche Autoren sind der Ansicht, Gutenberg habe behauptet, das „Werk der Bücher" sei auf der Basis eines Gesellschaftsvertrages vollbracht worden. Fust habe sämtliche Kosten, insgesamt 800 Gulden, tragen müssen. In der Klage habe Fust dagegen festgestellt, Gutenberg einen (weiteren) Kredit (800 Gulden) gewährt zu haben. Der Streit habe sich auf den Charakter des zweiten Vertrages bezogen: Darlehens- oder Gesellschaftsvertrag? Andere vertreten die Auffassung, die von Gutenberg genannten 800 Gulden hätten sich nicht auf die gesamten Kosten des Bibeldrucks bezogen, sondern lediglich auf die Verköstigung des in der Druckerei tätigen Personals. Umstritten sei allein gewesen, ob Fust die Verpflegungskosten auf der Grundlage eines Darlehens- oder des Gesellschaftsvertrages gezahlt hatte. Fust habe nicht in Abrede gestellt, einen Gesellschaftsvertrag mit Gutenberg geschlossen zu haben.

---

3 Vgl. Wagner (2000), S. 122 ff.

4 Vgl. Schorbach (1900), S. 198 und öfter.

5 Vgl. Schorbach (1900), S. 197 und 206.

b) „vor kosten (...) vnd auch“

Um diese Unklarheit beheben zu können, ist die Interpretation einer Passage aus Gutenbergs Antwort entscheidend, die sich auf den (von Gutenberg behaupteten) Gesellschaftsvertrag bezieht. Gutenberg stellte fest, Fust habe

> „ym jerlichen dryhundert gulden vor kosten geben vnd auch gesinde lone, huß zinße, permet, papier, dinte etc. verlegen“

sollen (Z. 39 f.).[6] Maßgeblich und zugleich umstritten sind hier die Wendungen „vor kosten“ sowie „vnd auch“. Eine Reihe von Autoren ist der Meinung, dass die Worte „vor kosten“ die gesamten Kosten bezeichnen, die beim Bücherdruck entstanden sind.[7] Die Worte „vnd auch“ sind danach zu übersetzen mit „nämlich“.[8] Der Gesindelohn, die Hauszinsen, die Preise für Papier, Pergament und Druckfarbe sind nach dieser Ansicht beispielhafte Erläuterungen dessen, was zuvor allgemein als „Kosten“ bezeichnet wird. Andere Autoren vertreten dagegen die Auffassung, „vor kosten“ bezeichne nur einen Teil der gesamten Kosten, nämlich die Aufwendungen für die Verköstigung des Personals der Druckerei.[9]

---

6 Übersetzung: „ihm jährlich 300 Gulden für die Kosten/Kost? zur Verfügung stellen, nämlich?/und zusätzlich? für Gesindelohn, Hauszinsen, Pergament, Papier, Tinte (Druckerschwärze) usw. aufkommen solle.“

7 Vgl. Zedler (1901), S. 63 f.; Stammler (1912), S. 18; Schwenke (1923), S. 45 f.; Menn (1941), S. 17 f.; Ruppel (1942), S. 292; Ruppel (1947) S. 100; Ruppel (1971), S. 743; Juchhoff (1951), S. 6 übersetzt mit „für Unkosten“; Blum (1954), S. 24; Bechtel (1992), S. 383 lässt die Frage offen, geht aber auf S. 390 davon aus, dass die gesamten Kosten gemeint sind; Corsten (1979), S. 59, 63; Corsten (1989), Sp. 1000; Corsten (1991), S. 82.

8 Vgl. Geldner (1972), S. 95.

9 Faulmann (1882), S. 85; Dziatzko (1890), S. 117; Dziatzko (1902a), S. 989, 996 f. Anm. 3; Dziatzko (1902b), S. 99 und Zedler (1907), S. 196, 206 waren der Auffassung, „vor kosten“ beziehe sich auf die Verköstigung des Personals der Druckerei. Ähnlich Schwenke (1923), S. 46: Gemeint seien die Unterhaltskosten für das Personal (Unterkunft und Verpflegung), aber auch alle anderen hauswirtschaftlichen und sonstigen kleinen Ausgaben, die Fust sich nicht vorbehalten habe. Bereits Umbreit (1843), S. 111 hat sich auf die „vertragsgemäßen Summen“ bezogen, „d.h. die ersten achthundert Gulden, und dann die jährlichen dreihundert Gulden nebst Hauszins, Gesindelohn u.s.w.“. Das Wort „nebst“ bringt zum Ausdruck, dass Umbreit der Auffassung war, Fust habe außer der Zahlung von 300 Gulden jährlich zusätzlich noch für den „Hauszins“ u.a. aufkommen müssen. Schorbach (1900), S. 258 Anm. 10 übersetzte: „kosten = Geldmittel zum Lebensunterhalt“; der gleiche Autor stellte auf S. 265 fest, die jährlichen 300 Gulden hätten der „Bestreitung des Lebensunterhalts“ gedient, ähnlich S. 269. Schorbach ließ offen, wessen Unterhalt von Fust finanziert wurde – der Unterhalt Gutenbergs oder der seiner Bediensteten; Hupp (1929), S. 95 übersetzte: „Lebensunterhalt“. Hessels (1909), S. 404, 413 konstatierte, dass sich die „Kosten“ auf den Unterhalt Gutenbergs beziehen. Hartwig (1900), S. 21 war der Auffassung, die Wendung „vor kosten“ betreffe „Gutenbergs [und der mit ihm hausenden Gesellen] Unterhalt.“ Wyss (1890), S. 410 und

Die Wendung „vnd auch“ bedeute „und zusätzlich“, „und außerdem“. Fust habe nicht nur 800 Gulden für die Verköstigung des Personals gezahlt, sondern auch die übrigen mit dem Bibeldruck verbundenen Kosten getragen.[10]

Die Auffassung, wonach die gesamten Kosten des Bibeldrucks gemeint sind, wird von Rudolf Blum begründet:[11] Im Mainzer Sprachgebrauch um die Mitte des 15. Jahrhunderts habe das Wort „koste“ (Singular) zwei Bedeutungen gehabt: 1. „der koste“ (männlich): die Kosten (man habe aber auch „die koste“, weiblich, gesagt); 2. „die koste“ (weiblich): die Kost, die Verköstigung oder auch (wie soeben erwähnt): die Kosten; „*der* koste“ scheine in der Bedeutung von: die Kost, die Verköstigung *nicht* benutzt worden zu sein.[12] In der Wendung „vor kosten“ bilde das Substantiv den Akkusativ Singular von „der koste“. Die Worte „vor kosten“ bezeichneten daher die Kosten für den Bibeldruck insgesamt. Nach der Wendung „vnd auch“ werde von Gutenberg erläutert, was im Einzelnen unter den Kosten zu verstehen sei. Diese Worte dürften umso weniger gepresst werden, als keine Gewähr dafür bestehe, dass Gutenbergs Antwort im Notariatsinstrument genau wiedergegeben sei. Die von Blum vertretene Auffassung ist anfechtbar: Folgt man dem Grimm'schen Wörterbuch und dem Deutschen Rechtswörterbuch, so konnte die Verköstigung auch mit „*der* koste“

Thiel (1939), S. 81 vertraten die Position, die „Kosten“ seien die Unterhaltskosten für Gutenberg selbst gewesen. Gegen die Ansicht, die „Kosten“ seien für *Gutenberg* bestimmte Unterhaltskosten, spricht: Zweck einer Gesellschaft war (und ist) ein gemeinsames Unternehmen, die Finanzierung des Lebensunterhaltes eines Gesellschafters wird in aller Regel als selbstverständlich vorausgesetzt. Es könnte hier zwar eine Ausnahme vorgelegen haben. Wenn die „Kosten“ sich aber auf Gutenbergs Unterhalt bezogen hätten, wäre es naheliegend gewesen, die Verköstigung des *Personals* in der Aufzählung der Kostenfaktoren eigens anzuführen. Dies ist jedoch nicht geschehen, obwohl die Aufzählung allem Anschein nach umfassend ist.

10 Davies (1996b), S. 17 ist der Ansicht die „Kosten“ seien „the running costs – food, wages, rent“. Der Grund für diese Auffassung dürfte darin zu sehen sein, dass die Festlegung auf Jahresbeträge (300 Gulden) mit dieser Annahme gut erklärt werden kann. Gutenberg führt jedoch auch Kosten an, die *nicht* zu den laufenden Kosten gehören (für Papier, Pergament z.B.). Die nach „vnd auch“ folgende Aufzählung von Kostenfaktoren ist insofern nicht einheitlich. Die Wendung „vor kosten“ kann sich daher nicht auf alle laufenden Kosten beziehen.

11 Vgl. Blum (1954), S. 24.

12 Blum führt einige Beispiele aus der Mainzer Chronik an. Ergänzend kann auf die „Weisthümer des Waltboten“ hingewiesen werden, die Arthur Wyss 1884 veröffentlicht hat. Darin heißt es in Bezug auf die in Mainz ansässigen Zimmerleute (Hervorhebung vom Verfasser): „Auch so ist es kuntlichen, daz die zimmerlude zu Mentz in dem burgbanne wonent, daz si schuldig sin eime waltpoden den galgen zu machen in dem rechten. Davon sal ein waltpode *die kost* geben und nit me.“ Vgl. Wyss (1884), S. 189. Die Worte „die kost“ bezeichnen hier eindeutig: die Kost, die Verköstigung. Darin liegt eine Bestätigung der von Blum vorgetragenen Argumentation, wonach die männliche Form („der koste“) sich auf die Kosten bezieht.

bezeichnet werden.[13] Die Worte „vnd auch“ bedeuten eindeutig „und zusätzlich“, „und außerdem“. Die Formulierung „vnd auch“ hat im Notariatsinstrument generell die Bedeutung „und zusätzlich“.[14] Es ist keine Stelle nachweisbar, an der sie mit der Bedeutung „nämlich“ verwendet wird. Der gleiche Sprachgebrauch ist in den Mainzer Gerichtsformeln nachzuweisen.[15] Fasst man allein die beiden hier untersuchten Wendungen ins Auge, so lässt sich ein sicheres Resultat nicht formulieren – und dies auch deshalb, weil die Möglichkeit nicht auszuschließen ist, dass Gutenbergs Antwort etwas anders gelautet hat als im Notariatsinstrument wiedergegeben. So könnte es ursprünglich „vor koste“ geheißen haben.[16]

Gegen die Ansicht, „vor kosten“ beziehe sich auf die gesamten Kosten des Bibeldrucks, lässt sich anführen, dass die von Gutenberg vorgenommene Aufzählung einzelner Kostenfaktoren dann überflüssig gewesen wäre. Es wäre ausreichend gewesen, wenn Gutenberg einfach festgestellt hätte, Fust habe sich verpflichtet, die gesamten Kosten zu tragen. Fraglich ist zudem, ob es überhaupt möglich war, die Kosten für den Bibeldruck in Form von Jahresbeiträgen (300 Gulden) festzulegen. Im Hinblick auf den Gesindelohn und die Hauszinsen lässt sich die Frage zwar bejahen; was aber die Kosten für Papier und Pergament betrifft, so ist dies problematisch. Denn es ist zweifelhaft, ob die entsprechenden Kosten überhaupt geschätzt werden konnten, so dass sich jährlich aufzubringende Summen festlegen ließen. Und selbst wenn dies möglich gewesen sein sollte, wäre es dann einfacher gewesen, man hätte vereinbart, Fust solle die gesamten Kosten für den Bibeldruck tragen. Andernfalls wäre auch zu erwarten, dass in der Aufzählung der Kostenfaktoren der Unterhalt des Personals ausdrücklich erwähnt wird, da alle wesentlichen Kostenfaktoren in dieser Aufzählung angeführt werden. Die Verpflegungskosten, die keinen geringen Anteil an den Gesamtkosten bildeten, werden jedoch nicht eigens genannt, was umso auffälliger ist, als der Gesindelohn angeführt wird (Z. 39).

---

13 Vgl. Grimm'sches Wörterbuch, Bd. 11 (1984), Sp. 1849; Deutsches Rechtswörterbuch, Bd. 7 (1974-1983), S. 1358 = VII.1 „Verköstigung, Lebensunterhalt“: „in sins vatters kosten“; „wie vil sie zu kosten hant“. Anders als die von Blum angeführten Beispiele beziehen sich die hier genannten Wendungen allerdings nicht speziell auf den Mainzer Sprachgebrauch.

14 Vgl. Z. 19, 60, 60 f.

15 Vgl. Hallein (1891a), S. 22 (unter VII, an zwei Stellen), 28 (unter VIII b), 30 (unter VIII c), 31 (unter VIII d), 32 (unter VIII e, an zwei Stellen) und öfter.

16 Ein Fehler könnte passiert sein, als der Gerichtsschreiber die Antwort Gutenbergs ins Gerichtsbuch eintrug oder als auf der Grundlage des Gerichtsbuchs ein Gerichtsbrief für Fust geschrieben wurde oder als auf der Basis eines Gerichtsbriefs das Notariatsinstrument geschrieben wurde.

Leonhard Hoffmann vertritt die Auffassung, dass sich die Worte „vor kosten" allein auf die Unterhaltskosten für das Personal der Druckerei[17] beziehen.[18] Danach haben die Handwerksgesellen im Spätmittelalter im Hause des Meisters gelebt und sind von ihm verköstigt worden. Außer einem Lohn in Geld, „Li(e)dlohn" genannt, hätten sie Verpflegung und Unterkunft erhalten.[19] Hoffmann zufolge bezeichnen die im Notariatsinstrument verwendeten Worte „vor kosten" die Unterhaltskosten. Daran knüpft Hoffmann eine weitere These, die sich auf die beiden in Gutenbergs Antwort verwendeten Verben „geben" und „verlegen" bezieht.[20] Gutenberg zufolge habe Fust ihm 300 Gulden jährlich „vor kosten geben" und auch Papier usw. „verlegen" müssen. Der Unterschied zwischen den Verben „geben" und „verlegen" sei für das Verständnis des hier untersuchten Satzes von entscheidender Bedeutung. Während das Wort „geben" zum Ausdruck bringe, dass einem anderen etwas gereicht werde, so dass es in seinen Besitz übergehe, bedeute „verlegen" die Kosten von etwas tragen, für etwas aufkommen. Die Worte „geben" und „verlegen" seien mit ganz unterschiedlichen Bedeutungen verknüpft. Fust habe Gutenberg 300 Gulden jährlich für den Unterhalt des Personals gegeben, während er für die übrigen Kosten des Buchdrucks in der Weise aufgekommen sei, dass er selbst die geschuldeten Beträge an die jeweiligen Gläubiger gezahlt habe.

Die von Hoffmann vertretene These ist insofern zutreffend, als mit dem Wort „verlegen" nicht notwendigerweise eine Übergabe von Geld an denjenigen verbunden ist, zu dessen Gunsten das Geld „verlegt" wird. Der Terminus schließt eine solche Übergabe aber nicht aus, wie der Wortlaut des Notariatsinstruments an zwei Stellen zeigt.[21] Wenn es in Gutenbergs Antwort heißt, Fust habe die Kosten für Papier, Pergament usw. „verlegt", so könnte dies auch bedeuten, dass er die entsprechenden Geldbeträge Gutenberg ausgehändigt hat. Dann wäre allerdings schwer erklärlich, warum Gutenberg in der Antwort auf die Klage *zwei* Verben für ein und dieselbe Tätigkeit verwendete. Falls das Wort „geben" hier das Gleiche bedeuten sollte wie „verlegen", wäre es am einfachsten gewesen, Gutenberg hätte festgestellt, Fust habe für Nahrungsmittel, Pergament, Papier usw. aufkommen (sie „verlegen") müssen. Hier ließe sich zwar einwenden, dass in mittelalterlichen Urkunden häufig zwei oder auch mehr Worte benutzt wur-

---

17 Genauer gesagt: für das Gesinde, das in der Werkstatt tätig war; der Korrektor gehörte wohl nicht zum Gesinde; vgl. Hoffmann (1987), S. 62.

18 Vgl. Hoffmann (1983), S. 476; Hoffmann (1992), S. 45; Hoffmann (1993a), S. 261; Hoffmann (2004), S. 214 f.

19 Als Beispiel nennt Hoffmann eine Quelle, aus der sich ergibt, dass der Basler Großkaufmann Allgouwer im Jahre 1491 für eine Druckerei „Bappir, lidlon, cost und allen züg" finanziert hat.

20 Vgl. Hoffmann (1984), S. 529 ff.; so bereits Schwenke (1923), S. 46.

21 Vgl. Z. 24 und 37 (jeweils bezogen auf die Zahlung von Kredit durch Fust an Gutenberg).

den, um ein und denselben Gegenstand zu bezeichnen.[22] Die hier untersuchte Stelle in Gutenbergs Antwort unterscheidet sich aber wesentlich von den zweigliedrigen Ausdrücken: Die Verben sind mit unterschiedlichen Objekten verbunden („vor kosten geben"; „gesinde lone [...] verlegen"). Dies spricht dafür, dass sich die Worte „geben" und „verlegen" hier auf verschiedene Tätigkeiten beziehen. Es war auch sinnvoll, die Zahlung der Verpflegungskosten auf Jahresbeiträge festzulegen und so die „Verpflegungskasse" jährlich oder sehr wahrscheinlich sogar in kürzeren Abständen zu füllen.

Schließlich sollten die vermutlichen Kosten des Bibeldrucks beachtet werden: In der Gutenbergforschung werden diese Kosten zwar unterschiedlich geschätzt.[23] Übereinstimmend werden aber Beträge genannt, die weit *über* 800 Gulden liegen.[24] Wäre die Ansicht zutreffend, wonach sich die Wendung „vor kosten" auf die gesamten Kosten des Bibeldrucks bezieht, hätte nicht allein Fust den Bibeldruck finanziert, sondern es hätte mindestens einen weiteren Finanzier geben müssen. Da für die Finanzierung des Bibeldrucks jedoch allein Fust zuständig war,[25] kann sich die Wendung „vor kosten" nicht auf die gesamten Kosten beziehen.

Dieses Ergebnis führt zu der Frage, ob sich ein plausibler Grund dafür finden lässt, dass Fust sich verpflichtet hatte, 300 Gulden jährlich für die Verköstigung des Personals zu zahlen und dieses Geld Gutenberg auszuhändigen, während er für die übrigen Kosten des Buchdrucks zwar ebenfalls aufzukommen hatte, die entsprechenden Beträge aber direkt an die jeweiligen Gläubiger zahlen musste. Ein Grund könnte in dem Motiv Fusts gefunden werden, eine *Kontrolle* über sein Geld zu behalten: Fust trat mit den Lieferanten von Papier und Pergament sowie mit dem Vermieter der Räume selbst in Verbindung und bezahlte bei ihnen die Schulden des Unternehmens. Mehr noch: Er könnte nicht nur „Zahlmeister" gewesen sein, sondern auch die Verträge mit den jeweiligen Gläubigern (im Einvernehmen mit Gutenberg) geschlossen haben. Dann wäre er, um einen modernen Ausdruck zu verwenden, der *Geschäftsführer* des Unternehmens gewesen.[26] Was dagegen die Verköstigung der Arbeitskräfte betrifft, so

---

22 Vgl. S. 70.

23 Vgl. Bechtel (1992), S. 405.

24 Kapr (1988), S. 179 nennt insgesamt 2120 Gulden, zu denen er aber auch die Kosten für die Einrichtung der Werkstatt rechnet, die im vorliegenden Zusammenhang nicht von Bedeutung sind. Für die Druckkosten setzt Kapr 1850 Gulden an. Hoffmann (1993a), S. 299 nennt für die Druckkosten den Betrag von ca. 1590 Gulden. Zu den Kosten vgl. auch Stein (2006), S. 181 f.

25 Gutenbergs Aufzählung der von Fust zu finanzierenden Kosten ist zwar nicht vollständig, wohl aber umfassend in dem Sinne, dass alle wesentlichen Kostenfaktoren genannt werden. Laut Gutenberg hatte Fust für die gesamten Kosten aufzukommen.

26 Anderer Auffassung Hoffmann (1993a), S. 261, wonach Fust keine Arbeitsverpflichtung übernahm.

wäre es äußerst unzweckmäßig gewesen, die Nahrungsmittel jeweils auf dem Wege über Fust zu beschaffen. Deshalb wurde wohl eine Kasse bei Gutenberg eingerichtet, in die Fust Geld (300 Gulden im Jahr) zahlte. Aus dieser Kasse konnte Gutenberg die laufenden Ausgaben für die Verpflegung des Personals bestreiten.

Doch nun zurück zur Ausgangsfrage, was zwischen Fust und Gutenberg umstritten war: Während Fust behauptete, die an Gutenberg gezahlten 800 Gulden für die Verpflegung des Personals hätten einen (weiteren) Kredit gebildet, den er nun zurückverlangen könne, vertrat Gutenberg die Auffassung, der Bibeldruck sei vollständig auf der Basis eines Gesellschaftsvertrages finanziert worden, Fust habe für die gesamten Kosten, einschließlich der Verpflegung des Personals, aufzukommen. Soweit es um die Verpflegung ging, habe er das dafür notwendige Geld Gutenberg ausgehändigt, während er die übrigen Verpflichtungen den jeweiligen Gläubigern gegenüber selbst erfüllt habe. Er, Gutenberg, müsse die 800 Gulden nicht zurückzahlen.

Die von Gutenberg vertretene Version erscheint glaubwürdig – weil Gutenberg konkret und genau darlegen konnte, wofür die später gezahlten 800 Gulden bestimmt waren. Gutenbergs Antwort war auch vollständiger: Fust war in der Klage mit keinem Wort darauf eingegangen, dass der Bibeldruck auf der Basis eines Gesellschaftsvertrages durchgeführt worden war. Zudem wäre es auch nicht einzusehen gewesen, warum Fust zwar generell für die Kosten des Bibeldrucks aufzukommen hatte, die Verköstigung des Personals aber davon ausgenommen sein sollte: Gutenberg war auf das Geld Fusts vollständig angewiesen – auch im Hinblick auf die Verpflegung des Personals.

2. Die beiden möglichen Ergebnisse einer Abrechnung

a) Zur Einführung

Das Gericht nahm im Urteil auf zwei weitere Streitpunkte Bezug, die Fust in der Klage nicht angesprochen hatte. Da auch Gutenberg in der Antwort nicht darauf eingegangen war, können sie nur in dem Teil des Verfahrens behandelt worden sein, der im Notariatsinstrument nicht dokumentiert ist. Um den Inhalt dieser Streitpunkte zu ermitteln, ist es erforderlich, das Urteil zu analysieren. Nähere Auskunft gibt die folgende Passage (Z. 48-50):

> „Wan Johann Guttenberg sin rechnung gethain hat von allen innemen vnd ußgeben, daß er uff daz wercк zu irer beider nocz ußgeben hait, was er dan men gelts dor uber enpfanngen vnd ingenummen hait, das sall in die achthundert gulden gerechnet werdenn. Wer es aber, das sich an rechnung erfunde, das er ym me dan acht hundert gulde

> her uß geben hette, die nit in ieren gemeinen nocze kummen wern, sall er ym auch widder geben."[27]

Das Gericht bezog sich hier auf die von Gutenberg zuvor erwähnte Abrechnung (Z. 46) und sprach zwei Möglichkeiten an, die sich bei der Abrechnung ergeben konnten. Jede dieser beiden Möglichkeiten verknüpfte es mit einer Entscheidung. Um die beiden möglichen Ergebnisse der Abrechnung und die darauf bezogenen Entscheidungen zu verstehen, ist zunächst der Frage nachzugehen, worauf sich die Abrechnung beziehen sollte, und das heißt welche Bedeutung den Begriffen der Einnahmen und der Ausgaben hier zukommt.

b) Einnahmen und Ausgaben

Was den Begriff der Einnahmen angeht, so wird die Auffassung vertreten, dass die Einnahmen Gutenbergs sowohl das von Fust geleistete Darlehen als auch dessen Zahlungen für das gemeinsame Unternehmen des Bibeldrucks umfassen.[28] Andere Autoren sind der Meinung, unter den Einnahmen sei allein der Betrag zu verstehen, den Fust für das gemeinsame Unternehmen gezahlt hat.[29] Schließlich wird angenommen, dass die Einnahmen mit dem Erlös aus dem Verkauf der gedruckten Bibeln identisch sind.[30]

---

27 Übersetzung: „Wenn Johann Gutenberg seine Abrechnung erstellt hat von allen Einnahmen und Ausgaben, die er in Bezug auf das Werk zu ihrer beiden Nutzen hatte, soll das Geld, das er mehr?/weniger? empfangen und eingenommen hat, zu den 800 Gulden zugerechnet / mit den 800 Gulden verrechnet werden. Wenn sich aber bei der Abrechnung ergibt, dass er [Fust] ihm [Gutenberg] mehr als 800 Gulden übergeben hat, die nicht zu ihrem gemeinsamen Nutzen verwendet wurden, soll er [Gutenberg] ihm [diesen Überschuss] auch zurückgeben."

28 Vgl. Schwenke (1910), S. 458; Juchhoff (1951), S. 9 f. Diese Autoren interpretieren die Wendung „enpfanngen und ingenummen" so, als ob damit zwei verschiedene Tätigkeiten bezeichnet werden, übersehen jedoch, dass „enpfanngen und ingenummen" eine für die mittelalterliche Urkundensprache charakteristische, zweigliedrige Wendung bildet: Die beiden Verben bezeichnen das Gleiche; vgl. Blum (1954), S. 32, der auf weitere Beispiele für die Wendung „enpfanngen und ingenummen" in der Mainzer Chronik hinweist. Zu den zweigliedrigen Ausdrücken im Notariatsinstrument vgl. S. 70.

29 Vgl. Blum (1954), S. 30 ff.; Corsten (1979), S. 59; Hoffmann (1983), S. 478; Hoffmann (1993a), S. 306; vgl. auch Dziatzko (1889), S. 34 Anm. 1. Blum betont zu Recht, dass die im Rechtsspruch enthaltene Formulierung „sin rechnung […] von allen innemen und ußgeben, daß er uff das werck zu irer beider nocz ußgeben hait" ungenau ist. Der Nebensatz „daß er uff das werck zu irer beider nocz ußgeben hait" bezieht sich nicht allein auf das „ußgeben", sondern auch auf das „innemen" (Blum 1954, S. 31).

30 Vgl. Painter (1970), S. 310 f.; Kapr (1988), S. 178 ff.; Bechtel (1992), S. 392 ff.; Stammler (1912), S. 18. Geldner (1972), S. 102 geht zunächst davon aus, dass die Einnahmen mit den Kaufpreiszahlungen identisch sind, wenn er im Hinblick auf die erste Alternative ausführt, „das Gericht rechnete offenbar damit, dass durch den Verkauf von Druckerzeugnissen

Es würde zu weit führen, diesen Auffassungen und ihrer jeweiligen Begründung hier im Einzelnen nachzugehen. So viel kann jedoch gesagt werden: In der bisherigen Diskussion wird der Wortlaut des Notariatsinstruments nicht ausreichend berücksichtigt. Deshalb soll im Folgenden eine eigene Position in dieser Frage entwickelt werden, indem der Wortlaut der Urkunde analysiert wird.

Die Frage, was unter den Einnahmen zu verstehen ist, von denen im Urteil gesprochen wird (Z. 49), lässt sich über einen Umweg beantworten, der über Gutenbergs Antwort führt. Darin heißt es, er wolle eine Abrechnung vornehmen (Z. 46):

> „vnd von der uberigen acht hundert gulden wegen begert er ym ein rechnung zuthun."

Für das Verständnis des Begriffs der Einnahmen, den das Gericht im Urteil verwendete, ist die zitierte Erklärung aufschlussreich, weil zwischen den beiden Stellen (Gutenbergs Antwort und dem Urteil) ein enger Zusammenhang besteht. Zuvor muss jedoch geklärt werden, wie die Wendung in Gutenbergs Antwort „begert er ym ein rechnung zuthun" zu verstehen ist. Der Terminus „begert" bedeutet im Kontext eines Prozesses: bei Gericht einen Antrag stellen.[31] Das Wort „rechnung" heißt so viel wie: Abrechnung, Rechenschaft.[32] In einem rechtlichen Kontext konnte damit zweierlei gemeint sein:[33] Zum einen war es möglich, dass eine Partei auf Grund eines Rechtsverhältnisses verpflichtet war, finanziell Rechenschaft abzulegen. So musste bei Beendigung eines Gesellschaftsverhältnisses der geschäftsführende Gesellschafter über seine Einnahmen und Ausgaben abrechnen.[34] Zum anderen konnte der Kläger in einem Gerichtsverfahren „uff rechnenunge" oder „uff rechenschafft" klagen und damit eine von ihm genannte, bestimmte Summe verlangen, dies aber unter dem Vorbehalt, dass sich bei einer außergerichtlich vorgenommenen Abrechnung kein anderer Betrag ergeben

---

schon Einnahmen erzielt worden waren". An späterer Stelle, S. 102, setzt Geldner in Bezug auf die zweite Alternative jedoch voraus, dass mit den Einnahmen die Einlage Fusts in die Gesellschaft bezeichnet wird, wenn er auf die Möglichkeit eingeht, „dass Fust an Gutenberg mehr als 800 Gulden gegeben hat, die nicht zu ihrem gemeinsamen Nutzen verwendet wurden".

31 Vgl. den Artikel „Begehren" in: Deutsches Rechtswörterbuch, Bd. 1 (1914 – 1932), Sp. 1412-1414. Zutreffend daher Kapp (1886), S. 47, wo es heißt: „seinem Antrag gemäß". In diesem Sinne wird das Wort auch in den Mainzer Gerichtsformeln verwendet; vgl. Hallein (1891a), S. 22. Kennzeichnend ist zudem die sehr häufige Verwendung des Wortes in Urteilen des Ingelheimer Oberhofes; vgl. Zwerenz (1988), Anhang, S. 6. Beispiele im Hinblick auf das Butzbacher Schöffengericht finden sich bei Weiss (1973), S. 30 und 74.

32 Vgl. Grimm'sches Wörterbuch, Bd. 14 (1984), Sp. 355 ff.

33 Eine dritte Bedeutung lässt sich der Formel „vngeuerlich zu guter rechnung" (Z. 35) entnehmen, durch die Fust seine redliche Absicht beteuerte; vgl. S. 58 Anm. 3.

34 Vgl. Deutsches Rechtswörterbuch, Bd. 11 (2003), Sp. 238 ff.

würde.[35] Ein Beklagter konnte eine Forderung des Prozessgegners dem Grunde nach anerkennen und bei Gericht beantragen, es möge einen außergerichtlichen Termin anordnen, auf dem sich die Parteien über die Höhe der Forderung einigen sollten. Das Gericht reagierte auf solche Anträge, indem es einen Termin für die Abrechnung festlegte. Der Schuldner war dann zur sofortigen Bezahlung des errechneten Betrages verpflichtet. Sowohl die vom Kläger als auch die vom Beklagten beantragte außergerichtliche Abrechnung wurde „rechnung" genannt.[36] Die von Gutenberg benutzte Wendung „begert er ym ein rechnung zuthun" (Z. 46) bildete eine Formulierung, die so oder ähnlich häufig verwendet wurde, um einen Antrag auf außergerichtliche Abrechnung und Einigung zu bezeichnen. Im Deutschen Rechtswörterbuch werden mehrere Beispiele angeführt (Mergentheim, Iglau, Straubing, St. Gallen, Lüneburg u.a.). Zusätzlich können die Gerichtsprotokolle der Stadtgerichte Butzbach und Babenhausen genannt werden.[37] Eine solche Praxis und der damit verbundene Sprachgebrauch waren offensichtlich weit verbreitet. Deshalb spricht einiges dafür, dass es auch am Mainzer Gericht üblich war, ein außergerichtliches, klärendes Gespräch samt Abrechnung als „rechnung" zu bezeichnen. Gleichwohl muss festgestellt werden, dass Gutenberg einen derartigen Antrag *nicht* gestellt hat: Gutenberg hat die von Fust geltend gemachte Forderung auf Rückzahlung der auf Grund des zweiten Vertrages gezahlten 800 Gulden nicht dem Grunde nach anerkannt. Vielmehr hat er bestritten, diese 800 Gulden zurückzahlen zu müssen – mit der Begründung, Fust habe den Betrag nicht als Darlehen, sondern als Einlage in eine Gesellschaft geleistet. Gutenbergs Antrag auf Abrechnung diente somit nicht dem Zweck, einen außergerichtlichen Termin für eine gütliche Einigung herbeizuführen, sondern er wollte bei Gericht eine Abrechnung als Beweismittel durchsetzen. Das Gericht hat daher keinen Termin für ein klärendes Gespräch beschlossen, sondern entschieden, dass Gutenberg berechtigt war, den beantragten Beweis zu führen, und darüber hinaus beschlossen, welche rechtliche Konsequenz jeweils eintrat, wenn sich bei der Abrechnung das eine oder das andere Resultat ergeben sollte (Z. 48 ff.). Gutenberg beantragte also, eine genaue Abrechnung seiner Einnahmen und Ausgaben vornehmen zu dürfen, um zu beweisen, wie er die 800 Gulden im Einzelnen verwendet hatte,[38] und das Gericht

---

35 So die Formulierungen und die Praxis beim Schöffengericht zu Butzbach; vgl. Weiss (1973), S. 36 ff. Butzbach ist eine Stadt in Hessen, genauer: im Wetteraukreis. Babenhausen ist ebenfalls eine Gemeinde in Hessen, im Landkreis Darmstadt-Dieburg.

36 Deutsches Rechtswörterbuch, Bd. 11 (2003), Sp. 242 ff.

37 Vgl. Tschepe (1976), S. 79 ff. Weiss (1973), S. 36 ff. stellt im Hinblick auf die Praxis des Schöffengerichts in Butzbach fest, dass auch der Kläger „auf Rechnung" klagen konnte: Er klagte dann zwar auf die im Klageantrag genannte Summe – allerdings nur unter dem Vorbehalt, dass sich bei einer Abrechnung nichts anderes herausstellte.

38 Diese Interpretation wurde bereits von August Ernst Umbreit in seiner 1843 erschienenen Schrift über die „Erfindung der Buchdruckerkunst" vertreten; vgl. Umbreit (1843), S. 76.

gab dem Antrag im Urteil statt. Da in Gutenbergs Antrag und im Urteil das gleiche Thema behandelt wird, ist der Antrag geeignet, Licht auf den Begriff „Einnahmen“ zu werfen, wie er im Urteil verwendet wird. Die von Gutenberg im Antrag benutzte Wendung „von der uberigen acht hundert gulden“ (Z. 46) bezieht sich auf den Betrag, den Fust an Gutenberg für das gemeinsame Unternehmen gezahlt hatte. Es handelt sich dabei nicht um den zuerst geleisteten Betrag, den Gutenberg als Kredit erhalten hatte (800 Gulden), sondern um die später gezahlten 800 Gulden.[39] Bei einer Abrechnung musste er zwei Posten zueinander in Beziehung setzen: den Betrag, den er von Fust für das gemeinsame Unternehmen empfangen hatte (800 Gulden), und die mit Hilfe dieses Geldes getätigten Ausgaben. Die vom Gericht im Urteil behandelte Abrechnung betraf ebenfalls das von Fust für das Unternehmen gezahlte Geld und dessen Verwendung. Die „Einnahmen“ Gutenbergs im Sinne des Urteils sind daher mit dem Betrag identisch, den Fust für das gemeinsame Unternehmen an Gutenberg gezahlt hatte (800 Gulden). Die „Ausgaben“ sind die Kosten, die Gutenberg für das Unternehmen tatsächlich aufgewendet hat. Was das Ergebnis der Abrechnung angeht, so lässt sich an dieser Stelle eine Vermutung aufstellen: Entweder waren die Einnahmen höher oder sie waren geringer als die Ausgaben.[40] Dies sind die beiden möglichen Fälle, auf die sich das Gericht im Urteil beziehen konnte.

c) Die Streitpunkte, die mit Hilfe einer Abrechnung geklärt werden sollten

ca) Die erste Alternative

Das erste mögliche Abrechnungsergebnis und die daran geknüpfte Entscheidung des Gerichts lauten folgendermaßen (Z. 49 f.):[41]

> „was er dan *men gelts* dor uber enpfanngen vnd ingenummen hait, das sall in die achthundert gulden gerechnet werdenn.“

Dem Urteil zufolge hat Gutenberg den Antrag bereits in der Antwort auf die Klage gestellt (vgl. Z. 46). Dies ist nicht möglich. Da die mit Hilfe der Abrechnung zu beweisende Behauptung in der Antwort noch gar nicht enthalten war, kann Gutenberg sie erst in dem Teil der Verhandlung aufgestellt haben, der im Urteil nicht dokumentiert ist, so dass auch der Antrag erst in diesem Verfahrensabschnitt gestellt worden sein muss; vgl. Blum (1954), S. 52 f.

39 Vgl. Blum (1954), S. 28.

40 Der mögliche Fall, dass Einnahmen und Ausgaben gleich waren, konnte keine Probleme schaffen und wurde daher vom Gericht wohl nicht angesprochen.

41 Hervorhebung vom Verfasser; Übersetzung: „soll das Geld, das er mehr?/weniger? empfangen und eingenommen hat, zu den 800 Gulden hinzugerechnet / mit den 800 Gulden verrechnet werden.“

In der Gutenbergforschung war lange umstritten, welche Bedeutung dem Wort „men" zukommt. Im Mittelhochdeutschen gab es nur die Worte „me" (mehr) und „min" (weniger, von lat.: „minus"). „Men" erscheint gewissermaßen als eine Kreuzung zwischen diesen beiden Worten. Während einige Gutenbergforscher davon ausgingen, dass „men" „mehr" bedeutet,[42] waren andere der Auffassung, das Wort habe im Gegenteil die Bedeutung „weniger".[43] Diese Übersetzung wurde zuerst von Hessels vorgeschlagen[44] und später von Blum ausführlich begründet.[45] Die Lösung des Rätsels ergibt sich aus einem im Jahre 1919 veröffentlichten Aufsatz Karl Demeters zur Kurmainzer Kanzleisprache von ca. 1400 bis 1550.[46] Der Abhandlung ist zu entnehmen, dass ein Wechsel von „i" nach „e" häufig nachzuweisen ist, und zwar meistens in unbetonter Nebensilbe (zum Beispiel „gulden" statt „guldin"), zuweilen aber auch in einer betonten Hauptsilbe (zum Beispiel „brengen" statt „bringen"). Das Wort „men" in der Kurmainzer Kanzleisprache entspricht im Mittelhochdeutschen somit dem Wort „min". „Men" heißt eindeutig „weniger". Das Gericht behandelte den Fall, dass Gutenberg weniger eingenommen hatte.

Folgt man Guy Bechtel, so bezieht sich das Gericht darauf, dass Gutenberg von Fust weniger erhalten hat, als dieser zu zahlen versprochen hatte.[47] Wenn

---

42 Vgl. Dziatzko (1889), S. 34 Anm. 1; Thiel (1939), S. 68 f.: „mehr"; Geldner (1972), S. 96, der folgendermaßen übersetzt: „das Geld, das er mehr empfangen und eingenommen hat"; ähnlich S. 102, wobei Geldner davon ausgeht, dass die Einnahmen mit den „durch den Verkauf von Druckerzeugnissen" erzielten Einnahmen identisch sind. Venzke (2000), S. 185 stellt fest, das Gericht habe entschieden, „alle noch überschüssigen Einlagen" seien „auf Fusts Achthundert-Gulden-Darlehen entsprechend aufzurechnen". Dies setzt voraus, dass Gutenberg mehr erhalten als ausgegeben hat. Kapr (1988), S. 173 übersetzt: „das Geld, das er mehr empfangen und eingenommen hat."

43 Vgl. Blum (1954), S. 36 ff.; Bechtel (1992), 392.

44 Vgl. Hessels (1910), S. 456; Hessels (1911), S. 518. Die Begründung bei Hessels (1910), S. 456 lautete: „this is the only meaning which gives sense to Gutenberg's pleadings that 'he had not received from Fust the whole of the [first] 800 guilders'." Diese Begründung ist unzutreffend. Gutenbergs Behauptung, den von Fust versprochenen Kredit in Höhe von 800 Gulden nicht vollständig erhalten zu haben, hatte mit dem gemeinsamen Unternehmen, um das es bei einer Abrechnung gehen sollte, nichts zu tun. Gegen den Interpretationsvorschlag Hessels' auch Degering (1910) und Schwenke (1910), S. 458.

45 Vgl. Blum (1954), S. 36 ff.; zustimmend: Schmidt-Künsemüller (1955b), S. 24.

46 Vgl. Demeter (1919), S. 469 ff. Der Form „brengen" statt „bringen" entspricht im Notariatsinstrument „volnbrengen" in Z. 24 und 42. Später hat Menn (1941), S. 29 festgestellt, dass ein Nebeneinander von e- und i-Formen typisch für den Mainzer Sprachgebrauch um die Mitte des 15. Jahrhunderts gewesen sei, worauf Blum (1954), S. 38 Anm. 2 hinweist. Steffens (1993), S. 204 nennt als „graphische Entsprechung" für mittelhochdeutsch „i" in der frühneuhochdeutschen Sprache in Mainz u.a. „e".

47 Vgl. Bechtel (1992), S. 392, wobei der Autor voraussetzt, dass die 800 Gulden die gesamte Einlage Fusts waren.

Fust jedoch für das gemeinsame Unternehmen weniger als versprochen gezahlt hätte, wäre es Gutenbergs Sache gewesen, dies in der Antwort auf die Klage geltend zu machen. Das hat er nicht getan, was umso auffälliger ist, als er im Hinblick auf das Darlehen behauptet hatte, weniger Kredit als versprochen empfangen zu haben (Z. 44 f.). Bei der Abrechnung konnte Gutenberg eine Verbindung nur zwischen den Posten herstellen, auf die sich die Abrechnung beziehen musste. Dies waren die von Gutenberg für das Unternehmen empfangenen Einnahmen sowie die Ausgaben, die er zu diesem Zweck tatsächlich vorgenommen hatte. Unter den Einnahmen sind die von Fust an Gutenberg tatsächlich geleisteten Zahlungen zu verstehen.[48] Falls Gutenberg „weniger eingenommen" hatte, kann dies nur bedeuten, dass er weniger empfangen als zu diesem Zweck ausgegeben hatte.[49] Gutenberg hätte dann aus eigenen Mitteln Geld in das Unternehmen investiert; „aus eigenen Mitteln" heißt: entweder mit Hilfe des Kredits, den er von Fust empfangen hatte, oder mit Hilfe eines anderen Darlehens (das er von einem unbekannten Kreditgeber erhalten hatte) oder aus Mitteln, die ihm ohnehin zur Verfügung standen.

Gottfried Zedler wendet hier ein, zu eigenen finanziellen Leistungen sei Gutenberg auf Grund des Gesellschaftsvertrages nicht verpflichtet gewesen. Sollte er dennoch Geld beigesteuert haben, so hätte er dies in seiner Erwiderungsrede geltend gemacht. Gutenberg habe zudem nicht über ausreichende finanzielle Mittel verfügt, um selbst etwas zum gemeinsamen Unternehmen beisteuern zu können.[50] Diesem Einwand kann jedoch nicht zugestimmt werden. Obwohl Gutenberg nicht verpflichtet war, finanzielle Leistungen für das Unternehmen zu erbringen, ist damit keineswegs ausgeschlossen, dass er solche Leistungen tatsächlich erbracht hat. Dass er dazu nicht verpflichtet war, könnte geradezu den Grund dafür gebildet haben, den von ihm geleisteten Beitrag von Fust erstattet zu verlangen. In der Antwort auf die Klage ging Gutenberg auf diesen Punkt zwar nicht ein. Der Zweck der Antwort bestand aber lediglich darin, klarzustellen, dass Fust verpflichtet war, die gesamten Kosten des Bibeldrucks zu tragen und damit auch für die Verpflegung des Personals aufzukommen. An dieser Stelle seiner Darlegungen musste Gutenberg seinen eigenen finanziellen Beitrag noch nicht ansprechen. Aus der gerichtlichen Entscheidung ergibt sich jedoch, dass der Punkt umstritten war und in dem Teil der Verhandlung erörtert worden sein muss, der im Notariatsinstrument nicht dokumentiert ist. Was die finanziellen Möglichkeiten Gutenbergs betrifft, so ist durchaus denkbar, dass er einen weiteren Kredit aufgenommen hat, um Geld für das Unternehmen zu beschaffen. Wenn die Kreditaufnahme zu einem Zeitpunkt stattfand, als der Druck fortge-

---

48 Vgl. S. 85.

49 In diesem Sinne auch Hoffmann (1983), S. 478: „dass er dafür weniger empfangen hat (als er ausgegeben)".

50 Vgl. Zedler (1907), S. 203.

schritten war und Gutenberg potentiellen Kreditgebern bereits Ergebnisse vorweisen konnte, ist leicht vorstellbar, dass er einen Kreditgeber fand. Gutenberg behauptete also, er habe einen eigenen finanziellen Beitrag für das gemeinsame Unternehmen erbracht und einen Anspruch darauf, dass Fust ihm diesen Beitrag erstatte.

Den Antrag, eine Abrechnung vorzunehmen, dürfte Gutenberg nur gestellt haben, weil er wusste, wie das Ergebnis der Abrechnung lauten werde, nämlich so, wie er dies im Verfahren behauptet hatte.[51] Andernfalls hätte er den Antrag gar nicht erst gestellt. Diese Überlegung spricht dafür, dass Gutenbergs Behauptung zutreffend war, wenn man nicht annehmen will, er habe sich vorgenommen, bewusst falsche Angaben zu machen.[52] Die Zahl der in der Werkstatt beschäftigten Bediensteten hatte im Lauf des Drucks der B 42 zugenommen.[53] Dies könnte ein Grund dafür gewesen sein, dass Gutenberg tatsächlich mehr für die Verpflegung des Personals ausgegeben hatte, als zunächst vorgesehen und von Fust gezahlt worden war. Möglich ist aber auch, dass Gutenbergs Zuschüsse nicht der Verköstigung dienten, sondern erforderlich waren, um andere Kosten des Bibeldrucks zu decken.

cb) Die zweite Alternative

Das zweite mögliche Abrechnungsergebnis und die darauf beruhende Entscheidung werden im Urteil mit den folgenden Worten wiedergegeben (Z. 51 f.):[54]

> „Wer es aber, das sich an rechnung erfunde, das er ym *me dan acht hun dert gulden* her uß geben hette, die nit in ieren gemeinen nocze kummen wern, sall er ym auch widder geben."

Wenn das Gericht hier von 800 Gulden spricht, bezieht es sich auf den Betrag, den Gutenberg als Darlehen empfangen hatte und der nicht für den Bibeldruck, sondern dafür bestimmt war, die Werkstatt einzurichten. Dem Gericht zufolge konnte sich bei der Abrechnung ergeben, dass Gutenberg *mehr* als diese 800 Gulden *nicht* für den Bibeldruck ausgegeben hatte. Da Gutenberg insgesamt nur über zweimal 800 Gulden von Seiten Fusts verfügte, hätte er die später gezahl-

---

51 Vgl. Painter (1970), S. 310.

52 Vgl. Umbreit (1843), S. 81.

53 Vgl. Corsten (1979), S. 51.

54 Hervorhebung vom Verfasser; Übersetzung: „Wenn sich aber bei der Abrechnung ergibt, dass er [Fust] ihm [Gutenberg] mehr als 800 Gulden übergeben hat, die nicht zu ihrem gemeinsamen Nutzen verwendet wurden, soll er [Gutenberg] ihm [diesen Überschuss] auch zurückgeben."

ten 800 Gulden nicht vollständig für das gemeinsame Unternehmen aufgewendet. Die Einnahmen wären dann höher gewesen als die Ausgaben.

In der Gutenbergforschung wird allgemein angenommen, Fust habe Gutenberg vorgeworfen, einen Teil des für das Unternehmen bestimmten Geldes absichtlich für andere Zwecke, etwa für die Urdruckerei,[55] ausgegeben zu haben.[56] Fust habe Gutenberg, um einen modernen Ausdruck zu verwenden, der *Untreue* bezichtigt.[57]

Im Urteil ist jedoch lediglich von Einnahmen die Rede, „die nit in ieren gemeinen nocze kummen wern". Damit wird zum Ausdruck gebracht, was mit dem Geld (möglicherweise) *nicht* geschehen ist. Offen bleibt, wofür das Geld (angeblich) ausgegeben wurde. Vielleicht hat Fust nur geltend gemacht, Gutenberg müsse einen Teil der Einlage versehentlich für andere Zwecke verwendet haben. Möglicherweise setzte Fust sogar voraus, das von Gutenberg nicht für das Unternehmen verbrauchte Geld sei noch übrig, oder er legte sich im Hinblick auf die Frage, wo das restliche Geld geblieben sei, nicht fest, weil es ihm im Prozess allein ums Geld ging und er nicht daran interessiert war, einen weitergehenden Vorwurf gegen Gutenberg zu erheben. Durch die Annahme, Fust habe Gutenberg Untreue vorgeworfen, wird das Gerichtsverfahren in die Nähe eines Strafprozesses gerückt, während Fust tatsächlich einen Zivilprozess, ein „Verfahren um Schuld", angestrengt hatte. Es ist nicht klar, ob Fust *überzeugt* war, dass Gutenberg einen Teil der Einlage nicht für das gemeinsame Unternehmen verwendet hatte. Wenn Fust gutgläubig gewesen sein sollte, hätte er den Anspruch aller Wahrscheinlichkeit nach bereits in der *Klage* erhoben. In diesem Verfahrensabschnitt behauptete er jedoch, die später gezahlten 800 Gulden hätten einen weiteren Kredit gebildet. Erst in dem Teil der Verhandlung, der im Notariatsinstrument nicht wiedergegeben ist, machte er eine Kehrtwendung und räumte ein, dass er die 800 Gulden für das gemeinsame Unternehmen (die Verköstigung des Personals) gezahlt hatte.

Anschließend unternahm er den Versuch, wenigstens einen *Teil* seiner Einlage von Gutenberg zurückzubekommen, indem er behauptete, Gutenberg habe einen Teil des Geldes nicht für das gemeinsame Unternehmen ausgegeben. Fust hat diesen Vorwurf bloß „nachgeschoben". Damit ist zwar nicht gänzlich ausgeschlossen, dass Fust von der Richtigkeit seiner Behauptung überzeugt war. Denn es könnte sein, dass er den Vorwurf deshalb nicht in die Klage aufgenommen hatte, weil er zunächst hoffte, das Gericht davon zu überzeugen, er dürfe die später gezahlten 800 Gulden als *Kredit* in voller Höhe zurückverlangen. Hätte er damit Erfolg gehabt, so hätte er einen erheblich größeren Betrag erlangt. Aber

---

55 Zur Hypothese einer Urdruckerei vgl. S. 16.

56 Vgl. z.B. Venzke (2000), S. 185, 192; Geldner (1972), S. 117; Kapr (1969), S. 30 f.

57 Vgl. z.B. Füssel (2004a), S. 16; Hanebutt-Benz (1997), S. 16. Bereits Köhler (1741/2000), Vorrede S. 2 hat festgestellt, Fust habe Gutenberg der Untreue beschuldigt.

Fust musste damit rechnen, dass er sich mit dieser Behauptung nicht würde durchsetzen können, weil eine bloß nachgeschobene Behauptung dem Gericht leicht als unglaubwürdig erscheinen konnte. So hätte er dann auch diesen (gutgläubig erhobenen) Vorwurf „verspielt". Es ist jedoch nicht einleuchtend, warum Fust einen seiner Ansicht nach berechtigten Anspruch (auf Rückerstattung eines Teils der Einlage) gewissermaßen hinter einer bösgläubig erhobenen Forderung, die er zunächst einmal „versuchsweise" geltend machte, hätte verstecken sollen. Einem erfahrenen Geschäftsmann wie Fust, der zudem Fürsprecher war, wird man ein derart ungeschicktes Vorgehen nicht unterstellen dürfen. Dies spricht dafür, dass Fust im Hinblick auf die später gezahlten 800 Gulden bösgläubig war: Weder war er wohl davon überzeugt, dass diese Summe einen Kredit gebildet hatte, noch glaubte er, einen Teilbetrag seiner Einlage zurückverlangen zu dürfen. Diese Feststellung ist im Hinblick auf die weitere Frage von Bedeutung, ob Fusts Behauptung *zutreffend* war.[58] Unter der Voraussetzung, dass Fust bösgläubig war, besteht kein Grund zu der Annahme, die Behauptung hätte gleichwohl den Tatsachen entsprochen. Auch im Urteil wird dies nicht vorausgesetzt. Auskunft darüber sollte erst die von Gutenberg beantragte Abrechnung geben. Es ist zwar nicht überliefert, ob Gutenberg tatsächlich abgerechnet hat und wie das Ergebnis der Abrechnung lautete. Fest steht aber, dass Gutenberg einen entsprechenden Antrag gestellt hatte. Dies konnte er nur tun, wenn er abrechnen wollte und das Ergebnis der Abrechnung kannte.[59] Fusts Behauptung, Gutenberg habe einen Teil der Einlage nicht für das gemeinsame Unternehmen ausgegeben, muss unzutreffend gewesen sein. Gu-

---

58 Wagner (2000), S. 134 stellt fest, sicher sei, dass Gutenberg einen Teil der Gelder des Gemeinschaftsunternehmens zu seinem eigenen Vorteil verwendet habe; bei Venzke (2000), S. 185 heißt es: „Gutenberg hatte demnach mit fremden Geldern in seine eigene Tasche gewirtschaftet." Ähnlich Venzke (2000), S. 186 und 192: „Fusts Klage muss mithin eine [oder *die*] Ursache darin gehabt haben, dass sein Geschäftspartner mit dem von ihm unterschlagenen Geldern seine eigene ‚Urdruckerei' am Laufen hielt und diese ausbaute." Painter (1970), S. 311 f. konstatiert, Gutenberg habe das Geld für andere Zwecke als den Druck der B 42 verwendet. Auch Hoffmann (1993b), S. 122 spricht von einer „insofern berechtigten Forderung Fusts". Anders Corsten (1980), S. 74: „Wir wissen nicht, ob Gutenberg wirklich der Untreue überführt werden konnte." Geldner (1966), S. 2536 spricht lediglich von einer Vermutung Fusts, stellt aber S. 2539 fest, „dass er [Gutenberg; Verfasser] kein guter Rechner war und dass er mit fremdem Geld wohl etwas zu großzügig umgegangen ist"; dies freilich „mit einigem Vorbehalt". Rothmann (2005), S. 46 stellt fest, Gutenberg scheine das gemeinsame Kapital anders verwendet zu haben als vereinbart. Füssel (2004a), S. 16: „Besonders verärgert war Fust offensichtlich, dass Gutenberg ohne Rücksprache das Kapital nicht nur für das gemeinsame Projekt, sondern auch für weitere Druckvorhaben verwendete."

59 Vgl. S. 88.

tenbergs Feststellung, er habe aus eigenen Mitteln etwas für das gemeinsame Unternehmen beigesteuert, dürfte eher den Tatsachen entsprochen haben.[60]

d) Das Verhältnis der beiden Streitpunkte zueinander

In der Gutenbergforschung wird allgemein angenommen, der „Untreuevorwurf"[61] habe den Konflikt zwischen Fust und Gutenberg ausgelöst. Fust habe den Plan verfolgt, Gutenberg zur Zahlung einer hohen Summe verurteilen zu lassen, so dass er zahlungsunfähig würde. Obwohl diese Möglichkeit nicht gänzlich auszuschließen ist, sind doch Einwände zu erheben. Übersehen wird, dass ein zweiter Streitpunkt im Hinblick auf das gemeinsame Unternehmen virulent war, Gutenbergs Behauptung nämlich, er habe aus eigenen Mitteln etwas für das Unternehmen beigesteuert. Die Frage, welche Bedeutung *dieser* Forderung für den gesamten Konflikt zukam, wird zumeist gar nicht gestellt. Es besteht jedoch die Möglichkeit, dass gerade dieser Anspruch den Konflikt ausgelöst hat und dass Fusts Vorwurf nur eine Reaktion darauf gebildet hat und deshalb nur von untergeordneter Bedeutung war.[62] Denkbar ist schließlich, dass beide Ansprüche unabhängig voneinander geltend gemacht wurden, so dass die Forderungen gleichermaßen zum Konflikt geführt haben.

---

60 In diesem Sinne auch Thiel (1939), S. 71; Schmidt-Künsemüller (1955b), S. 57; Koschorreck (1955), S. 25.

61 Dieser Ausdruck ist zwar ungenau, weil er nicht die Möglichkeiten erfasst, dass Gutenberg das Geld versehentlich für andere Zwecke verwendet hatte oder dass das Geld noch übrig war, soll aber der Kürze halber hier und im Folgenden gleichwohl benutzt werden.

62 Gutenberg hätte dann behauptet, er habe einen Erstattungsanspruch gegen Fust, weil er aus eigenen Mitteln Geld in das gemeinsame Unternehmen gezahlt habe. Fust hätte darauf reagiert, indem er entgegnete, Gutenberg müsse einen Teil der von Fust gezahlten Einlage für „gesellschaftsfremde" Zwecke verbraucht haben. Bei korrekter Verwendung der Einlage wäre es nicht nötig gewesen, aus eigenen Mitteln etwas dazuzugeben.

E. Urteil, Eidesleistung und Abrechnung

1. Der Inhalt des Urteils

a) Die auf den Darlehensvertrag bezogene Entscheidung

Wichtig ist zunächst, was das Gericht *nicht* entschieden hat: Nicht entschieden wurde, dass Gutenberg den von Fust empfangenen Kredit (800 Gulden) zurückzahlen musste.[1] Das Urteil hat überhaupt keine explizit materiell-rechtlichen Entscheidungen zum Inhalt, Gutenberg wurde zu keinerlei Geldleistung verpflichtet. Das Urteil bildet vielmehr ein Beweisurteil: Im Hinblick auf eine umstrittene Frage wird darin der einen oder anderen Partei das Beweisvorrecht zugewiesen. Hätte sich das Gericht im Urteil mit der Rückzahlung des Kredits befasst, so hätte es Gutenberg oder Fust das Beweisvorrecht im Hinblick auf die Frage zugeteilt, ob ein wirksamer Kreditvertrag (800 Gulden) vorlag oder ob die Forderung auf Rückzahlung des Darlehens bereits fällig war. Diese Fragen waren aber unstreitig[2] und brauchten vom Gericht nicht behandelt zu werden. Im Urteil wird einfach vorausgesetzt, dass Gutenberg 800 Gulden an Fust zahlen musste: „das sall in die achthundert gulden gerechnet werdenn. [...] sall er ym *auch* widder geben" (Z. 50 und 52).[3]

Im Hinblick auf die Zinsfrage entschied das Gericht: Wenn Fust durch Eid oder glaubwürdige Zeugen („redlicher kuntschafft", Z. 52 f.[4]) beweise, dass er das Gutenberg gezahlte Darlehen selbst gegen Zinsen aufgenommen habe, dürfe er von Gutenberg Zinsen verlangen. Auf den ersten Blick ist diese Entscheidung unverständlich: Das Gericht konnte das Beweisvorrecht nur in Bezug auf eine *streitige* Tatsachenbehauptung verleihen. Gutenberg hatte jedoch nicht in Abrede gestellt, dass Fust den Gutenberg gewährten Kredit gegen Zinsen aufgenommen hatte. Umstritten war vielmehr, ob Fust ihm die Zinsen *erlassen* hatte. Im Notariatsinstrument ist die Antwort Gutenbergs jedoch vielleicht nur verkürzt und ungenau wiedergegeben. Möglicherweise hat Gutenberg in der Antwort oder in dem Teil der Verhandlung, der im Notariatsinstrument nicht doku-

---

1 So z.B. Painter (1970), S. 309.

2 Vgl. S. 62.

3 Hervorhebung vom Verfasser; durch das Wort „auch" wird angedeutet, dass Gutenberg zusätzlich 800 Gulden an Fust zahlen musste.

4 Im Ingelheimer Recht konnte das Wort „kuntschafft" sowohl die Kenntnis, das Wissen bezeichnen als auch den Beweis und insbesondere den Zeugen; vgl. Zwerenz (1988), S. 115 ff., 134 ff.

mentiert ist, behauptet, Fust habe das Geld aus eigenen Mitteln aufgebracht.[5] Zu klären bliebe dann allerdings, warum das Gericht im Urteil nicht auch auf die Frage eingegangen ist, ob Fust versprochen hatte, die Zinsen zu erlassen. Gutenberg könnte allerdings eingeräumt haben, dass diese Behauptung unzutreffend war. Dann wäre der Punkt zur Zeit des Urteils unstreitig gewesen und er hätte vom Gericht nicht weiter behandelt werden müssen.

Weniger spekulativ und daher überzeugender ist die von Blum vertretene Auffassung, wonach sich die Entscheidung auf Gutenbergs Feststellung bezieht, Fust habe ihm zugesagt, auf die Zinsen zu verzichten:[6] Wenn Fust beweisen konnte, dass er selbst Zinsen hatte zahlen müssen, war dies ein deutliches Indiz dafür, dass er die Zinsen *nicht* erlassen hatte. Denn es kann nicht angenommen werden, dass er bereit war, einen erheblichen finanziellen Verlust in Kauf zu nehmen, und dies im Hinblick auf ein Unternehmen, in das er bereits sehr hohe Summen investiert hatte. Unklar bleibt allerdings, warum das Gericht die Frage des Zinserlasses nicht unmittelbar zum Thema eines Beweises gemacht hat.

Der Fust eingeräumte Eid war ein Überführungseid, durch den ein Kläger seine in der Klage vorgetragene Behauptung erhärten konnte.[7] Fust war zur Eidesleistung zwar nicht verpflichtet.[8] Falls er aber die Eidesleistung unterließ, durfte er von Gutenberg keine Zinsen fordern. Deshalb lag es in seinem eigenen Interesse, einen Eid zu leisten oder Zeugen beizubringen. Die weitere Frage, ob Fust Ersatz eines Verzugsschadens[9] beanspruchen dürfe, hat das Gericht nicht ausdrücklich behandelt. Wenn es einen solchen Anspruch für möglich gehalten hätte, wäre es seine Aufgabe gewesen, einer Partei das Beweisvorrecht im Hin-

---

5 Diese Möglichkeit ist allerdings unwahrscheinlich: Gutenberg hatte festgestellt, Fust habe ihm die Zinsen erlassen. Ein Erlass setzt voraus, dass die erlassene Forderung erst einmal entstanden ist. Sollte Gutenberg Zinserlass behauptet haben, hätte er zugleich erklären müssen, die Zinsvereinbarung sei unwirksam, weil Fust sich das Geld nicht gegen Zinsen geliehen habe; und außerdem habe Fust ihm die Zinsen erlassen. Das Gericht hätte dann gefragt, welche dieser beiden Behauptungen denn eigentlich zutreffend sei.

6 Vgl. Blum (1954), S. 51.

7 Vgl. Kornblum (1960), S. 37; Schüngeler (1973), S. 35. Hallein (1891b), S. 53 spricht von einem „Behaltungseid" des Klägers. Kornblum (1960), S. 38 weist darauf hin, dass eine solche Eidesleistung in den Urteilen des Ingelheimer Oberhofes mit dem Wort „behalden" bezeichnet wird.

8 Vgl. Planck (1879), S. 15 (vornehmlich bezogen auf das sächsische Recht). Im Urteil heißt es nicht, Fust müsse einen Eid ablegen, sondern: „Vnd brengt Johannes Fust by mit dem eyde oder redlicher kuntschafft" (Z. 52 f.). Das Gericht bezog sich auf den möglichen Fall, dass Fust den Beweis durch Eid oder einen Zeugen führen würde. Anderer Auffassung Wagner (2000), S. 133, wonach Fust den Eid „auf gerichtliche Anordnung ablegen musste".

9 Das heißt des Schadens, der dadurch entstanden war, dass Gutenberg mit Zinszahlungen (angeblich) in Verzug geraten war, so dass Fust, um die ihm obliegenden Zinsleistungen zu erbringen, ein weiteres Darlehen gegen Zinsen hatte aufnehmen müssen – diese Zinsen bilden den Schaden, „Verzugsschaden"; vgl. S. 72.

blick auf diese Frage zuzusprechen. Vielleicht hat Fust in dem Teil der Verhandlung, der im Notariatsinstrument nicht wiedergegeben ist, eingeräumt, dass er die Zinsforderung gestundet hatte – bis zum Abschluss des Vertriebs der Bibeln, das heißt so lange, bis Gutenberg voraussichtlich genügend Geld haben würde, um die Zinsen bezahlen zu können. Dann wäre die Zinsforderung vor dem Ende des gemeinsamen Unternehmens nicht fällig gewesen und Gutenberg hätte nicht in Verzug geraten können, solange das Unternehmen bestand.[10] Vielleicht hat Fust aber auch eingeräumt, dass er die Zinsbeträge aus eigenen Mitteln aufgebracht hatte.

b) Die den zweiten Vertrag betreffenden Entscheidungen

Auch im Hinblick auf den später geschlossenen Vertrag ist damit zu beginnen, worüber das Gericht *nicht* entschieden hat: Die Frage, ob Fust den Betrag von 800 Gulden, der für den Bibeldruck, genauer: für die Verköstigung des Personals, bestimmt war, ein Darlehen bildete, das er von Gutenberg zurückverlangen konnte, wird im Urteil nicht angesprochen. Wäre dieser Punkt unmittelbar vor Verkündung des Urteils noch streitig gewesen, hätte das Gericht einer Partei das Beweisvorrecht im Hinblick auf diese Frage zugewiesen. In dem Teil der Verhandlung, der im Notariatsinstrument nicht wiedergegeben ist, muss Fust eingeräumt haben, dass diese 800 Gulden keinen Kredit, sondern eine Einlage in die Gesellschaft (genauer: einen Teil seiner Einlage) gebildet hatten, die er nicht zurückverlangen durfte.[11]

Was Gutenbergs Behauptung angeht, er habe aus eigenen Mitteln Geld für das gemeinsame Unternehmen beigesteuert, so entschied das Gericht, Gutenberg sei berechtigt, über die Verwendung des Geldes, das er von Fust für das gemeinsame Unternehmen empfangen hatte (800 Gulden), abzurechnen. Das Gericht traf diese Entscheidung nicht ausdrücklich. Es setzte einfach voraus, dass Gutenberg abrechnen werde: „Wan Johann Guttenberg sind rechnung gethain hat" (Z. 49). Damit hat das Gericht in dieser Frage *Gutenberg* das Beweisvorrecht eingeräumt.

Im Einzelnen legte das Gericht Folgendes fest: Sollte sich bei der Abrechnung ergeben, dass Gutenberg aus eigenen Mitteln in das gemeinsame Unternehmen investiert hatte, konnte dieser Betrag „in die achthundert gulden gerechnet

---

10 Eine andere Möglichkeit: Es ist unwahrscheinlich, dass Fust wegen der Zinsen einen weiteren Kredit gegen Zinsen aufnehmen musste. Zu fragen ist vielmehr, warum er die Zinsen nicht aus eigenen Mitteln hatte bezahlen können. Vielleicht hat er in dem Teil der Verhandlung, der im Notariatsinstrument nicht dokumentiert ist, eingeräumt, dass er nicht gezwungen war, ein weiteres Darlehen gegen Zinsen aufzunehmen.

11 Vgl. S. 89 f.

werdenn" (Z. 50). Die 800 Gulden, von denen hier gesprochen wird, sind die von Fust *zuerst* geleisteten 800 Gulden, also das Darlehen, das Gutenberg zurückzahlen musste. Dieser Betrag bildet die Größe, auf die sich die Entscheidung zu den *später* gezahlten 800 Gulden bezieht, die Fust für das gemeinsame Unternehmen geleistet hatte. In der Feststellung des Gerichts ist zweierlei enthalten:

- Wenn Gutenberg tatsächlich Geld in das Unternehmen investiert hatte, war er berechtigt, den Betrag von Fust zurückzuverlangen.

- Geht man vom Wortsinn der Wendung „in die achthundert gulden gerechnet werdenn" aus, so scheint hier ein Bild vorzuliegen: Ein Betrag soll quasi in einen Topf, in dem sich schon Geld befindet, gelegt, also zu einem bereits vorhandenen Betrag hinzugerechnet werden. Im vorliegenden Fall ist jedoch zu beachten, dass die 800 Gulden, „in" die Gutenberg einen gewissen Geldbetrag rechnen durfte, *Fust* zustanden – es handelt sich dabei um die zuerst gezahlten 800 Gulden, also den Kredit, den Gutenberg zurückzahlen musste. Die durch die Abrechnung zu ermittelnde Summe kam jedoch *Gutenberg* zu. Dies kann nur bedeuten, dass Gutenberg den ihm gebührenden Betrag von den 800 Gulden, die er Fust schuldete, abziehen durfte.[12]

Was den Fall betrifft, dass Gutenberg *nicht* die gesamte von Fust für die Gesellschaft gezahlte Einlage (800 Gulden) für die Verpflegung des Personals ausgegeben hatte, so entschied das Gericht, dass Gutenberg den entsprechenden Betrag an Fust zurückzahlen musste – zusätzlich zu den 800 Gulden, die er als Darlehen erhalten hatte („auch widder geben", Z. 52).[13] Gutenberg durfte nicht einfach darüber befinden, ob er abrechnen wollte oder nicht. Sollte sich bei der Abrechnung ergeben, dass er *nicht* alles für das gemeinsame Unternehmen gezahlte Geld für diesen Zweck verwendet hatte, wie Fust behauptet hatte, musste dies eine für Fust günstige Folge haben, der Gutenberg nicht einfach dadurch ausweichen durfte, dass er eine Abrechnung unterließ. Auf Grund des Gesellschaftsvertrages war er ohnehin zur Abrechnung verpflichtet.[14]

---

[12] So im Ergebnis auch Dziatzko (1889), S. 34 Anm. 1; Blum (1954), S. 32; Hoffmann (1993a), S. 263: Was Gutenberg mehr für die Gesellschaft ausgegeben habe, als erhalten, könne er vom Kredit (800 Gulden) abziehen. Anderer Auffassung Venzke (2000), S. 175 und 185: Gutenberg habe 800 plus x Gulden zu zahlen, den durch die Abrechnung zu ermittelnden Betrag also zu den 800 Gulden dazuzurechnen; ähnlich Kapr (1988), S. 173.

[13] Hervorhebung vom Verfasser.

[14] In der Gutenbergforschung wird häufig ohne Begründung angenommen, das Gericht habe Gutenberg zur Abrechnung verpflichtet; vgl. z.B. Wetter (1836), S. 417 f.; Hartwig (1900), S. 276; Ruppel (1942), S. 292; Corsten (1991), S. 309; Wagner (2000), S. 134. Blum (1954), S.

2. Der rechtliche Charakter des Urteils: Zwischen- oder Endurteil?

Da das Gericht in seiner Entscheidung die Beweisrollen verteilt, also ein Beweisurteil gesprochen hat, sind zahlreiche Autoren der Ansicht, es handele sich lediglich um ein Zwischenurteil.[15] Nach Vornahme der Beweishandlungen, das heißt nach der Eidesleistung und der Abrechnung, habe das Gericht noch ein Endurteil gesprochen, das nicht überliefert sei. Andere Autoren sind der Auffassung, die Entscheidung sei als Endurteil zu qualifizieren.[16]

Für das mittelalterliche deutsche Gerichtsverfahren sind Beweisurteile charakteristisch, die zugleich Endurteile bilden.[17] Sobald Gutenberg abgerechnet und Fust den Eid geleistet hatte, ließ sich dem Urteil in Verbindung mit den beiden Urkunden, in denen die Beweishandlungen dokumentiert waren,[18] entnehmen, wie viel Fust von Gutenberg insgesamt verlangen durfte. Ein weiteres Urteil war nicht mehr erforderlich. Auch die Entscheidung im Verfahren Fust gegen Gutenberg bildet somit ein Endurteil.

Diese Schlussfolgerung könnte allerdings durch eine Nachricht in Zweifel gezogen werden, die sich in einem 1541 in Mainz gedruckten Gedicht des Johannes Arnold (mit dem Beinamen „Bergellanus“)[19] findet, das den Titel trägt: „Chalcographiae inventione poema encomiasticum“.[20] Darin ist auch vom Streit

---

30 stellt dagegen fest, das Gericht ordne die Abrechnung nicht an, sondern setze diese einfach voraus.

15 Vgl. Zedler (1901), S. 68; Zedler (1907), S. 199 ff.; Hupp (1917), S. 107; Bechtel (1992), S. 509 f.; Zotter (1992), S. 11; Kind/Rohlfing (1995), S. 72. Braun (1987), S. 64 stellt fest, es seien zwei Prozesse geführt worden, über den Ausgang des zweiten, entscheidenden sei nichts bekannt. Möglicherweise setzt Braun voraus, nach dem überlieferten Urteil sei das Verfahren fortgeführt und mit einem Sachurteil abgeschlossen worden. Die überlieferte Entscheidung hätte dann ein Zwischenurteil gebildet.

16 Vgl. Stammler (1912), S. 18; Menn (1941), S. 12; Hoffmann (1983), S. 480; Hoffmann (1993a), S. 266; Geldner (1972), S. 103. Hartwig (1900), S. 22 stellt fest, aus dem Instrument sehe man nicht, ob das Urteil sofort rechtskräftig werden sollte, Gutenberg also den verpfändeten Apparat sofort ausliefern musste, wenn er nicht zahlte. Folgt man Blum (1954), S. 41, so ist zu differenzieren: Im Hinblick auf die Rückzahlung des Darlehens sei von einem Endurteil zu sprechen; was jedoch die Zahlung der Zinsen angehe, so sei die Entscheidung unter der Bedingung erfolgt, dass Fust einen Eid leiste. Nach der Eidesleistung habe das vorläufige Urteil noch durch ein Endurteil bestätigt und für rechtskräftig erklärt werden müssen.

17 Vgl. S. 49.

18 Eine dieser Urkunden bildet das Helmasperger'sche Notariatsinstrument.

19 Johannes Arnold stammte aus dem mittelfränkischen Marktbergel (Estermann 1999, S. 24). Knappe biographische Angaben zu Johannes Arnold sind bei Schottenloher (1971), S. 392 zu finden.

20 Vgl. Estermann (1999), S. 23 ff., insbesondere S. 31. Zum Text des Gedichtes vgl. Nemirovskij (2003), S. 153 ff. Übersetzung des Titels: „Lobgedicht auf die Erfindung der Druckerkunst“.

zwischen Gutenberg und Fust die Rede: „Tempore sed longo res est tractata dicaci / Lite, hodie pendet iudicis in'que sinu.“ [21] Knapp neunzig Jahre nach Klageerhebung war das Verfahren demnach bei einem nicht näher genannten Gericht noch anhängig. In der Gutenbergforschung wird das Gedicht häufig als unergiebig qualifiziert.[22] Die darin enthaltene Nachricht ist zudem, so heißt es weiter, die einzige dieses Inhalts.[23] Unterstellt, im Jahre 1541 sei ein Verfahren noch anhängig gewesen, so kommen zwei Möglichkeiten in Betracht: Entweder war die überlieferte Gerichtsentscheidung kein Endurteil und der Prozess war 1541 beim Mainzer weltlichen Gericht anhängig oder eine Partei hatte ein Rechtsmittel eingelegt. Die erste Möglichkeit ist sehr unwahrscheinlich: Das weltliche Gericht hatte keinen Grund, der im Notariatsinstrument wiedergegebenen Entscheidung ein weiteres Urteil folgen zu lassen. Nachdem Fust den Eid geleistet und Gutenberg eine Abrechnung vorgenommen hatte (falls Gutenberg nicht abgerechnet haben sollte: nach Ablauf einer gewissen Frist), war eindeutig, wie viel Fust von Gutenberg verlangen durfte. Ein Gerichtsverfahren vor dem weltlichen Gericht dürfte auch nicht nahezu neunzig Jahre gedauert haben. Was die zweite Möglichkeit betrifft, so war durch die Satzung vom 13.7.1449 ausge-

---

21 Deutsche Übersetzung nach Nemirovskij (2003), S. 172: „Doch in langer Zeit wurde die Sache durch einen wortreichen Prozess hingeschleppt und hängt heute noch unentschieden im Busen des Richters.“ Hoffmann (1993a), S. 309 zitiert die folgende Übersetzung (im Anschluss an Wetter 1836, S. 269): „Allein lange Zeit hindurch ist die Sache in scherzhaftem Streit geführt worden, und sie ist noch heute vor Gericht anhängig“. Die Übersetzung „wortreich“ (für „dicaci“) durch Nemirovskij ist angemessen, da der Streit sicher alles andere als „scherzhaft“ geführt wurde. „Dicax“ bedeutet zwar in erster Linie „von beißendem Witz, satirisch, schnippisch“, ursprünglich aber „beredt“ (Haas/von Kienle 1952, S. 153). Das Wort „dicaci“ könnte sich auf eine Wendung im Notariatsinstrument beziehen, in dem es heißt: „Wie dan solch ansprach, antwurt, widderred vnd nachrede mit den *vnd viel andern worten* geludet hait“ (Z. 47 f.; Hervorhebung vom Verfassser). Möglicherweise hat Johannes Arnold den Text des Notariatsinstruments vor Augen gehabt (vgl. Dziatzko 1889, S. 5) und die Wendung von den „viel andern worten“ durch „dicaci“ wiedergegeben. Wenn im Notariats--instrument davon die Rede ist, die Parteien hätten noch viele Worte gemacht, bevor das Gericht sein Urteil gesprochen habe, so lässt die Wendung allerdings nicht auf einen besonders wortreichen und vielleicht auch langwierigen Prozess schließen, sondern bringt lediglich zum Ausdruck, dass es außer Klage, Antwort, Widerrede und Nachrede noch weitere Äußerungen der Parteien gegeben hat. Die Wendung bildet eine Formel, die so oder ähnlich auch in anderen gerichtlichen Entscheidungen des späten Mittelalters zu finden ist; vgl. z.B. Schlosser (1971), S. 389.

22 Widmann (1972), S. 259 f. bezeichnet das Gedicht pauschal als untaugliche Quelle. Bechtel (1992), S. 395 nennt die Nachricht „douteuse et tardive“. Bockenheimer (1900), S. 100 und Estermann (2002), S. XIV, Letztere unter Berufung auf Hoffmann (1993a), S. 309, stellen dagegen fest, die gerichtliche Auseinandersetzung habe sich über den Tod der Gegner hinausgezogen. Die genannten Autoren scheinen das Gedicht insofern als glaubwürdig einzuschätzen.

23 Estermann (1999), S. 31.

schlossen, dass eine Partei sich an den Rat der Stadt wandte.[24] Und selbst wenn ein solches Verfahren erlaubt gewesen wäre und im vorliegenden Fall tatsächlich durchgeführt worden sein sollte, wäre es spätestens am 28.10.1462 beendet worden, als Erzbischof Adolf II. von Nassau die Stadt eroberte und sie ihrer wesentlichen Privilegien beraubte. Danach waren Rechtsmittel nur beim Erzbischof erlaubt.[25] Die Verse des Johannes Arnold bilden demnach keine ausreichende Grundlage für die Annahme, das Verfahren Fust gegen Gutenberg sei mit dem im Notariatsinstrument wiedergegebenen Urteil nicht beendet worden. Die überlieferte Entscheidung ist ein Endurteil.

3. Verfahrensrechtliche Einschätzung des Urteils

Häufig wird die Auffassung vertreten, das Urteil sei für Gutenberg ungünstig gewesen, er habe den Prozess verloren.[26] Zahlreiche Autoren sind darüber hinaus der Ansicht, das Gericht habe ein Urteil „gegen" Gutenberg gesprochen, weil die Richter „furchtsam" oder aus anderen Gründen befangen gewesen seien.[27] Im mittelalterlichen deutschen Gerichtsverfahren wurde das Beweisvorrecht in der Regel derjenigen Partei zuerkannt, die von der Sache her am ehesten in der Lage war, Beweis zu erbringen, und die zur Beweisführung auch bereit war.[28] Ausnahmsweise griffen spezifische Beweisregeln ein. Eine solche Ausnahme lag zum Beispiel vor, wenn ein Kläger, wie hier, vom Beklagten Zinsen verlangte.[29] In einem derartigen Fall erhielt der Kläger das Recht, seine Behauptung durch Eid zu beweisen. Was die Feststellung Fusts angeht, er habe Gutenberg die Zinsen nicht erlassen, so entsprach es dieser Regel, Fust das Beweisvorrecht einzuräumen.

Fust hatte in der Klage nicht nur eine Forderung geltend gemacht, sondern auch ein Beweismittel, den „Zettel", eine Urkunde, benannt. Der Beklagte hatte das Recht, sich durch einen einfachen Unschuldseid (Reinigungseid) von der Klage zu befreien, falls der Kläger eine „schlichte Klage" erhoben, das heißt

---

24 Vgl. S. 38.

25 Vgl. Schrohe (1920), S. 60; Müller (1978), S. 85.

26 Vgl. z.B. Lülfing (1969), S. 86; Kind/Rohlfing (1995), S. 70, 72; Schmitz (2001), S. 23.

27 Vgl. S. 22 Anm. 58.

28 Vgl. S. 48.

29 Vgl. Kornblum (1960), S. 37 f. und 88 mit weiteren Nachweisen Anm. 24; Planitz/Eckhardt (1961), S. 231; Fellinger (1975), S. 36. Weitere Ausnahme: die Klage des Gastwirtes um „Garkost". Fellinger (1976), S. 36 ff. macht allerdings darauf aufmerksam, dass diese Ausnahmen im Recht des Stadtgerichts Butzbach (15. Jahrhundert) nicht nachweisbar sind; ähnlich Schüngeler (1973), S. 35 im Hinblick auf das Stadtrecht von Babenhausen.

kein Beweismittel benannt hatte.[30] Um dies zu verhindern, konnte der Kläger bei Klageerhebung ein eigenes Beweismittel anführen. So war dem Beklagten der Unschuldseid verwehrt.[31] Dies erklärt, warum das Gericht Gutenberg das Recht auf einen Unschuldseid nicht zugewiesen hat.

Etwas anderes gilt im Hinblick auf die Streitpunkte, die sich auf das gemeinsame Unternehmen bezogen: Gutenbergs Behauptung, er habe Geld aus eigenen Mitteln in das gemeinsame Unternehmen investiert, und die Feststellung Fusts, Gutenberg habe nicht alles für das Unternehmen empfangene Geld für diesen Zweck verwendet. Gutenberg musste am besten wissen, wie viel er für das Unternehmen ausgegeben hatte. Auch hatte er bei Gericht den Antrag gestellt, zum Zwecke des Beweises abrechnen zu dürfen. Auf Grund des Gesellschaftsvertrages war er ohnehin zur Abrechnung verpflichtet. Dies alles sprach dafür, das Beweisvorrecht Gutenberg einzuräumen. Das Gericht hat die Beweisrollen demnach so verteilt, wie es dem damaligen Verfahrensrecht entsprach. Gutenberg hat den Prozess auch nicht verloren. Dies wäre nur der Fall gewesen, wenn die Beweisvorrechte allein *Fust* zugewiesen worden wären. Erst recht nicht kann davon gesprochen werden, das Gericht sei parteilich gegen Gutenberg vorgegangen.

4. Bewertung des Urteils nach materiellem Recht

Was den von Fust geltend gemachten Zinsanspruch betrifft, so räumte das Gericht *Fust* das Beweisvorrecht ein.[32] Das Gericht setzte voraus, dass er auf seinen Zinsanspruch Gutenberg gegenüber *nicht* verzichtet hatte. Ob dies tatsächlich zutrifft, ist aus heutiger Sicht unklar. Sollte Fust die im Kreditvertrag vereinbarten Zinsen später erlassen haben (was eher unwahrscheinlich ist), wurde Gutenberg durch das Urteil in einer Weise belastet, die über die mit Fust getroffenen Regelungen hinausging. Die Entscheidung hätte dann insofern dem materiellen Recht, hier: dem Darlehensvertrag in Verbindung mit einem späteren Zinserlass, nicht entsprochen. Selbst in diesem Fall ließe sich dem Gericht jedoch nicht Parteilichkeit vorwerfen. Denn die Beweislage war für Gutenberg

---

[30] Vgl. Planck (1879), S. 108 ff.; Hallein (1891b), S. 49.

[31] So auch im Hinblick auf die Oberhöfe Ingelheim und Neustadt an der Weinstraße: Erler (1981a), S. 119; in Bezug auf Ingelheim vgl. Gudian (1968), S. 251.

[32] Durch die folgenden Darlegungen soll auch die Frage beantwortet werden, ob sich das weltliche Gericht (auch) von materiell-rechtlichen Erwägungen hat leiten lassen; vgl. S. 49 f. Wenn sich ergeben sollte, dass die Entscheidungen des Gerichts mit dem materiellen Recht übereinstimmen, spricht dies dafür, dass entsprechende Erwägungen im Urteil ihren Niederschlag gefunden haben.

ungünstig: Fust konnte den Zinsanspruch mit Hilfe eines schriftlichen Dokuments, des „Zettels", belegen, während Gutenberg nichts in der Hand hatte.

Im Hinblick auf das gemeinsame Unternehmen war umstritten, ob Gutenberg aus eigenen Mitteln etwas investiert oder ob er einen Teil der Einlage Fusts für andere Zwecke verwendet hatte. Das Gericht entschied: Falls sich bei der Abrechnung ergeben sollte, dass Gutenberg aus eigenen Mitteln etwas beigesteuert hatte, stand ihm ein Erstattungsanspruch zu. Diesen Anspruch hat das Gericht Gutenberg deshalb zugebilligt, weil es voraussetzte, dass Fust nach dem Gesellschaftsvertrag, der dem gemeinsamen Unternehmen zu Grunde lag, verpflichtet war, das „Werk der Bücher" *vollständig* zu finanzieren, wie Gutenberg dies in seiner Antwort auf die Klage festgestellt hatte.[33] Diese Voraussetzung dürfte dem Gesellschaftsvertrag entsprochen haben: Gutenberg hat Fust in das Unternehmen wohl deshalb einbezogen, weil er in vollem Umfang auf dessen Geld angewiesen war. Was den möglichen Fall betrifft, dass Gutenberg einen Teil des für die Gesellschaft bestimmten Geldes nicht für diesen Zweck verwendet hatte, so legte das Gericht fest, dass Gutenberg den entsprechenden Betrag zurückzahlen musste. Auch diese Entscheidung entsprach dem Gesellschaftsvertrag: Gutenberg durfte die Einlage Fusts selbstverständlich nur für das gemeinsame Unternehmen verwenden und musste deshalb das „zweckentfremdete" oder nicht verbrauchte Geld wieder herausgeben.

Das Beweisvorrecht in Bezug auf die beiden Streitpunkte, die das gemeinsame Unternehmen betrafen, erhielt *Gutenberg* zugesprochen: Er durfte eine Abrechnung vornehmen. Das Gericht ist wohl davon ausgegangen, dass Gutenberg in der Sache Recht hatte. Wie bereits dargelegt, sprach für die Richtigkeit von Gutenbergs Behauptung die Tatsache, dass er selbst den Antrag gestellt hatte, abrechnen zu dürfen.[34] Die gegenteilige Feststellung Fusts war zudem, wie ebenfalls bereits ausgeführt,[35] unglaubwürdig: Wenn Fust davon überzeugt war, dass Gutenberg einen Teil der Einlage Fusts „veruntreut" hatte, hätte er diesen Vorwurf wohl in die *Klage* aufgenommen. Fust hat den „Untreuevorwurf" jedoch erst in dem Teil der Verhandlung vorgebracht, der im Notariatsinstrument nicht wiedergegeben ist – und dies auch nur, nachdem er hatte einräumen müssen, dass er die später gezahlten 800 Gulden nicht als Kredit, sondern als Einlage in die Gesellschaft geleistet hatte. Dies musste beim Gericht den Verdacht erwecken, dass auch die zweite Behauptung falsch war. Es ist daher gut nachvollziehbar, dass das Gericht im Hinblick auf die beiden das gemeinsame Unternehmen betreffenden Streitpunkte nicht Fust, sondern Gutenberg das

---

33 Die in Gutenbergs Antwort enthaltene detaillierte Aufzählung der Kosten, die Fust nach dem Gesellschaftsvertrag tragen musste, ist umfassend; alle wesentlichen Kostenfaktoren werden genannt, die übrigen durch „etc." angedeutet.

34 Vgl. S. 88.

35 Vgl. S. 89 ff.

Beweisvorrecht zugesprochen hat. Insgesamt geht das Urteil wohl nicht über das hinaus, was Gutenberg und Fust vertraglich festgelegt hatten. Auch unter materiell-rechtlichen Gesichtspunkten ist das Gericht unparteilich vorgegangen.

5. Die Eidesleistung und die Abrechnung

Im Eid beschwor Fust, dass er 1550 Gulden gegen Zinsen (6 % jährlich) geliehen und Gutenberg übergeben hatte.[36] Weiter heißt es: Der Teil der 1550 Gulden, den Gutenberg laut (noch vorzunehmender oder bereits vorgenommener) Abrechnung *nicht* für das gemeinsame Unternehmen verwendet hatte, sei von ihm zu verzinsen. Auffällig ist, dass Fust im Eid nicht, wie noch in der Klage, 1600, sondern nur 1550 Gulden nannte (Z. 59 f.):[37]

> „Ich Johannes Fust han ußgenummen sechczendehalp hundert gulden, die Johann Gutenberg worden […] sint."

Zu unterscheiden ist zwischen dem Betrag, den Fust an Gutenberg gezahlt hatte (1600 Gulden), und dem Teil davon, den er als Kredit aufgenommen hatte (1550 Gulden). Einen kleinen Teil des Gutenberg gezahlten Kredits (50 Gulden) muss Fust aus eigenen Mitteln geleistet haben. Da Fust gemäß dem Urteil Zinsen nur insoweit verlangen durfte, als er das Geld selbst gegen Zinsen geliehen hatte, gab er im Eid 1550 Gulden an und korrigierte damit seine in der Klage aufgestellte Behauptung, er habe 1600 Gulden gegen Zinsen als Kredit aufgenommen.[38]

Der Betrag von 1550 Gulden setzte sich aus zwei Posten zusammen: dem Betrag, den Gutenberg für das gemeinsame Unternehmen verwendet hatte, und dem nicht für das Unternehmen verbrauchten Geld. Der nicht verwendete Betrag sollte gemäß dem Urteil als Darlehen behandelt und verzinst werden. Der Eid stimmt mit einem *Teil* des Urteils überein – der Entscheidung nämlich, die sich auf den möglichen Fall bezog, dass Gutenberg einen Teil des für das Unternehmen bestimmten Geldes *nicht* für diesen Zweck verwendet hatte. Der mögliche Fall, dass Gutenberg aus eigenen Mitteln Geld in das Unternehmen investiert

---

36 Zur Eidesleistung vgl. S. 54 ff.

37 Übersetzung: „Ich, Johannes Fust, habe mir 1550 Gulden geliehen, die dem Johannes Gutenberg übergeben […] wurden."

38 In diesem Sinne bereits Menn (1941), S. 24 f., der freilich auch die Möglichkeit in Betracht zieht, dass „Fust in seiner Klage mit der Behauptung, dass er das Kapital gegen Zinsen aufgenommen habe, etwas zu sehr in Bausch und Bogen gerechnet" hat (S. 25). Corsten (1979), S. 60 stellt fest, Fust habe sich korrigieren können, da er in der Klage die Zusätze „vngeuerlich" und „zu guter rechnung" benutzt habe.

hatte, wurde von Fust nicht ausdrücklich angesprochen. Nach dem Urteil war aber klar, dass Gutenberg diesen Betrag mit dem von ihm zurückzuzahlenden Kredit (800 Gulden) verrechnen durfte und dann nur für den Restbetrag Zinsen zahlen musste. Durch die Eidesleistung bewies Fust, dass er den Kredit selbst gegen Zinsen aufgenommen hatte. Nun konnte er 6 % Zinsen jährlich von Gutenberg verlangen. Erst in Verbindung mit Gutenbergs Abrechnung ergab sich allerdings, wie hoch der zu verzinsende Betrag war.

Die Auffassung, Gutenberg habe zur Zeit des Prozesses noch nicht abgerechnet,[39] weil die von ihm im Prozess abgegebene Erklärung sonst überflüssig gewesen wäre, ist fragwürdig. Gutenberg hat im Prozess nicht einfach angekündigt, er werde demnächst erstmals abrechnen. Er stellte vielmehr den Antrag, das Gericht möge eine Abrechnung *als Beweismittel* zulassen. Der Antrag ist insofern nicht aussagekräftig. Ein anderer Grund spricht jedoch dafür, dass Gutenberg vor dem Gerichtsverfahren noch nicht abgerechnet hatte. Fust vertrat in der Klage die Auffassung, er habe Gutenberg einen Kredit gezahlt, mit dessen Hilfe Kosten für den Bibeldruck zu bestreiten waren, und verlangte deshalb die Rückzahlung des Geldes. Erst in einem späteren Teil der Verhandlung (der im Notariatsinstrument nicht wiedergegeben ist) räumte er ein, dass er auf Grund eines Gesellschaftsvertrages verpflichtet war, diese Kosten zu tragen. Zunächst wollte Fust von Gutenberg nicht eine Abrechnung, sondern die Rückzahlung des für das gemeinsame Unternehmen gezahlten Geldes. Bevor Fust einräumte, er sei verpflichtet, für die gesamten Kosten aufzukommen, war er mit Sicherheit nicht bereit, von Gutenberg eine Abrechnung entgegenzunehmen.

Die Frage, ob Gutenberg die im Prozess beantragte Abrechnung *nach* dem Urteil tatsächlich vorgenommen hat, dürfte zu bejahen sein. Denn Gutenberg hatte ein starkes Interesse daran, abzurechnen. Schließlich hatte er bei Gericht das Recht beantragt (und auch erhalten), abrechnen zu dürfen.[40] Hätte Gutenberg nicht abgerechnet, wäre es ihm unmöglich gewesen, den Betrag, den er (angeblich) aus eigenen Mitteln in das gemeinsame Unternehmen investiert hatte, von Fust erstattet zu verlangen. Zudem war Gutenberg auf Grund des Gesellschaftsvertrages zur Abrechnung verpflichtet.

Die weitere (und weniger bedeutsame) Frage, ob Gutenberg die Abrechnung *nach* dem Urteil und *vor* der Eidesleistung oder erst später vorgenommen hat, wird in der Gutenbergforschung unterschiedlich beantwortet. Stammler hält beide Zeitpunkte für möglich.[41] Menn stellt – gegen Dziatzko[42] – fest, der Wort-

---

39 Vgl. Dziatzko (1889), S. 92. Die Begründung, Gutenberg scheine die Abrechnung hinausgeschoben und verabsäumt zu haben, entbehrt allerdings jeder Grundlage; vgl. Juchhoff (1951), S. 11.

40 Vgl. Schaab (1830), S. 318.

41 Vgl. Stammler (1912), S. 19.

laut des Eides („das sich in rechnung erfindet", Z. 63) erlaube keine Schlussfolgerung.[43] Blum ist dagegen der Auffassung, Gutenberg habe zum Zeitpunkt der Eidesleistung noch nicht abgerechnet, weil Fust sonst den Betrag, der sich bei der Abrechnung ergeben hatte, im Eid genannt hätte.[44] Falls Gutenberg vor der Eidesleistung abgerechnet hatte, war es nicht naheliegend, dass Fust in der Eidesleistung einen Geldbetrag anführte. Der Wortlaut des Eides lässt die Möglichkeit zu, dass Gutenberg bereits abgerechnet hatte, zumal eine rasche Abrechnung in seinem Interesse lag, weil er den von ihm behaupteten Erstattungsanspruch nicht geltend machen konnte, ohne abgerechnet zu haben. Allerdings musste auch Fust sich beeilen, den Eid zu leisten, weil er einen großen Betrag von Gutenberg erlangen wollte und er dieses Geld erst nach erfolgter Eidesleistung fordern konnte. Vielleicht war Fust schneller als Gutenberg, beides ist möglich. Gutenberg dürfte die Abrechnung, ebenso wie Fust die Eidesleistung, nicht vor Gericht oder einem Richter, sondern vor einem Notar, der vielleicht auch Gerichtsschreiber war (Helmasperger),[45] vorgenommen haben.

Was die Frage betrifft, wie viel Gutenberg an Fust zahlen musste, nachdem Fust den Eid geleistet und Gutenberg abgerechnet hatte, so war Gutenberg sicher verpflichtet, 800 Gulden zu leisten, die er als Kredit empfangen hatte. Bei der Abrechnung hat Gutenberg dann wohl dargelegt, dass er aus eigenen Mitteln Geld in das gemeinsame Unternehmen investiert hatte.[46] Diesen Betrag durfte er mit den 800 Gulden verrechnen. Den Restbetrag musste er mit 6 % jährlich verzinsen.[47]

---

42 Dziatzko (1902a), S. 998 Anm. 1 stellt fest, Gutenberg habe bereits vor der Eidesleistung abgerechnet; anders noch Dziatzko (1889), S. 22.

43 Vgl. Menn (1941), S. 13.

44 Vgl. Blum (1954), S. 45.

45 Vgl. S. 46.

46 Vgl. S. 88.

47 Laut Klage beliefen sich die Zinsen für 800 Gulden auf 250 Gulden. Die von Gutenberg zu leistenden Zinsen umfassten also wohl einen geringeren Betrag.

F. Gab es unbekannte Klageartikel und Urteile?

1. Einführung

An einigen Stellen im Notariatsinstrument wird vorausgesetzt, dass Fusts Klage mehr als einen „Artikel" zum Inhalt hatte. Deshalb wird allgemein die Auffassung vertreten, die Klage habe zwei oder mehr Artikel umfasst, von denen im Notariatsinstrument nur der erste mitgeteilt werde. Außer dem in diesem Dokument wiedergegebenen Urteil habe das Gericht noch mindestens eine weitere Entscheidung getroffen, die sich auf den unbekannten Artikel beziehe. Wenn man dieser Auffassung folgt, ist der Schluss unumgänglich, dass es nicht möglich ist, den Streit zwischen Gutenberg und Fust umfassend zu rekonstruieren. Der Zufall der Überlieferung könnte es sogar mit sich gebracht haben, dass den im Notariatsinstrument wiedergegebenen Streitpunkten im Hinblick auf den gesamten Konflikt nur geringe Bedeutung zukommt. Deshalb ist es von besonderer Dringlichkeit, die Frage der Klageartikel gründlich zu untersuchen.

2. Die bisher vertretenen Auffassungen

Arthur Wyss war der Ansicht, es sei nicht zweifelhaft, dass „in unbekannten weiteren Klageartikeln das ‚Werk der Bücher', d.h. die mit dem beschafften Apparat geplante, bezw. durchgeführte Herstellung bestimmter Druckwerke, sowie das Eigentumsrecht daran, eine Rolle gespielt hat".[1] Rudolf Blum[2] vertrat ebenso wie Walter Menn[3] und Aloys Ruppel[4] die Auffassung, nicht sicher sei, ob die weiteren Artikel überhaupt etwas mit dem Druckunternehmen zu tun gehabt hätten.[5] Guy Bechtel ist dagegen der Ansicht, Fust habe in einem der zusätzlichen, unbekannten Artikel Gutenberg vorgeworfen, einen Teil der Ein-

---

1 Vgl. Wyss (1890), S. 410 f.

2 Vgl. Blum (1954), S. 53.

3 Vgl. Menn (1941), S. 13 f.

4 Vgl. Ruppel (1947), S. 96, 101 und 107; vgl. auch Ruppel (1971), S. 743.

5 Die folgenden Autoren stellen ebenfalls fest, dass Fust weitere, unbekannte Artikel formuliert hat, ohne eine Begründung für ihre Auffassung zu geben oder darzulegen, welchen Inhalt diese Klagepunkte gehabt haben könnten: Dziatzko (1889), S. 20 f.; Dziatzko (1902a), S. 994 f.; Hartwig (1900), S. 264 und 269; Schorbach (1900), S. 264; Stammler (1912), S. 18; Juchhoff (1951), S. 12; Geldner (1954), S. 98; Ruppel (1971), S. 743; Corsten (1979), S. 59; Corsten (1980), S. 73; Corsten (1991), S. 82 und 438; Corsten (1996), S. 268; Kind/Rohlfing (1995), S. 72; Galantaris (2004), S. 44 f.

lage Fusts in die Gesellschaft veruntreut zu haben.[6] Leonhard Hoffmann vermutet, Fust habe in einem weiteren Artikel fünfzig Prozent der Druckkosten von Gutenberg verlangt.[7]

Daneben sind aber auch grundsätzlich abweichende, in der Gutenbergforschung bisher jedoch kaum beachtete Äußerungen zu verzeichnen.[8] So stellte August Ernst Umbreit fest:

> „er [Fust; Verfasser] bezieht sich hierbei auf den ‚ersten artickel myner ansprach'; in diesem ersten Artikel seiner Ansprache bezieht er sich auf das schriftliche Document ihres Vertrags, ‚als in dem Zettel ihres Uberkummens begriffen sy'; in diesem Vertrage wird aber das Verhältniß ganz bestimmt angegeben."[9]

Folgt man Umbreit, so umfasst der erste Klageartikel allein die Forderung Fusts auf Rückzahlung des „ersten" Kredits (800 Gulden). Der Anspruch auf Zahlung von weiteren 800 Gulden war demnach in einem zweiten Artikel enthalten. Weitere Artikel muss es dann nicht gegeben haben. Ausdrücklich und in aller Deutlichkeit wurde diese Position von Rudolf Thiel vertreten: Die Klage sei im Notariatsinstrument *vollständig* dokumentiert.[10] Das Urteil werde im Notariatsinstrument wörtlich zitiert. Nirgendwo sei erkennbar, dass etwas ausgelassen wurde. Der erste Artikel beziehe sich auf die erste Forderung auf Rückzahlung eines Darlehens, der zweite Artikel auf den Anspruch aus dem von Fust behaupteten zweiten Darlehensvertrag. Es würde zu weit führen, diesen und anderen hier nicht im Einzelnen dargestellten Auffassungen zur Artikel-Frage weiter nachzugehen. Allein schon die Vielzahl der vertretenen Positionen lässt vermuten, dass das Problem nur mit Hilfe eines neuen Ansatzes gelöst werden

---

6 Vgl. Bechtel (1992), S. 393.

7 Vgl. Hoffmann (1993a), S. 309; vgl. auch Hoffmann (1983), S. 474 f.

8 Schaab (1830), S. 171 konstatierte, die im Notariatsinstrument überlieferte Klage habe „Klagepunkte" zum Inhalt gehabt. Damit setzte Schaab voraus, dass die Klage zwei oder mehr Punkte und damit wohl auch zwei oder mehr Artikel umfasste. Da Schaab an keiner Stelle feststellte, es habe weitere, unbekannte Klagepunkte (Artikel) gegeben, könnte er davon ausgegangen sein, dass die Klage im Notariatsinstrument vollständig überliefert ist. Allerdings sprach er auf S. 315 von den „Hauptpunkten" der Klage, die in der Urkunde mitgeteilt seien. Demzufolge müsste es noch weitere, wenn auch nebensächliche Klagepunkte gegeben haben.

9 Vgl. Umbreit (1843), S. 80.

10 Vgl. Thiel (1939), S. 67. Auffallend ist, dass Stammler (1912), S. 18 nach dem „ersten Posten" bzw. dem „ersten Klageposten" (das heißt der ersten Forderung auf Rückzahlung eines Kredits in Höhe von 800 Gulden) und den „an zweiter Stelle" geforderten 800 Gulden unterschied. Dies scheint dafür zu sprechen, dass sich die Klage seiner Auffassung nach aus zwei Artikeln zusammensetzte. Im Folgenden stellte Stammler jedoch fest, das Gerichtsurteil werde in dem erhaltenen Aktenstück „nur zum Teil angegeben". Der genannte Autor war also der Ansicht, es habe weitere, unbekannte Klageartikel gegeben.

kann. Im Folgenden wird der Wortlaut des Notariatsinstruments genauer, als dies bisher geschehen ist, analysiert, wobei auch der zeitgenössische Sprachgebrauch der weltlichen und der geistlichen Gerichte ausgewertet wird.

3. Die eigene Auffassung

a) Der Terminus „Artikel"

Das Wort „Artikel" gehört zur mittelalterlichen Urkundensprache und bezeichnet den Abschnitt oder die Abteilung innerhalb längerer Darlegungen sowie den Inhalt derartiger Abschnitte.[11] So heißt es am Ende des Notariatsinstruments (Z. 72): „by allen obgemelten punten vnd artickeln".[12] Diese Einteilung in Artikel bezieht sich auf das Notariatsinstrument insgesamt und bezeichnet zum Beispiel die Klage Fusts, Gutenbergs Antwort, das Urteil und die Eidesleistung. Im Hinblick auf das Verfahren gegen Gutenberg ist allein von Bedeutung, welche Teile einer *Klage* „Artikel" genannt werden konnten. Es wäre nicht sinnvoll gewesen, einen Absatz oder Abschnitt innerhalb einer Klage mit diesem Wort zu bezeichnen, weil die Klage mündlich vorgetragen wurde. Der Begriff des Artikels muss sich auf die inhaltliche Gliederung der Klage beziehen.

Fust hat eine Schadensklage erhoben.[13] Er machte einen einzigen Schaden (2020 Gulden) geltend. Dies spricht dafür, dass die im Notariatsinstrument wiedergegebene Klage *einen* Artikel umfasste. Bei genauerem Hinsehen zeigt sich

---

11 Vgl. Deutsches Rechtswörterbuch, Bd. 1 (1914 – 1932), S. 835. Im Hinblick auf ältere Urkunden heißt es im Wörterbuch der mittelhochdeutschen Urkundensprache auf der Grundlage des Corpus der althochdeutschen Urkunden bis zum Jahr 1300, Bd. 1 (1994), S. 131, dass das Wort „artikel" den gekennzeichneten Abschnitt in einem Rechtstext bzw. die darin enthaltenen Bestimmungen bezeichnete.

12 Die Wendung „punkt und artikel" (auch: „stuck und artikel") wird von Matzinger-Pfister (1972), S. 10, 105 ff., 145 ff. unter Anführung zahlreicher Beispiele gründlich untersucht. Danach bildet das Wort „Punkt" ursprünglich eine erläuternde Übersetzung des Wortes „Artikel", das als Fremdwort aus dem Lateinischen übernommen worden sei. Später habe sich „Artikel" als Lehnwort eingebürgert, die (dann eigentlich überflüssig gewordene) Übersetzung „Punkt" sei jedoch mechanisch weitergegeben worden. Im 15. Jahrhundert habe die Wendung starke Verbreitung gefunden. Es seien damit „alle Bestimmungen einer Urkunde schlechthin" bezeichnet worden; vgl. Matzinger-Pfister (1972), S. 109. Zur Verwendung von Paarformeln, die dazu dienten, neue Termini in der deutschen Rechtssprache einzubürgern, vgl. auch Schmidt-Wiegand (1977b), S. 233 f. Ein Beispiel für die Wendung ist auch in der Urkunde zu finden, durch die Erzbischof Adolf II. von Nassau Gutenberg zu seinem Hofmann ernannte (14.1.1465): „Alle obgeschribben stugke, puncte vnd artigkel"; vgl. Kapr (1988), S. 258.

13 Vgl. S. 59 f.

jedoch, dass Fust in der Klage einen deutlichen Unterschied machte: Eine erste Forderung samt Anspruch auf Zinsen und Ersatz von Verzugsschaden begründete er mit einem schriftlichen Darlehensvertrag, eine zweite mit einem später geschlossenen, mündlichen Darlehensvertrag. Fust erhob auch nicht eine gewöhnliche Schadensklage. Er begründete die Höhe seiner Forderung im Einzelnen genau und beschränkte die geforderte Summe auf den angeblich nachweisbaren Schaden. Einen zusätzlichen Betrag (wie dies bei Schadensklagen sonst üblich war) hat er nicht verlangt. Es handelte es sich also nur formell um eine Schadensklage. Ein Klageartikel dürfte daher nicht alle Punkte umfasst haben, die in der Klage angesprochen wurden. Als Artikel könnten die einzelnen Streitpunkte bezeichnet worden sein,[14] und das heißt: die Forderungen, die sich, allgemein und etwas ungenau ausgedrückt, auf einen Sachverhaltskomplex, hier: auf einen Vertrag, bezogen haben. Fust sprach zwei Verträge an, einen schriftlichen Darlehensvertrag und einen weiteren, mündlich geschlossenen Darlehensvertrag. Die Klage hat also möglicherweise *zwei* Artikel zum Inhalt gehabt. Um diese Vermutung zu überprüfen, sollen im Folgenden die Stellen des Notariatsinstruments analysiert werden, in denen von „Artikeln" gesprochen wird – in der Reihenfolge, in der sie im Notariatsinstrument zu finden sind.

b) Helmaspergers Bezugnahme auf das Urteil

Helmasperger stellte fest, Fust habe erklärt (Z. 20 ff.), er sei

> „wolfertigk, dem rechtspruch vber den ersten artickel siner ansprach gescheen noch inhalt des selben gnung zu thun, den er von wort zu wort alsdo ließ lesen mitsampt der clage vnd entwert."[15]

Die zitierte Passage bringt zum Ausdruck, dass Fust das Urteil, das den ersten Artikel betraf, wörtlich verlesen ließ. Das im Notariatsinstrument wiedergegebene Urteil (Z. 48 ff.) bezieht sich dann nur auf den ersten Artikel der Klage, so dass es mindestens einen weiteren, unbekannten Artikel und ein darauf bezogenes Urteil gegeben haben muss. Diese Interpretation ist jedoch nicht zwingend. Einmal angenommen, das Urteil zum ersten Artikel sei nur *der* Teil des Urteils, in dem das Gericht Fust das Recht zur Eidesleistung gab – in diesem Fall würde sich der erste Klageartikel auf den ersten, von Fust geltend gemachten Anspruch

---

[14] Vgl. Grimm'sches Wörterbuch, Bd. 11 (1984), Sp. 905: „KLAGARTIKEL, m. die einzelnen punkte einer klage, anklage: ‚ihr hörtet/ die klagartikel an, lieszt euch darüber/ vernehmen vor gerichte.' Schiller 412 (M. Stuart I, 7)".

[15] Übersetzung: „Er sei bereit, dem Rechtsspruch über den ersten Artikel seiner Klage entsprechend seinem Inhalt Genüge zu tun, den er alsdann wortwörtlich verlesen ließ – mitsamt der Klage und der Antwort."

auf Rückzahlung von 800 Gulden (samt Zinsen und Schadenersatzanspruch) beziehen. Die Erklärung Fusts, er sei bereit, dem Urteil über den ersten Artikel Genüge zu tun, indem er einen Eid leiste, wäre dann zutreffend. Allerdings wäre eine Unstimmigkeit festzustellen: Fust hätte nicht nur einen Teil des Urteils, nämlich den Teil über den ersten Artikel, verlesen lassen, sondern auch einen weiteren Teil, der sich auf den zweiten Artikel bezog. Diese Unstimmigkeit lässt sich jedoch beheben, wenn angenommen wird, dass die zitierte Passage *zwei* Aussagen umfasst: Zum einen erklärte Fust sich bereit, dem Urteil über den *ersten* Artikel Genüge zu tun. Zum anderen wurde das *gesamte* Urteil, der *gesamte* Rechtsspruch wörtlich verlesen (Z. 21 f.):

> „den er von wort zu wort alsdo ließ lesen mitsampt der clage vnd entwert."

Das Wort „den" bezieht sich dann zwar grammatisch auf den „Rechtsspruch über den ersten Artikel", erfasst aber inhaltlich den gesamten Rechtsspruch. Die Feststellung, Fust habe das Urteil insgesamt verlesen lassen, wäre zutreffend. Für diese Interpretationsmöglichkeit sprechen die Worte „mitsampt der clage vnd entwert". Diese Wendung betrifft ebenfalls nicht ausdrücklich den ersten Artikel der Klage und den darauf bezogenen Teil der Antwort, sondern die Klage und die Antwort insgesamt. Fust erklärte sich demzufolge bereit, dem Urteil über den ersten Artikel Folge zu leisten, und er ließ Klage, Antwort sowie das gesamte Urteil verlesen. Welche der beiden Interpretationsmöglichkeiten zutreffend ist, muss an dieser Stelle offenbleiben.

c) Der Anfang von Fusts Klage: „zum ersten"

Der Bericht über die Klage beginnt mit den folgenden Worten (Z. 22 ff.):[16]

> „Vnd als dan Johan Fust dem obgenanten Johan Gutenberg zu gesprochen hait *zum ersten*, als in dem zettel irs vberkumme[n]s begriffen sy, das er Johan Gutenberg achthundert gulden an golde vngeuerlich verlegen."

Die Wendung „zum ersten" legt die Vermutung nahe, dass es einen zweiten Teil und möglicherweise noch weitere Teile der Klage gegeben hat. Diese Vermutung ist auf Grund der Stellung naheliegend, die der Wendung „zum ersten" hier zukommt: Sie steht *nach* den Worten: „zu gesprochen hait" und *vor* den Ausführungen Fusts, in denen dieser darlegt, wie der erste, von ihm geltend gemachte

---

16 Hervorhebung vom Verfasser; Übersetzung: „Und da nun Johannes Fust den obengenannten Johannes Gutenberg angeklagt hat: erstens, dass er, wie in dem schriftlichen Vertrag stehe, dem Johannes Gutenberg 800 Goldgulden […] redlich vorschießen sollte."

Anspruch auf Rückzahlung eines Kredits zustande gekommen ist. Weiter ist anzunehmen, dass der durch die Wendung „zum ersten" eingeleitete Teil der Klage mit dem ersten „Artikel" der Klage identisch ist.

Hier lässt sich freilich der folgende Einwand erheben: Im mittelalterlichen deutschen Gerichtsverfahren war der Beklagte erst nach der dritten (manchmal sogar erst nach der vierten) Ladung zum Erscheinen verpflichtet.[17] Der Kläger war daher gehalten, drei oder vier Mal zu klagen, wenn er sich vor Gericht durchsetzen wollte. Ein Beispiel aus dem Ingelheimer Hadernbuch (5.2.1389): „Item derselbe [Kläger; Verfasser] hat *sin irste clage* getan uff Goczin zum Frousch."[18] Ähnliche Beispiele finden sich in den Mainzer Gerichtsformeln.[19] Bezieht sich die Wendung „zum ersten" im Notariatsinstrument auf eine erste, und das heißt *erstmalig* vorgebrachte Klage (die dann vielleicht ein oder zwei Mal wiederholt werden musste, weil Gutenberg erst nach der dritten Ladung vor Gericht erschien)? Gegen diese Interpretationsmöglichkeit spricht, dass die zitierte Wendung wohl aus einem Gerichtsbrief verlesen wurde, den Fust sich hatte ausstellen lassen.[20] Es wäre überflüssig und daher sinnlos gewesen, in einer solchen Urkunde zu vermerken, dass es sich um die erstmals (und nicht um eine später) vorgebrachte Klage handelte. Wichtig war vielmehr allein, aus welchen Punkten die Klage im Einzelnen zusammengesetzt war. Auch ist nicht explizit von einer ersten Klage die Rede wie im zitierten Beispiel aus dem Ingelheimer Hadernbuch. Die Wendung „zum ersten" im Notariatsinstrument dürfte somit nicht eine erstmals erhobene Klage betreffen, sondern den ersten Teil von Fusts Klage. Da eine Wendung wie „zum zweiten", „zum anderen" o.ä. an einer späteren Stelle der Klage fehlt, drängt sich der Schluss auf, dass die im Notariatsinstrument wiedergegebenen Klagepunkte nur den ersten Artikel der Klage bildeten, so dass es mindestens einen weiteren Artikel gegeben haben muss, der im Notariatsinstrument nicht mitgeteilt wird. Um hier Klarheit zu gewinnen, sollen zeitgenössische Urteile daraufhin geprüft werden, welche Bedeutung der Wendung „zum ersten" beigelegt wird. Zahlreiche Beispiele für diese Wendung sind in der Leipziger Schöffenspruchsammlung zu finden:

- Einige Urteile enthalten Abschnitte, die durch die Worte „zum ersten" eingeleitet werden; es folgt mindestens ein weiterer Abschnitt, der mit den Worten „zum zweiten" o.ä. beginnt.[21]

---

17 Vgl. S. 50 f.

18 Vgl. Erler (1981b), S. 21 und 23.

19 Vgl. Hallein (1891a), S. 23 ff.

20 Vgl. S. 57.

21 Bezogen auf die Teile eines Urteils: Kisch (1919), Nr. 411 = S. 285 ff.; Nr. 416 = S. 292 f.; Nr. 496 = S. 349 ff.; die Teile einer Klage betreffend: Kisch (1919), Nr. 497 = S. 353 f.; Nr. 605 = S. 422 f.; Nr. 706 = S. 500 f. Ein Beispiel für eine aus mehreren Teilen zusammen-

- In manchen Entscheidungen ist die Wendung „zum ersten" am Beginn eines ersten Abschnitts enthalten; spätere Abschnitte werden durch Worte wie „darnach" und „hierauf" bezeichnet.[22]

- Schließlich sind Urteile nachweisbar, in denen die Wendung „zum ersten" vorkommt und in denen weitere Abschnitte folgen, die jedoch *nicht* gezählt oder auf andere Art und Weise sprachlich gekennzeichnet sind.[23]

Der Sprachgebrauch in den Leipziger Schöffensprüchen ist zwar nicht einheitlich. Es können aber Urteile nachgewiesen werden, in denen die Wendung „zum ersten" den Anfang längerer Darlegungen bezeichnet, *ohne* dass die folgenden Teile als solche gezählt oder auf andere Art und Weise sprachlich hervorgehoben werden. Ferner lassen sich ländliche Rechtsquellen aus dem Kurmainzer Rheingau anführen.[24] In einigen Fällen folgen den Abschnitten, die durch „zum ersten" eingeleitet werden, weitere Abschnitte mit der Wendung „zum zweiten" o.ä.[25] In anderen Entscheidungen heißt es an späterer Stelle lediglich „auch"[26] oder „item"[27]. Gelegentlich wird auf die Hervorhebung der folgenden Abschnitte sogar ganz verzichtet. Es heißt dann zum Beispiel: „Zum ersten" – „Eß soll auch" – „Eß sollen".[28]

Ein weiteres Beispiel dafür, dass der Beginn längerer Darlegungen durch die Wendung „zum ersten" markiert wird, *ohne* dass weitere Kennzeichnungen (Zählungen) folgen, bilden einige Urteile des Rates der Stadt Mainz, die in der „Mainzer Chronik" zitiert werden. Das erste Urteil beginnt mit den Worten: „Zum ersten: als die vor geschrieben gemeinde".[29] Die Wendung „zum ersten"

---

gesetzte Klage ist auch in den Mainzer Gerichtsformeln nachzuweisen (VI b); vgl. Hallein (1891a), S. 10. Der erste Teil der Klage wird durch die Wendung „zum ersten male" eingeleitet, es folgen weitere Teile der Klage, die mit den Worten „zum anderen male" und „zum dritten mall" beginnen.

22 Vgl. Kisch (1919), Nr. 413 = S. 289 ff. („zum ersten" – „Forder", bezogen auf zwei Urteile); Nr. 495 = S. 347 („zum ersten" – „Hierauf", bezogen auf verschiedene Teile einer Klage); Nr. 496 = S. 352 f. („zum ersten" – „Darnach" – „Darnach" – „Darnach", verschiedene Teile eines Urteils betreffend); Nr. 603 = S. 417 („zum ersten" – „Darnach" – „Darnach" – „Darnach", bezogen auf die Teile eines Urteils).

23 Vgl. Kisch (1919), Nr. 603 = S. 416 („Zum ersten" – zu Beginn einer Klage); Nr. 604 = S. 419 ff. („Zum ersten" – zu Beginn einer Antwort); Nr. 687 = S. 488 („Zum ersten" – zu Beginn einer Klage).

24 Vgl. Jeschke (2003).

25 Vgl. z.B. Jeschke (2003), S. 10.

26 Vgl. z.B. Jeschke (2003), S. 1 f., 121, 161 f.

27 Vgl. z.B. Jeschke (2003), S. 8 f., 19 f., 69 f., 132 f.

28 Vgl. Jeschke (2003), S. 147, ähnlich S. 189.

29 Vgl. Hegel (1968), S. 281, Z. 19.

bezieht sich hier auf das gesamte Urteil, weil sie *vor* dem Beginn des Urteils steht, das mit dem Wort „als“ eingeleitet wird. Die folgenden Urteile werden *nicht* durch entsprechende Wendungen („zum anderen“ o.ä.) eingeleitet. Die Worte „zum ersten“ markieren hier den Anfang längerer Darlegungen, die sich aus mehreren Teilen (hier: Urteilen) zusammensetzen, ohne dass an späterer Stelle entsprechende Wendungen eingefügt wurden. Schließlich soll noch das „Mainzer Friedgebot“ von 1335 angeführt werden:[30] Die Urkunde ist in Artikel gegliedert („vnd alle die artikele die hie nachgeschrieben steent“). Der erste Artikel wird durch die Worte „Zum ersten male“ eingeleitet, während die folgenden Artikel sprachlich nicht eigens hervorgehoben werden.[31]

Im Hinblick auf die im Notariatsinstrument benutzte Wendung „zum ersten“ sind demnach *zwei* Interpretationsmöglichkeiten vertretbar: Entweder gab es noch mindestens einen weiteren (unbekannten) Klageartikel und ein darauf bezogenes (ebenfalls unbekanntes) Urteil oder die Klage ist im Notariatsinstrument vollständig wiedergegeben. In diesem Fall umfasste die Klage zwei Artikel, das überlieferte Urteil bezog sich auf diese beiden Artikel.

d) Gutenbergs Antwort

In der Antwort auf die Klage stellte Gutenberg fest (Z. 44 ff.):[32]

> „So sin ym auch solch achthundert gulden nit alle vnd alßbalde noch Inhalt deß czettels worden, als er das in dem ersten artickel siner ansprach geme[l]det vnd furgewant hab, vnd von der uberigen acht hundert gulden wegen begert er ym ein rechnung zuthun.“

Gutenberg bezog sich zunächst allein auf die Forderung, die Fust in der Klage an erster Stelle geltend gemacht hatte, und sprach daher vom ersten Artikel der Klage. Anschließend ging er auf die „uberigen acht hundert gulden“ ein, die der

---

30 Das „Mainzer Friedgebot“, das erstmals aus dem Jahr 1300 überliefert ist, war eine Art Grundgesetz für Mainz: Eigenmächtige Gewaltanwendung, z.B. Totschlag und Körperverletzung, ja sogar das Tragen von Waffen, wurden mit Strafe bedroht; vgl. Dobras (2000), S. 77.

31 Vgl. Steffens (2005), S. 23 ff. Im gleichen Dokument ist eine weitere Artikel-Folge enthalten, die mit den Worten „zum ersten male“ beginnt, dann aber mit „zum anderen male“ fortgesetzt wird; Steffens (2005), S. 32 ff. Dr. Rudolf Steffens hat dem Verfasser durch schriftliche Mitteilung (14.8.2007) bestätigt, dass in Mainzer Urkunden der hier behandelten Zeit die Wendung „zum ersten“ zumeist gebraucht wird, *ohne* dass an späterer Stelle die Wendung „zum anderen“ o.ä. folgt.

32 Übersetzung: „So seien ihm auch diese [ersten] 800 Gulden nicht vollständig und sofort nach dem Inhalt des Schriftstückes ausgehändigt worden, wie er [Fust] das im ersten Artikel seiner Klage behauptet und vorgebracht habe; und die übrigen 800 Gulden betreffend wünsche er [Gutenberg] ihm Rechenschaft abzulegen.“

Kläger auf Grund des von ihm behaupteten zweiten Darlehensvertrages verlangt hatte. Sprachlich ist nicht zwingend, dass sich der erste Artikel allein auf die Forderung aus dem ersten Darlehensvertrag bezog, während die „übrigen 800 Gulden" im zweiten Artikel geltend gemacht wurden. Denkbar wäre, dass auch diese 800 Gulden im ersten Artikel angesprochen worden waren. Gleichwohl spricht einiges gegen diese Interpretationsmöglichkeit: Gutenberg unterschied deutlich zwischen den beiden Artikeln, weil es im Verfahren um zweimal 800 Gulden ging, was leicht zu einer Verwechslung führen konnte. Hätte Gutenberg mit dem ersten Artikel der Klage die gesamte im Notariatsinstrument wiedergegebene Klage bezeichnet, so hätte dies zu einer Unterscheidung nichts beigetragen. Indem sich Gutenberg auf den ersten Artikel bezog, bezeichnete er nur einen Teil der im Notariatsinstrument dokumentierten Klage, nämlich den Teil, in dem Fust die erste Forderung auf Rückzahlung eines Darlehens erhoben hatte.

Im Hinblick auf die beiden von Fust geltend gemachten Ansprüche verwendeten Gutenberg und Fust ähnliche Formulierungen. Fust sprach von „den ersten achthundert gulden" (Z. 30) einerseits und „den vberigen achthundert gulden" (Z. 33 f.) andererseits. Gutenberg bezog sich zunächst auf „solch achthundert gulden [...] noch Inhalt des czettels [...], als er das in dem ersten artickel siner ansprach geme[l]det" (Z. 44 f.) und sodann auf die „uberigen acht hundert gulden" (Z. 46). Diese Ähnlichkeit macht deutlich, dass der erste Artikel der Klage die Forderung umfasste, die Fust mit dem an erster Stelle genannten schriftlichen Darlehensvertrag begründete. Der zweite Artikel hatte die zweite von Fust geltend gemachte Forderung zum Inhalt, die Fust mit einem mündlichen Darlehensvertrag begründete und die ebenfalls im Notariatsinstrument wiedergegeben ist. Die hier untersuchte Passage aus Gutenbergs Antwort spricht somit für die Auffassung, wonach die im Notariatsinstrument wiedergegebene Klage zwei Artikel umfasste.

e) Fusts Eid

Im Eid, in dem Fust beschwor, dass er den Gutenberg gezahlten Kredit selbst gegen Zinsen aufgenommen hatte, heißt es: „noch lude deß ußspruchs uber der ersten artickel myner ansprach" (Z. 64). Diese Worte sind nicht eindeutig: Sie lassen sich mit der Auffassung vereinbaren, wonach die im Notariatsinstrument wiedergegebene Klage aus zwei Artikeln bestand. Der erste Artikel bezog sich dann auf den Darlehensvertrag und die umstrittene Zinsfrage. Der Teil des Urteils, in dem das Gericht Fust das Recht einräumte, einen Eid abzulegen, wäre dann der „ußspruch[s] uber der ersten artickel myner ansprach" (Z. 64). Möglich ist aber auch eine Interpretation, wonach die in der Urkunde dokumentierte Klage nur den ersten Artikel umfasste, so dass das überlieferte Urteil sich ebenfalls allein auf den ersten Artikel bezog. An zwei weiteren Stellen im Eid ist vom Urteil die Rede: „in einem zettel noch lude des rechtspruchs" (Z. 57) und „do von heischen ich ym den soldt noch lude des spruchs" (Z. 63). Auch diese Stellen sind nicht klar: Der Rechtsspruch, auf den hier Bezug genommen wird, kann im Notariatsinstrument vollständig überliefert sein; möglich ist aber auch, dass ein Teil des Urteils in der Urkunde nicht wiedergegeben ist.

f) Die Klageartikel Fusts und der römisch-kanonische Zivilprozess

Im römisch-kanonischen Zivilprozessrecht, das von den geistlichen Gerichten angewendet wurde, war der Begriff des Artikels von herausragender Bedeutung.[33] Der Kläger hatte seine Klage in einer Klageschrift, dem Klaglibell („libellus"), bei Gericht einzureichen.[34] In einem späteren Verfahrensabschnitt, nach der Ablegung des Kalumnieneides (durch den der Kläger versprach, das Verfahren wahrheitsgemäß und ohne Arglist zu betreiben), war der Kläger gehalten, sein Vorbringen in einzelne „Positionen" („positiones") zu gliedern, um dem Beklagten die Stellungnahme zu erleichtern. Wenn der Beklagte dem Inhalt einer Position widersprach, musste der Kläger „Artikel" („articuli") formulieren. Ein „Artikel" hatte *eine* tatsächliche Behauptung zum Inhalt, mit deren Hilfe der Kläger seine Forderung begründete.[35] Das Gericht machte den Inhalt des Artikels sodann zum Gegenstand der Beweisaufnahme.[36] Der Kläger durfte aber auch bereits die Klageschrift nach Artikeln gliedern („articuli libelli"), wodurch das Verfahren vereinfacht und verkürzt wurde.[37] Häufig waren solche Klageartikel nicht als vorweggenommene Beweisartikel formuliert, die

---

33 Vgl. Wieacker (1967), S. 185 ff.; Steins (1973), S. 219, 252 ff., 252 Anm. 349, 253; Wetzstein (2004), S. 47 ff.; Köbler (2005), S. 118.

34 Der Kläger legte von vornherein die Klage schriftlich bei Gericht vor oder er trug die Beschwerdepunkte zunächst mündlich vor und reichte eine Klageschrift beim ersten Termin ein, bei dem auch der Beklagte anwesend war; vgl. Budischin (1974), S. 21.

35 Die Bedeutung, die dem Aufbau des Verfahrens nach Artikeln beigelegt wurde, zeigt sich darin, dass der gemeine Zivilprozess auch als „Artikelprozess" bezeichnet wird; vgl. Buchda (1971), Sp. 233 ff.; Köbler (2001), S. 315; Oestmann (2005), Sp. 313 f. Enea Silvio de' Piccolomini schreibt im Jahre 1438: „In ganz Deutschland gibt es weder Richter noch Advokaten. Folglich auch keine schriftlichen Verfahren und Frageartikel, summarisch gehen sie vor und nach der guten Gewohnheit." Zitiert nach Weitzel (2000), S. 55.

36 Vgl. Budischin (1974), S. 169 ff., 193 ff. Dies ist auch im „Processus iudicii" des Johannes Urbach vorgesehen, einer Darstellung des römisch-kanonischen Prozessrechts, die seinerzeit in Mainz maßgeblich war (May 1996, S. 95 Anm. 68); vgl. in der 1873 von Theodor Muther herausgegebenen Ausgabe S. 165 ff.: „de positionibus et articulis".

37 Vgl. Steins (1973), S. 252, Anm. 349; Ott (1980), S. 371 Anm. 579. *Nach* der Rezeption waren auch beim weltlichen Gericht zu Mainz artikulierte Klagen erlaubt, wie sich aus der Mainzer Untergerichtsordnung von 1534 ergibt; vgl. Marquordt (1938), S. 35. Zu artikulierten Klagen nach der Rezeption in Frankfurt am Main vgl. Coing (1939), S. 106 f.

jeweils eine Tatsachenbehauptung zum Inhalt hatten, sondern enthielten die umstrittenen Klagepunkte, die sich aus *mehreren* umstrittenen Tatsachenbehauptungen zusammensetzen konnten.[38]

Der Prozess gegen Gutenberg wurde zwar nach deutsch-rechtlichen Grundsätzen geführt.[39] Dies schließt aber nicht aus, dass der Terminus „Artikel" auch schon vor der Rezeption aus dem römisch-kanonischen Zivilprozessrecht übernommen wurde. Eine solche Übernahme wurde dadurch begünstigt, dass neben dem weltlichen Gericht auch ein geistliches Gericht in Mainz tätig war. Der Erzbischof von Mainz war zugleich das weltliche Oberhaupt der Stadt, so dass enge Beziehungen zwischen dem weltlichen Gericht und der geistlichen Justiz bestanden. Der im Notariatsinstrument im Hinblick auf die Klage und das Urteil verwendete Ausdruck „Artikel" dürfte daher als eine Anleihe beim römisch-kanonischen Zivilprozessrecht zu verstehen sein.[40] Einige Jahrzehnte später hat das Mainzer weltliche Gericht das römisch-kanonische Zivilprozessrecht rezipiert – nicht mehr nur punktuell, sondern vollständig („in complexu").[41] Wenn sich ein Klageartikel im Sinne des römisch-kanonischen Zivilprozesses auf einen Streitpunkt bezog und ein solcher Klageartikel mit dem im Notariatsinstrument verwendeten Begriff des Artikels identisch ist, muss im Notariatsinstrument vom Artikel als einem Streitpunkt die Rede sein. Fusts Klage, wie sie im Notariatsinstrument überliefert ist, hat dann jedenfalls mehr als *einen* Artikel zum Inhalt. Denn Fust machte zwei Forderungen auf Rückzahlung von Krediten samt

---

38 Vgl. Budischin (1974), S. 95 f.

39 Vgl. S. 33 ff.

40 Hans Rudolf Hagemann stellt im Hinblick auf ein beim weltlichen Gericht zu Basel anhängiges Verfahren (1491/92) fest, die Parteivorträge seien, was den rechtserheblichen Tatbestand betreffe, in einzelne „Artikel" aufgeteilt gewesen, auf welche die Gegenpartei Artikel für Artikel geantwortet habe (Hagemann 1960, S. 127 f.; vgl. auch Hagemann 1961, S. 183 f.). Besonders klar trete diese Gliederung hervor, seit auf der klägerischen Seite ein Amtmann als Fürsprecher durch einen gelehrten Juristen ersetzt worden sei. Die dem römisch-kanonischen Prozess entsprechende Aufteilung in Artikel sei im Bereich der weltlichen Justiz in Basel damals noch nicht üblich gewesen, sondern erst vom Beginn des 16. Jahrhunderts an häufiger festzustellen, und dies auch nur in vereinzelten, größeren Fällen. Hagemann führt die punktuelle Übernahme einzelner Begriffe aus dem römisch-kanonischen Zivilprozess nicht allein auf die Tätigkeit von gelehrten Juristen als Advokaten, sondern auch auf die unmittelbare Nachbarschaft der geistlichen Gerichtsbarkeit zurück (Hagemann 1960, S. 146). Auch aus Nürnberg wird berichtet, dass eine Klage in Artikel gegliedert war. Der entsprechende Eintrag im Nürnberger Ratsbuch datiert vom 14.11.1459 (Hagemann 1961, S. 184).

41 Vgl. S. 34. Eine ähnliche Beobachtung macht in einem anderen sachlichen Zusammenhang Kaufmann (1961a), S. 99 f., wenn er feststellt: „Immer sind es erst äußere Formeln, die uns auffallen, Formeln, die die materielle Rechtslage oft noch lange unverändert lassen. Es ist oft und zunächst wohl vielfach eine Modefrage, die Klage in römisches Gewand zu kleiden." Weiter heißt es bei Kaufmann, „dass die Rezeption vom Formalismus zur Rezeption der Sache fortschreitet".

Zinsforderungen und Ansprüchen auf Ersatz von Verzugsschaden geltend. Wahrscheinlich ist von *zwei* Streitpunkten die Rede, so dass die Klage zwei Artikel umfasste: Der erste Artikel bezog sich wohl auf den Streit um den Darlehensvertrag, der zweite betraf den Streit um das gemeinsame Unternehmen.

g) Ergebnis

Vier Stellen des Notariatsinstruments beziehen sich auf einen ersten Klageartikel. Eine dieser Stellen ist eindeutig: Ein „Artikel" hat den Teil der Klage zum Inhalt, der *einen* Streitpunkt, hier: den ersten zwischen Gutenberg und Fust geschlossenen Vertrag, einen Darlehensvertrag, betrifft. Die drei übrigen Stellen sind nicht klar, schließen diese Interpretation aber nicht aus. Der Artikel-Begriff des römisch-kanonischen Zivilprozesses spricht eher dafür, dass der Begriff des Artikels im Notariatsinstrument den Teil der Klage betrifft, der sich auf *einen* Vertrag bezieht.

Der erste Klageartikel betraf den Streit um die zuerst gezahlten 800 Gulden, genauer: die Zinsfrage, der zweite Artikel den später geschlossenen Vertrag, also die zweite, von Fust geltend gemachte Forderung auf Rückzahlung eines Kredits. Im Verlauf des Prozesses räumte Fust zwar ein, für die Verköstigung des Personals aufkommen zu müssen, es entstand aber ein neuer, auf das gemeinsame Unternehmen bezogener Streitpunkt: Gutenberg stellte fest, er habe aus eigenen Mitteln Geld für das Unternehmen aufgebracht, während Fust die Auffassung vertrat, Gutenberg habe einen Teil des für das Unternehmen (die Verköstigung des Personals) bestimmten Geldes nicht für diesen Zweck verwendet. Der „Ausspruch über den ersten Artikel" (vgl. Z. 64) war der Teil des Urteils, in dem das Gericht festlegte, dass Fust berechtigt war, einen Eid zu leisten, um zu beweisen, dass seine Zinsforderung berechtigt war. Den auf den zweiten Artikel bezogenen Rechtsspruch bildete der Teil des Urteils, durch den Gutenberg zur Abrechnung verpflichtet wurde, um zu beweisen, dass er aus eigenen Mitteln Geld für die Verköstigung des Personals gezahlt hatte. Damit ist zwar nicht zwingend bewiesen, dass es keine weiteren, unbekannten Artikel gegeben hat. Es ist aber gleichwohl anzunehmen, dass Fusts Klage in der Urkunde *vollständig* überliefert ist. Entscheidend ist ein 1939 von Thiel formuliertes Argument: Nichts im Notariatsinstrument deutet darauf hin, dass es weitere Artikel und darauf bezogene Urteile gegeben hat.[42]

---

42 Vgl. Thiel (1939), S. 67.

G. Hatte Fust die Absicht, sich mit Hilfe des Gerichtsverfahrens Gutenbergs Werkstatt anzueignen?

1. Vorbemerkung

Hat sich die Untersuchung bisher auf die Frage konzentriert, was zwischen den Parteien umstritten war und wie das Gericht entschieden hat, so wird im Folgenden über das Gerichtsverfahren hinausgeblickt: Gegenstand der Betrachtung sind nun die zwischen Gutenberg und Fust geschlossenen Verträge. Entscheidend ist dabei nicht, was die Parteien über die Verträge vorgetragen haben, sondern wie die Vertragsverhältnisse tatsächlich beschaffen waren. Hier soll angenommen werden, dass die Punkte, die vor Verkündung des Urteils unstreitig waren und die zum Teil auch vom Gericht im Urteil und von Fust in seiner Eidesleistung zu Grunde gelegt wurden, den Tatsachen entsprochen haben. Einige weitere Punkte aus Gutenbergs Antwort erscheinen ebenfalls als glaubwürdig. Im Einzelnen heißt dies: Gutenberg und Fust haben einen Darlehensvertrag (800 Gulden) geschlossen (6 % Zinsen). Mit dem Kredit wollte Gutenberg Druckgerät herstellen. An diesem Gerät bestellte Gutenberg ein Pfandrecht für Fust. Später haben die beiden Partner eine Gesellschaft gegründet, deren Zweck darin bestand, eine Bibel zu drucken. Fust hat sich verpflichtet, für die gesamten Kosten, einschließlich der Verpflegungskosten für das Personal (800 Gulden), aufzukommen. Für den Fall, dass die beiden Partner nach Beendigung des Unternehmens die Druckerei fortsetzen würden, wollte Fust die Rückzahlung des Kredits erlassen.

2. Plante Fust überhaupt, sich Gutenbergs Werkstatt zu verschaffen?

Dass Gutenberg und Fust vereinbart hatten, das Druckgerät mit einem Pfandrecht zu belasten, so dass Fust Eigentümer des Geräts werden konnte, falls Gutenberg nicht in der Lage sein sollte, den fälligen Kredit zurückzuzahlen, scheint auf den ersten Blick eine „normale“ Regelung zu sein, da Fust eine Sicherheit für den gewährten Kredit benötigte und Gutenberg wohl keine anderen Werte hatte, die er zur Sicherheit anbieten konnte. Sieht man jedoch genauer hin, so zeigt sich: Wenn Gutenberg tatsächlich zahlungsunfähig gewesen sein sollte, hätte Fust Eigentümer der Werkstatt werden können. Die Klausel über die Bestellung eines Pfandrechts lässt daher auch die Absicht Fusts erkennen, nach Beendigung des Bibeldrucks eine eigene Werkstatt zu unterhalten.

In die gleiche Richtung weist eine Regelung im Gesellschaftsvertrag, wonach Gutenberg das Darlehen nicht zurückzahlen musste, falls Fust und Gutenberg sich einig sein würden, den Druckbetrieb gemeinsam weiterzuführen. Ausschlaggebend für diese Regelung war sicher nicht ein altruistisches Motiv Fusts. Der Grund dürfte vielmehr in seinen eigenen Interessen zu finden sein. Als der Gesellschaftsvertrag geschlossen und damit auch die hier untersuchte Klausel vereinbart wurde, stellte sich die Interessenlage, wie sie nach der Beendigung des gemeinsamen Projekts eintreten könnte, folgendermaßen dar: Sollte sich erweisen, dass der Druck technisch und finanziell erfolgreich verlaufen war, würden beide Geschäftspartner möglicherweise gewillt sein, das Unternehmen gemeinsam weiterzuführen. Angenommen, Gutenberg wäre in dieser Situation verpflichtet, seinen aus dem Verkauf der Bücher erzielten Gewinnanteil zu verwenden, um die Darlehensschuld bei Fust zu tilgen, würde dieser Betrag für die Gesellschaft verloren gehen (es sei denn, Fust würde auch dieses Geld in die Gesellschaft stecken). Es wäre für Fust aber nur vorteilhaft, wenn Gutenberg seinen Gewinnanteil in die Gesellschaft investierte und damit indirekt auch ihm selbst, Fust, zugutekommen ließe. Darüber hinaus hat es wohl einen weiteren Grund für die Regelung gegeben: Nachdem Gutenberg seinen Gewinnanteil aus dem Verkauf der Bibel erhalten hätte, würde er möglicherweise finanziell in der Lage sein, die Druckerei allein weiterzuführen. Deshalb musste Fust damit rechnen, dass Gutenberg sich zur Trennung entschließen würde. In einer solchen Situation könnte Fust jedoch ein Interesse daran haben, die Gesellschaft mit Gutenberg fortzusetzen. Da er Gutenberg nicht dazu würde zwingen können, stellte er im Gesellschaftsvertrag in Aussicht, ihm die Schuld zu erlassen, falls er bereit sei, die Gesellschaft mit ihm weiterzuführen. So hatte Fust ein Mittel in der Hand, um Druck auf Gutenberg auszuüben. Auch dies setzt voraus, dass Fust die Absicht hatte, den Druckbetrieb nach dem Ende des Bibeldrucks (mit Gutenberg) fortzusetzen.

Fust dürfte sich nun zwar grundlegende Kenntnisse in der neuen Technik angeeignet haben (wenn er nicht sogar an deren Entwicklung beteiligt gewesen war[1]). Kaum vorstellbar ist aber, dass er die Absicht hatte, tagtäglich selbst in der Werkstatt zu stehen.[2] Deshalb brauchte er eine Vertrauensperson als Mitarbeiter.[3] Schon zu der Zeit, als Fust den Darlehensvertrag mit Gutenberg schloss, muss er jemand gekannt haben, der später einmal mit ihm zusammenarbeiten

---

1 Vgl. S. 15 f.

2 Vgl. Schneider (2003), S. 10.

3 Die Möglichkeit, dass Fust im Auge hatte, in einem solchen Fall Gutenberg als seinen Bediensteten zu beschäftigen, ist zwar nicht vollständig auszuschließen, erscheint aber doch als eher unwahrscheinlich, da Fust wohl davon ausgehen musste, dass Gutenberg nicht bereit sein würde, in der ehemals ihm gehörenden Druckerei als Bediensteter Fusts tätig zu sein.

sollte.[4] Dies könnte Peter Schöffer gewesen sein: In manchen Quellen wird Schöffer als Adoptivsohn Fusts bezeichnet.[5] Nicht ausgeschlossen ist auch, dass Schöffer die Tochter Fusts, Christine, nicht erst, wie bisher allgemein angenommen, nach dessen Tod (1466) geheiratet hat, sondern schon früher, so dass er bereits bei Beginn seiner geschäftlichen Beziehung zu Gutenberg mit ihr verheiratet war.[6] Es besteht zudem die Möglichkeit, dass Schöffer an der Entwicklung der neuen Technik entscheidend beteiligt war.[7] Einiges spricht somit dafür, dass Fust und Schöffer zu Beginn des Bibeldrucks in enger Verbindung zueinander gestanden haben und dass Schöffer im Auftrag Fusts am Bibeldruck mitgearbeitet hat.[8] Dies lässt den Schluss zu, dass Fust von vornherein plante, sich später einmal selbständig zu machen und dann mit Schöffer zusammenzuarbeiten. Nicht ausgeschlossen ist damit allerdings, dass Fust sich auch die Option offenhielt, weiterhin gemeinsam mit Gutenberg (und Schöffer) tätig zu sein.[9] Nicht nachweisbar ist jedoch, dass Fust die Absicht verfolgte, sich Gutenbergs Werkstatt anzueignen. Möglicherweise plante er, nach dem Abschluss des Bibeldrucks eine neue, eigene Werkstatt zu gründen.

---

4 Es besteht zwar auch die Möglichkeit, dass Fust zu Beginn lediglich hoffte, einen der Bediensteten Gutenbergs, den er für geeignet hielt, im Lauf des Bibeldrucks für sich gewinnen zu können. Diese Möglichkeit ist aber unwahrscheinlich. Fust hätte nicht von vornherein sicher sein können, einen Mann zu finden, der nicht nur über die erforderlichen drucktechnischen Kenntnisse verfügte, sondern auch geeignet war, eine Werkstatt zu leiten. Außerdem hätte ein solcher Mann bereit sein müssen, sich von Gutenberg zu trennen und in einer Werkstatt zu arbeiten, die allein Fust unterstand. Ein „Lehrling“ Gutenbergs, der sich nach dem Bibeldruck selbständig machen und eine eigene Werkstatt gründen wollte, wäre für Fust nicht in Frage gekommen. Es wäre also riskant für ihn gewesen, einen solchen Mann zu finden – ein Risiko, das umso schwerer gewogen hätte, als er sehr viel Geld in das Unternehmen investiert hatte.

5 So in der Schlussschrift des Compendium sive Breviarium des Abtes Johannes Trithemius aus dem Kloster Sponheim von 1515; vgl. Wagner (2000), S. 130; Estermann (2002), S. XI; Schneider (2003), S. 10 f.

6 Vgl. Hertling (2003), S. 8 f.; Schneider (2003), S. 11; Friederichs (1968a), Sp. 2 nennt das Jahr 1455.

7 In der Schlussschrift einer Ausgabe von Justinians Institutionen, die 1468 von Schöffer gedruckt wurde, heißt es, Gutenberg und Fust hätten die Druckerkunst erfunden, Schöffer habe die Erfindung jedoch zu Ende geführt (Nemirovskij 2003, S. 31 = Nr. 39; vgl. auch S. 78 = Nr. 174).

8 Vgl. Wagner (2000), S. 130; Schneider (2000), S. 207 f.

9 Die Absicht Fusts, später einmal eine eigene Druckerei zu unterhalten, spricht im Übrigen auch dafür, dass dieser für die mit Gutenberg betriebene Gemeinschaftsdruckerei als Geschäftsführer tätig war, was schon aus anderen Gründen zu vermuten ist (vgl. S. 80). Dadurch hatte er die Gelegenheit, sich in den Betrieb einer Druckwerkstatt einzuarbeiten. So konnte er die Geschäftsführung als „Lehrzeit“ nutzen, um später einmal eine eigene Werkstatt leiten zu können.

3. Hat Fust den Prozess benutzt, um sich die Werkstatt anzueignen?

Im Hinblick auf die weitere Frage, ob Fust den Konflikt anzettelte, um Gutenberg durch ein gerichtliches Urteil in die Zahlungsunfähigkeit zu treiben und sich mit Hilfe des ihm zustehenden Pfandrechts die Werkstatt Gutenbergs anzueignen, vertreten Painter und Barker die Auffassung, Gutenberg und Fust hätten sich freundschaftlich getrennt, der Prozess sei lediglich gewissermaßen die prozessuale Verpackung für eine private Einigung („a procedural cover for a private agreement") gewesen.[10] Was immer auch darunter zu verstehen sein mag – diese Ansicht ist doch fragwürdig: Fust behauptete in der Klage, die zweiten 800 Gulden hätten einen Kredit gebildet, musste dann aber in dem Teil der Verhandlung, der im Notariatsinstrument nicht wiedergegeben ist, einräumen, dass es sich dabei um die Einlage in eine Gesellschaft gehandelt hatte. Ein solches Vorgehen ist alles andere als freundschaftlich. Auch die von Barker vertretene Auffassung, man habe eine gerichtliche Entscheidung über die Zinsfrage angestrebt, um sich gegen den Vorwurf des Wuchers abzusichern,[11] ist abzulehnen: Gutenberg behauptete, Fust habe ihm die Zinsen erlassen. Es gibt keinen Hinweis darauf, dass Gutenberg diese Behauptung nur vorgeschützt hat, um das Gericht zu veranlassen, die von Fust verlangten Zinsen als mit dem Wucherverbot vereinbar anzuerkennen.

Der von Fust geltend gemachte Anspruch auf Rückzahlung der später gezahlten 800 Gulden war unbegründet. Diese 800 Gulden hatte Fust als Einlage in die Gesellschaft gezahlt, wie er in dem Teil der Verhandlung einräumen musste, der im Notariatsinstrument nicht wiedergegeben ist.[12] Wahrscheinlich war Fust sich von Anfang an bewusst, dass die Forderung nicht bestand. Denn es ist kaum anzunehmen, dass ihm unklar geblieben war, ob er verpflichtet war, die Verpflegung des Personals durch einen Kredit oder auf der Basis des Gesellschaftsvertrages zu finanzieren. Sollte Fust durch diese Behauptung den Konflikt ausgelöst und bewusst die Unwahrheit gesagt haben, läge der Schluss nahe, dass er ein Urteil erreichen wollte, durch das Gutenberg in die Zahlungsunfähigkeit getrieben wurde, so dass er, Fust, sich dessen Werkstatt aneignen konnte.[13]

---

10 Vgl. Painter (1970), S 315; Barker (1978), S. 69 f.

11 Vgl. Barker (1978), S. 70.

12 Vgl. S. 81, 89 und 94.

13 Vgl. Hoffmann (1993a), S. 264.

4. Insbesondere: Hat Fust „vorzeitig" geklagt?

Um die Frage beantworten zu können, ob Fust den Streit zu einem Zeitpunkt vom Zaun gebrochen hat, als der Druck und der Vertrieb der Bibel noch nicht abgeschlossen waren,[14] sollte beachtet werden, dass ein enger Zusammenhang besteht zwischen der These, der „Untreuevorwurf" habe den Konflikt ausgelöst, und der Ansicht, Fust habe den Streit „vorzeitig" begonnen: Sollte diese These zutreffen, wäre Gutenberg berechtigt gewesen, den Gesellschaftsvertrag durch eine (um einen modernen Ausdruck zu verwenden) „außerordentliche Kündigung" vorzeitig zu beenden.[15] In einem solchen Fall hätte er die geschäftliche Beziehung zu Gutenberg sicher *vollständig* abgebrochen, das heißt: Er hätte nicht nur das Gesellschaftsverhältnis beendet, sondern auch den Darlehensvertrag gekündigt und die Forderung auf Rückzahlung des Kredits sowie einen Zinsanspruch geltend gemacht. Da der „Untreuevorwurf" den Konflikt jedoch möglicherweise *nicht* verursacht hat,[16] ist keineswegs sicher, dass Fust mit dem Streit „vorzeitig" begonnen hat. Und selbst wenn es vor dem Abschluss des Bibeldrucks (aus anderen, unbekannten Gründen) zu einem Zerwürfnis zwischen den beiden Partnern gekommen sein sollte, hätte Fust die Geschäftsbeziehung nicht einfach beenden können: Er hätte einen rechtlichen Grund anführen müs-

---

[14] In diesem Sinne: Wetter (1836), S. 418 und 423; Hartwig (1900), S. 277 f.; Amelung (1981), S. A 511; Geldner (1988), S. 19; Kapr (1988), S. 181; Davies (1999b), S. 17 und 43; Rohlfing (2000), S. 156; Voulliéme (1922), S. 104; Grothe (1950), S. 9; Bohnsack (1999), S. 8; Corsten (2003), S. 579; Galantaris (2004), S. 46; Füssel (2000a), S. 11; Füssel (2004a), S. 16; Füssel (2004b), S. 230; Rothmann (2005), S. 46. Es wird allerdings auch die Auffassung vertreten, Gutenberg habe seine Schulden ohne weiteres bezahlen können: Painter (1970), S. 310; Venzke (2000), S. 200. Estermann (2002), S. XIV stellt fest, dass Gutenberg möglicherweise habe zahlen können, er aber nicht zahlen wollte. Wagner (2000), S. 135 konstatiert, es seien nur Vermutungen möglich, vielleicht habe sich die Bezahlung der Bibeln hingezogen oder Gutenberg habe noch weitere Kreditgeber auszahlen müssen. Vorsichtig äußert sich auch Stillwell (1972), S. 83: Danach ist unklar, ob Gutenberg durch die Trennung von Fust in den Konkurs getrieben wurde.

[15] Zwischen Gesellschaftern bestanden Treuepflichten; vgl. Lutz (1976), S. 168 ff. Wenn ein Gesellschafter für die Gesellschaft bestimmtes Geld für andere Zwecke verwendete, missachtete er seine Treuepflicht in erheblichem Maße. Dies muss einen Grund für die Beendigung der Gesellschaft gebildet haben. Löber (1966), S. 96 führt – allerdings im Hinblick auf spanische Gesellschaften des 16. Jahrhunderts – aus, eine Gesellschaft habe vorzeitig gekündigt werden können u.a. wegen „Unverträglichkeit eines Gesellschafters" sowie wegen „Nichteinhaltung eines bei Vertragsschluss abgegebenen Versprechens durch einen Gesellschafter". Die Untreue und andere Fälle, in denen ein Gesellschafter Geld für gesellschaftsfremde Zwecke verwendete, wird man unter diese Kündigungsgründe subsumieren müssen. Lediglich in dem Fall, dass Fust behauptete, es müsse noch Geld übrig sein, wäre eine vorzeitige Kündigung sicher nicht gerechtfertigt und für Fust auch nicht sinnvoll gewesen.

[16] Vgl. S. 91.

sen. Ein solcher Grund kann dem Notariatsinstrument nicht entnommen werden. Wenn Fust den Anspruch auf Rückzahlung des Kredits vorzeitig erhoben hätte, wäre es auch Gutenbergs Sache gewesen, in der Antwort auf die Klage geltend zu machen, der Anspruch sei noch nicht fällig. Dies hat Gutenberg nicht getan. Er hat die Forderung vielmehr als fällig anerkannt.[17] Fust kann den Streit somit nicht „vorzeitig" vom Zaun gebrochen haben.

Die Frage, wie sich der Konflikt und der Prozess in den Ablauf des Bibeldrucks einordnen lassen, kann über einen Umweg beantwortet werden, der zunächst zu Fusts Anspruch auf Rückzahlung der 800 Gulden führt, die er Gutenberg als Darlehen gezahlt hatte. Genauer gesagt geht es darum, wann dieser Anspruch vertragsgemäß *fällig* wurde. Zur Erinnerung: Die Forderung war im Prozess unstreitig. Und: Zur Zeit der Klageerhebung war sie bereits fällig.[18] Deshalb muss der Anspruch auch schon fällig gewesen sein, als der Konflikt entstand. Denn nachdem es einmal zum Streit gekommen war, wird Fust nicht lange gezögert haben, Klage zu erheben. Es ging schließlich um sehr viel Geld für ihn und er hatte keinen Grund, lange abzuwarten. Eine Antwort auf die Frage, wann die Forderung auf Rückzahlung des Kredits gemäß dem Darlehensvertrag fällig sein sollte, wird es ermöglichen, festzustellen, unter welchen Umständen die *streitigen* Ansprüche geltend gemacht wurden, so dass es zum Konflikt kam.

Nach einer im Gesellschaftsvertrag enthaltenen Regelung wollte Fust seinem Partner die Rückzahlung des Darlehens erlassen, falls die beiden sich „alsdan", das heißt nach dem Abschluss des gemeinsamen Unternehmens, einig sein sollten, den Druckbetrieb fortzusetzen (Z. 40).[19] Zu einem früheren Zeitpunkt kann der Anspruch auf Rückzahlung des Kredits nicht fällig gewesen sein: Wenn Gutenberg das Darlehen schon vorher hätte zurückzahlen müssen und auch tatsächlich zurückgezahlt hätte, wäre es Fust nicht mehr möglich gewesen, die Forderung zu erlassen. Der Anspruch konnte frühestens fällig werden, sobald das Unternehmen des Bibeldrucks abgeschlossen war. Zwei Zeitpunkte kommen in Betracht: die Vollendung des Drucks und der Abschluss des Vertriebs.

Die folgenden Überlegungen sprechen dafür, dass die Forderung erst mit dem Ende des Vertriebs fällig werden sollte: Gutenberg hatte nicht genügend Geld, um sich eine Druckwerkstatt einrichten zu können (andernfalls wäre der Darlehensvertrag mit Fust überflüssig gewesen). Während des Drucks war es Gutenberg nicht möglich, das Darlehen zurückzuzahlen (er verfügte noch nicht über die entsprechenden finanziellen Mittel), sondern erst, wenn er aus dem Verkauf

---

17 Vgl. S. 62 Anm. 23.

18 Vgl. S. 62 Anm. 23.

19 „Wurden sie alsdan furter nit eins, so solte er ym sin achthundert gulden widdergeben." Dies stellte Gutenberg in der Antwort auf die Klage fest; vgl. Z. 40.

der Bücher genügend Geld erhalten hatte. Daher war es sinnvoll, ja geradezu notwendig, den Eintritt der Fälligkeit auf einen Zeitpunkt zu legen, von dem zu erwarten war, dass Gutenberg auf Grund des Bibelverkaufs ausreichend Geld haben werde, um seine Schuld begleichen zu können.[20] Sobald einzelne Bibeln fertig gedruckt waren, konnten sie verkauft werden. Gutenberg war voraussichtlich (so hofften die beiden Geschäftspartner) in der Lage, den Kredit zurückzuzahlen, wenn eine große Zahl von Bibeln, spätestens aber wenn alle Bibeln verkauft waren und Gutenberg den ihm gebührenden Verkaufserlös (oder zumindest den größten Teil davon) empfangen hatte. Möglich war allerdings auch, dass die Bibeln sich schlecht verkauften. Diesen Fall hatten Fust und Gutenberg durchaus im Auge. Im Hinblick auf eine mögliche Zahlungsunfähigkeit Gutenbergs hatten sie nämlich vereinbart, dass Fust zur Sicherheit ein Pfandrecht am Druckgerät hatte (Z. 38 f.). Der Grund für diese Vereinbarung war, dass Fust sich im Hinblick auf die Fälligkeit seiner Forderung nicht vollständig davon abhängig machen wollte, ob Gutenberg durch den Bibelverkauf genügend Geld erlangen würde, um seine Schuld begleichen zu können. Deshalb musste festgelegt werden, dass die Fälligkeit letztlich unabhängig davon eintreten sollte, ob Gutenberg in der Lage sein würde, den Kredit zurückzuzahlen. Die Forderung sollte demnach gemäß dem Darlehensvertrag fällig sein, sobald alle Bibeln verkauft waren und Gutenberg den ihm gebührenden Verkaufserlös erhalten hatte, und dies unabhängig davon, ob er dann in der Lage sein würde, den Kredit vollständig zurückzuzahlen.[21]

Dieses Ergebnis lässt einen Schluss darauf zu, wann die *streitigen* Ansprüche geltend gemacht wurden, so dass es zum Konflikt kam: Die Forderung auf Rückzahlung der für das gemeinsame Unternehmen, genauer: für die Verköstigung des Personals, geleisteten 800 Gulden wird nach Fusts Vorstellung zum gleichen Zeitpunkt fällig geworden sein wie der Anspruch auf Rückzahlung der als Kredit gezahlten 800 Gulden: Gutenberg konnte überhaupt erst etwas zurückzahlen, sobald er den ihm zustehenden Verkaufserlös empfangen hatte. Was die Zinsforderung betrifft, so sollten die Zinsen nach Fusts Auffassung „laufend", noch während des Bibeldrucks, fällig werden.[22] Andernfalls hätte er in der Klage nicht behauptet, Gutenberg sei mit Zinszahlungen in Verzug geraten,

---

20 Vgl. Blum (1954), S. 64; Hoffmann (1993b), S. 123: „einige Zeit" nach der Vollendung des Bibeldrucks habe Gutenberg den Kredit zurückzahlen müssen, weil Vertrieb und Eingang der Kaufpreiszahlungen auf Grund damaliger Zahlungsgepflogenheiten längere Zeit dauerten.

21 Denkbar ist auch die folgende Regelung: Die Forderung wurde frühestens fällig, sobald Gutenberg genügend Geld aus dem Verkauf der Bibeln erhalten haben würde, spätestens aber und unabhängig von seiner Zahlungsfähigkeit sobald alle Bibeln verkauft waren und er den ihm zustehenden Erlös empfangen hatte.

22 Im Mittelalter wurden die Zinsen im Allgemeinen ein- oder zweimal im Jahr zu vereinbarten Terminen abgeführt; so Teucher (1956), S. 27.

so dass ihm, Fust, ein Schaden entstanden sei, weil er seinerseits Kredit gegen Zinsen habe aufnehmen müssen, um Zinsansprüche zu erfüllen. Schon während des Bibeldrucks muss es Streit um ausbleibende Zinsleistungen Gutenbergs gegeben haben. Die Lösung des Streits wurde aber wohl vertagt – bis zur Beendigung des gemeinsamen Unternehmens, genauer: bis zum Abschluss des Vertriebs. Auch Gutenberg dürfte seinen Anspruch auf Erstattung des Betrages, den er angeblich aus eigenen Mitteln in das Unternehmen investiert hatte, geltend gemacht haben, als das Unternehmen beendet war. Denn zuallererst war ihm daran gelegen, den Druck und Vertrieb der Bibeln abzuschließen. Er hatte kein Interesse daran, die Forderung schon früher zu erheben. Der Konflikt entstand demnach, als der Druck und der Vertrieb der Bibeln abgeschlossen waren.

Zu klären bleibt noch, wann das *Gesellschaftsverhältnis* beendet war: mit der Vollendung des Drucks oder erst mit dem Abschluss des Vertriebs der Bibeln. Falls der Vertrieb noch zum gemeinsamen Unternehmen gehört haben sollte,[23] wären entweder Fust und Gutenberg gemeinsam oder einer von ihnen allein für den Vertrieb der Bibeln zuständig gewesen. Nach dem Abschluss des Vertriebs hätte der Verkaufserlös entsprechend einem im Gesellschaftsvertrag festgelegten Schlüssel auf die beiden Partner verteilt werden müssen. Erst damit wäre die Gesellschaft beendet gewesen. Wenn der Vertrieb dagegen *nicht* mehr zum Unternehmen gehört hätte,[24] wären die fertig gedruckten Bibeln gemäß einem vertraglich festgelegten Verhältnis auf die beiden Partner verteilt worden und die Gesellschaft wäre beendet gewesen. Danach hätte jeder für sich die ihm gehörenden Bücher „privat" verkauft.

---

23 Corsten (1979), S. 62 vermutet einerseits, dass der Konflikt zwischen Gutenberg und Fust ausbrach, „als der Gewinn zu verteilen war". Dies setzt voraus, dass der Vertrieb noch zum gemeinsamen Unternehmen gehörte, so dass einer der Gesellschafter für den Vertrieb zuständig war und nach dem Abschluss des Vertriebs der Gewinn verteilt werden musste. Andererseits heißt es bei Corsten unmittelbar danach, Gutenberg habe Anspruch auf einen Teil der Auflage gehabt. Dies setzt voraus, dass die gedruckten Bibeln auf die beiden Gesellschafter verteilt wurden, damit jeder für sich die Bücher vertreiben konnte. Wetter (1834), S. 411: Die „Bücher sollten zu gemeinschaftlichem Vortheile verkauft werden." Vgl. auch Wetter (1834), S. 413. Dieser Autor spricht von einer Gewinnverteilung, und zwar zu gleichen Teilen, was voraussetzt, dass der Vertrieb noch zum Gesellschaftszweck gehörte und dass der Erlös nach dem Vertrieb geteilt werden sollte. Fust wird als Vertreiber bezeichnet von Janzin/Güntner (1995), S. 111-114; Ruppel (1947), S. 100. König (1986), S. 290 und 295 f. geht davon aus, dass Fust für den Vertrieb der B 42 zuständig war; S. 296 bezeichnet er Fust als „Vertriebsleiter" und S. 312 als den für den Vertrieb Zuständigen; vgl. auch König (1997), S. 126; im gleichen Sinne Bechtel (1992), S. 492 f.

24 Schwenke (1900), S. 63 hielt es für wahrscheinlich, dass der Vertrieb gesondert durchgeführt wurde und begründete dies (1923, S. 47) mit dem Argument: „Die beiden verschiedenen Arten der Bogensignierung lassen vielleicht auf eine solche Teilung schließen." Dieser Auffassung schließt sich Hoffmann (1983), S. 479 an.

Wenn die beiden ehemaligen Geschäftspartner den Vertrieb jeder für sich allein durchgeführt hätten, wäre dies für potentielle Käufer verwirrend gewesen. Es hätte zwei Verkaufsstellen gegeben, so dass sich für Kaufinteressenten die Frage aufgedrängt hätte, ob es sich wirklich um das gleiche Werk handelte und wo es vielleicht günstiger sei, Bibeln zu erwerben. Einfacher für potentielle Kunden wäre es gewesen, den Verkauf an *einer* Stelle durchzuführen. Dies wäre dann auch für Gutenberg und Fust nützlicher gewesen. Der Vertrieb dürfte daher noch zum gemeinsamen Unternehmen gehört haben. Das Unternehmen war wohl vertragsgemäß beendet, als die Bibeln gedruckt und verkauft waren. Der Anspruch Fusts auf Rückzahlung des Kredits sollte demnach fällig werden, sobald das zwischen Gutenberg und Fust bestehende Gesellschaftsverhältnis beendet war. Unmittelbar danach kam es zum Konflikt. Da der Streit nach dem Abschluss des Vertriebs entstand, musste zur gleichen Zeit auch der Gewinn verteilt werden. Die Gewinnverteilung war jedoch unproblematisch. Die im Notariatsinstrument überlieferten Streitpunkte beziehen sich jedenfalls nicht auf die Gewinnverteilung.

5. Zur Frage der Zahlungsfähigkeit Gutenbergs

Die Auffassung, Gutenberg sei zur Zeit des Urteils zahlungsunfähig gewesen, weil Fust Klage erhoben habe, bevor Gutenberg den ihm zustehenden Erlös aus dem Verkauf der Bibeln erhalten habe, ist hinfällig geworden: Der Vertrieb der Bibeln war abgeschlossen, als es zum Streit kam. Zu diesem Zeitpunkt hatte Gutenberg den ihm zustehenden Erlös aus dem Verkauf der Bibeln bereits erhalten. Zumindest im Hinblick auf einen Teil seiner Schulden muss er zahlungsfähig gewesen sein. Darüber hinaus darf sogar angenommen werden, dass er vollständig zahlungsfähig war: Bei der Preiskalkulation wird Gutenberg berücksichtigt haben, wie viel Geld er an Fust zurückzahlen musste. Sicher wollte er kein Verlustgeschäft machen, sondern wird den Preis so berechnet haben, dass er zumindest seine Schulden bei Fust begleichen konnte und darüber hinaus Gewinn übrig behielt.[25] Aufschlussreich könnten zudem einige Ereignisse aus Gutenbergs Leben sein, die *nach* der gerichtlichen Entscheidung eingetreten sind und denen vielleicht entnommen werden kann, wie Gutenbergs finanzielle Situation zur Zeit des Urteils beschaffen war.

---

25 Hoffmann (1993a), S. 303 gelangt zu dem Resultat, ein Papierexemplar der Bibel sei für 40 Gulden, ein Pergamentexemplar für 90 Gulden verkauft worden. Bei Hoffmann (2002), S. 55 heißt es, dass der Preis eines Papierexemplars der Bibel „nicht niedriger, gewiss um einiges höher“ als 38 rheinische Gulden war.

Seit 1458 hat Gutenberg die Zinsen für ein Darlehen, das er 1442 beim Sankt-Thomas-Stift in Straßburg aufgenommen hatte, nicht mehr gezahlt.[26] Daraus wird geschlossen, zur Zeit des Urteils sei er zahlungsunfähig gewesen.[27] Corsten wendet gegen dieses Argument zweierlei ein. Gutenberg sei in den Jahren von 1454 bis 1457 durchaus in der Lage gewesen, die Zinsen zu zahlen. Außerdem lasse sich nachweisen, dass Handwerker und Kaufleute im ausgehenden Mittelalter „mit größter Leichtfertigkeit Schulden machten und dass ein großer Teil aller Geschäfte überhaupt nur auf Pump getätigt werden konnte". Auch sei es mit der Zahlungsmoral nicht immer gut bestellt gewesen, so dass es nicht außergewöhnlich gewesen sei, wenn ein Kreditschuldner mit der Leistung von Zinsen in Verzug geraten sei.[28]

Es ist jedoch möglich, dass Gutenberg sich unmittelbar nach dem Urteil in einer schwierigen finanziellen Lage befand und gleichwohl noch imstande war, die Zinsraten an das Sankt-Thomas-Stift zu zahlen, einige Jahre später aber auf Grund einer weiteren (aus unbekannten Gründen eingetretenen) Verschlechterung seiner finanziellen Situation nicht mehr dazu fähig war. Die nach dem Urteil zu leistenden Geldzahlungen an Fust können durchaus die Ursache oder zumindest *eine* Ursache dafür gewesen sein, dass Gutenberg die Zinsleistungen nicht mehr erbringen konnte. Dass Gutenberg mit Zinszahlungen in Verzug geriet, lässt sich weder für noch gegen die hier untersuchte These verwenden, Gutenberg sei zur Zeit des Urteils mittellos gewesen oder danach in finanzielle Schwierigkeiten geraten.

Der Mainzer Erzbischof Adolf von Nassau nahm Gutenberg am 17.1.1465 für erwiesene Dienste unter seine Hofleute auf und sagte zu, ihn bis zu seinem Tod mit zwei Fudern Wein und zwanzig Maltern Getreide im Jahr sowie mit Hofkleidung zu versorgen und ihn gleichzeitig vom Wach- und Folgedienst, aber auch von Steuern und anderen Lasten zu befreien.[29] Ob hieraus geschlossen werden kann, der Erzbischof habe einem verarmten, aber verdienstvollen Mainzer Bürger eine Art Ehrensold bewilligt, so dass dieser fortan sorgenfrei leben konnte,[30] ist fraglich.[31] Wenn Gutenberg 1465 in Armut gelebt haben sollte, muss dies nicht darin begründet sein, dass er zehn Jahre zuvor die von Fust gel-

---

26 Vgl. S. 18 f.

27 Vgl. Dziatzko (1890), S. 120; Widmann (1972), S. 33; Geldner (1968a), S. 28; Geldner (1975), S. 32; Schneider (1990), S. 48; Galantaris (2004), S. 46; Janzin/Güntner (2007), S. 114.

28 Vgl. Corsten (1979), S. 62; vgl. auch Venzke (2000), S. 233 ff., insbesondere S. 237 f. (Corsten zustimmend). Kritisch zu dieser These auch König (1986), S. 286; Ing (1988), S. 31; Zotter (1992), S. 11; Estermann (2002), S. XIV.

29 Vgl. S. 19.

30 Vgl. Presser (1967), S. 80 ff.; Hanebutt-Benz (1997), S. 20 f.

31 Vgl. Venzke (2000), S. 292 f.

tend gemachten Ansprüche zu erfüllen hatte. Allein die Menge der versprochenen Lebensmittel macht deutlich, dass nicht ein einzelner, bedürftiger Mensch versorgt werden sollte. Die Lebensmittel müssen für einen Haushalt bestimmt gewesen sein, der aus mehreren Personen bestand, zumal es Gutenberg nicht erlaubt war, die Lebensmittel zu verkaufen.[32] Gutenberg scheint also einen größeren Haushalt geführt zu haben, was auf einen gewissen Wohlstand schließen lässt. Der Erzbischof verfolgte mit derartigen Bewilligungen wahrscheinlich das politische Ziel, das Mainzer Patriziat, zu dem Gutenberg gehörte, an sich zu binden.[33] Vielleicht lässt sich der folgende Schluss ziehen: Hätte Gutenberg tatsächlich in Armut und Elend gelebt, wäre er für den Erzbischof politisch bedeutungslos gewesen. Gutenberg muss einen gewissen sozialen Rang eingenommen haben, der nicht allein in seiner Herkunft aus dem Mainzer Patriziat begründet war. Er hat wohl über einigen Wohlstand verfügt, der ihm, zusammen mit seiner Ehre als Erfinder,[34] eine angesehene soziale Stellung einbrachte, so dass der Erzbischof ihn der Aufnahme unter seine Hofleute für würdig hielt.[35] Dieser Wohlstand muss allerdings nicht (ausschließlich) auf den Druck der B 42 zurückzuführen sein. Dass der Erzbischof Gutenberg unter seine Hofleute aufnahm, ist nicht aussagekräftig.

Ein Beleg für die These, Gutenberg habe nach dem Urteil in Armut gelebt, wird schließlich darin gesehen, dass er nach seinem Tod (3.2.1468)[36] Druckgerät hinterließ, welches nicht ihm, sondern dem Mainzer Juristen Dr. Conrad Humery gehörte.[37] In einem Brief an den Mainzer Erzbischof (26.2.1468) verpflichtete sich Humery, das Gerät in Mainz zu belassen und im Falle des Verkaufs einem Mainzer Bürger den Vorrang vor einem Fremden zu geben.[38] Aus der Tatsache, dass Gutenberg nicht Eigentümer des von Humery beanspruchten Druckgeräts war, wird der Schluss gezogen, Gutenberg sei bei seinem Tode kein sehr vermögender Mann gewesen.[39] Dieser Schluss ist zwar plausibel. Fraglich ist aber, ob sich daraus ableiten lässt, Gutenbergs finanzielle Situation in der Zeit vor seinem Tod sei auf das *Urteil* zurückzuführen. Immerhin war die Gerichtsentscheidung mehr als zwölf Jahre früher ergangen. In der Zwischenzeit

---

32 Vgl. Venzke (2000), S. 293.

33 Vgl. Venzke (2000), S. 293; Bechtel (1992), S. 550 f. Lülfing (1969), S. 90 stellt fest, der Erzbischof habe damit eine „auf Befriedung und Sicherheit" gerichtete Politik betrieben.

34 Bechtel (1992), S. 549 f. und Schneider (1990), S. 48 konstatieren, Gutenberg habe für seine Erfindung geehrt werden sollen; anderer Auffassung Rothmann (2005), S. 47.

35 Vgl. Dobras (2000), S. 27 f.; Schneider (2000), S. 210.

36 Zur Datierung vgl. Kapr (1969), S. 7. Sicher ist das Datum allerdings nicht. Möglicherweise starb Gutenberg bereits im Verlauf des Jahres 1467; vgl. Wagner (2000), S. 356 f.

37 Zu Humery vgl. Erler (1964), S. 28 ff.; Dobras (2001), S. 99 Anm. 34 mit weiteren Nachweisen.

38 Vgl. Bechtel (1992), S. 553 ff.; Venzke (2000), S. 297 ff.

39 Anderer Auffassung Umbreit (1843), S. 83 ff.

können andere Gründe eingetreten sein, die Gutenberg finanzielle Schwierigkeiten bereitet und die ihn veranlasst haben, Humery das Eigentum am Druckgerät zu übertragen.[40] Es ist demnach nicht nachweisbar oder auch nur einigermaßen plausibel zu machen, dass Gutenberg zur Zeit des Urteils zahlungsunfähig war. Gutenberg könnte sehr wohl zahlungsfähig gewesen sein. Deshalb ist auch nicht nachweisbar oder belegbar, dass Fust sich die Werkstatt oder Teile davon angeeignet hat.

6. Die Gründe für die Trennung

In der Gutenbergforschung wird allgemein angenommen, dass die Trennung der beiden Geschäftspartner auf einem Konflikt beruhte, das heißt auf dem Streit, der zum Gerichtsverfahren führte. Dies wäre einleuchtend, wenn Fust seine Klage auf Grund des „Untreuevorwurfs" erhoben hätte. Dann nämlich hätte Fust sich von Gutenberg getrennt, weil sein Vertrauen in ihn zerstört gewesen wäre.[41] Da dieser Vorwurf den Streit, der zum Prozess führte, jedoch möglicherweise *nicht* ausgelöst hat,[42] ist die Frage nach dem Grund oder den Gründen für die Trennung noch offen. Es muss sogar gefragt werden, ob es überhaupt ein Konflikt war, der zur Trennung führte, oder ob nicht vielmehr andere, weniger dramatische Gründe den Ausschlag gegeben haben.

Angenommen, unmittelbar vor der Entstehung des Konflikts, als der Vertrieb der Bibeln gerade abgeschlossen war, seien beide Partner noch entschlossen gewesen, die Gesellschaft fortzusetzen – wäre der dann entstehende Streit geeignet gewesen, eine Trennung auszulösen? Was die als Einlage in die Gesellschaft gezahlten 800 Gulden betrifft, so dürfte Fust klar gewesen sein, dass er den Anspruch auf Rückzahlung zu Unrecht erhob. Denn einem Geschäftsmann und Fürsprecher, wie Fust es war, kann nicht unklar geblieben sein, ob er die Verpflegung des Personals durch Kredit oder auf Grund des Gesellschaftsvertrages finanziert hatte. Wären sich Gutenberg und Fust vor der Entstehung des Konflikts noch einig gewesen, das Unternehmen gemeinsam weiterzuführen, hätte

---

40 Denkbar ist allerdings auch, dass Humery es war, der Gutenberg während des Drucks der B 42 einen Kredit gewährte, damit Gutenberg das Projekt zu Ende führen konnte. Später machte Gutenberg dann möglicherweise diesen Betrag Fust gegenüber geltend und verlangte Erstattung, was zu dem Streit führte, der Fust veranlasste, Klage zu erheben. Möglich ist auch, dass Humery nach dem Urteil Gutenberg einen Kredit gab, damit dieser seine Schulden bei Fust begleichen konnte; vgl. Umbreit (1843), S. 84.

41 Jedenfalls dann, wenn Fust behauptet hätte, Gutenberg habe für das gemeinsame Unternehmen bestimmtes Geld absichtlich oder fahrlässig für „gesellschaftsfremde" Zwecke ausgegeben.

42 Vgl. S. 91.

Fust den Anspruch wohl gar nicht erst geltend gemacht. Dieser Punkt dürfte nicht zur Trennung beigetragen haben. Als Fust die Forderung erhob, muss bereits klar gewesen sein, dass die Partner sich trennen würden. Um zu ermitteln, welche Bedeutung der Zinsforderung und den beiden Streitpunkten zukommt, die sich auf das gemeinsame Unternehmen (die Verpflegung des Personals) bezogen, sollte zweierlei beachtet werden. Erstens: Im Verhältnis zu der von Fust investierten Gesamtsumme waren die umstrittenen Beträge gering. Zweitens: Was den Fall betrifft, dass die beiden Partner sich einig sein sollten, das Unternehmen fortzusetzen, hatte Fust in Aussicht gestellt, Gutenberg die Rückzahlung des Kredits (800 Gulden) zu erlassen (Z. 40 f.). Der Grund war: In einer solchen Situation hätte Fust ein Interesse daran gehabt, dass Gutenberg möglichst viel Geld in das gemeinsame Unternehmen investierte. Ein Erlass wäre indirekt auch Fust zugute gekommen. Diese Überlegung ist im Hinblick auf die umstrittenen Beträge ebenfalls gültig: Es wäre für Fust nicht sinnvoll gewesen, Gutenberg einerseits die Rückzahlung des Kredits und damit einer sehr großen Summe (800 Gulden) zu erlassen, andererseits aber auf der Zahlung der Zinsen, eines relativ geringen Betrages, zu bestehen. Gutenberg hätte auf seinen Erstattungsanspruch ebenfalls verzichtet. Auch Fust hätte die Forderung, Gutenberg möge das nicht für die Verpflegung verbrauchte Geld zurückzahlen, ebenfalls nicht erhoben (wenn Fust nicht ohnehin bösgläubig war, als er diesen Anspruch geltend machte). Für beide Partner wäre es zweckmäßiger gewesen, nicht auf ihren Forderungen zu beharren, sondern den jeweils anderen Partner in die Lage zu versetzen, möglichst viel Geld in das gemeinsame Unternehmen zu investieren. Die Partner hätten neue Projekte geplant und die erforderlichen Mittel eingesetzt, ohne sich lange damit aufzuhalten, ob noch unbeglichene und relativ geringfügige (vermeintliche) Ansprüche gegeneinander bestanden. Diese Überlegungen machen deutlich: Als der Konflikt ausbrach, war die Trennung bereits beschlossene Sache; die Trennung und der Konflikt, der zum Prozess führte, müssen auf unterschiedlichen Gründen beruht haben. Aufschlussreich ist die Entwicklung, die *nach* dem Prozess einsetzte: Fust gründete eine eigene Werkstatt und zog Peter Schöffer zur Mitarbeit heran. Die neue Offizin florierte. Der Grund für diesen Erfolg lag nicht allein darin, dass Fust über ausreichende finanzielle Mittel verfügte, sondern auch, dass er in Schöffer einen Mann zur Seite hatte, der für die ihm obliegenden Aufgaben gut geeignet war. Günstig für Fust war auch, dass er im Hinblick auf das Verlagsprogramm und die Gestaltung der Bücher nun von Gutenberg unabhängig war. Auch musste er den Gewinn nicht länger mit ihm teilen. Die Untersuchungen des Kunsthistorikers Eberhard König haben zudem deutlich gemacht, dass Fust besonderen Wert auf eine künstlerisch anspruchsvolle Ausstattung der Bücher durch gedruckte Initialen und Rubriken sowie durch Buchmalerei legte. Fust wollte den Käufern ästhetisch brillante und gebrauchsfertige Bücher liefern, während Gutenberg vornehmlich daran interessiert war, die mit dem Druck verbundenen technischen

Probleme zu meistern.[43] Er beschränkte sich darauf, in gut lesbarer und schöner Schrift bedruckte Bögen herzustellen, die der Käufer erst noch ausschmücken und binden lassen musste. Der Unterschied in der Konzeption der Druckwerke könnte ebenfalls zur Trennung beigetragen haben. Die Trennung von Gutenberg brachte für Fust somit eine Reihe von finanziellen und anderen geschäftlichen Vorteilen mit sich. Diese Vorteile dürften ein wichtiger, wenn nicht sogar der entscheidende Grund für die Trennung gewesen sein. Deshalb war es wohl auch Fust, der sich von Gutenberg lossagte.

In einem wesentlichen Punkt unterscheidet sich dieses Ergebnis von der in der Gutenbergforschung allgemein vertretenen Auffassung, wonach Gutenberg und Fust sich auf Grund eines *Konflikts* getrennt haben. Ein solcher (seinem Inhalt nach unbekannter) Konflikt kann zwar nicht gänzlich ausgeschlossen werden. Die geschäftlichen Vorteile, die sich für Fust aus einer Trennung ergaben, reichen aber aus, um die Trennung zu begründen und Fusts Verhalten zu erklären.

In einem weiteren Punkt weichen die Ergebnisse der vorliegenden Untersuchung von der „herrschenden Meinung“ ab: Bisher wird allgemein angenommen, der Konflikt mit Fust und der anschließende Prozess seien für Gutenbergs weiteren Lebensweg entscheidend gewesen. Es hat sich jedoch gezeigt, dass der Beschluss Fusts, die Gesellschaft nicht fortzusetzen, die für Gutenberg maßgebliche Weichenstellung bildete. Ohne die Trennung wäre es zum Konflikt und zum Prozess gar nicht erst gekommen. Denn für den Fall, dass die beiden sich weiterhin einig sein würden, die Gesellschaft fortzusetzen, hatte Fust in Aussicht gestellt, die ihm zustehende Forderung auf Rückzahlung des Darlehens zu erlassen.

Die Auffassung, der Konflikt und der Prozess seien für Gutenberg entscheidend gewesen, dürfte darin begründet sein, dass die Urkunde, in der dieser Prozess dokumentiert ist, das wichtigste erhaltene Dokument zu Gutenbergs Leben und Werk bildet. Aus der überragenden Bedeutung der Urkunde folgt aber nicht, dass der darin behandelte Vorgang, der Prozess, das wichtigste Ereignis im Hinblick auf Gutenbergs weitere Entwicklung ist. Hier liegt eine Täuschung vor, die auf dem Zufall der Überlieferung beruht. Die im Titel dieses Abschnitts gestellte Frage, ob Fust den Plan verfolgte, sich Gutenbergs Werkstatt anzueignen, und zu diesem Zweck ein Gerichtsverfahren anzettelte, lässt sich nun folgendermaßen beantworten: Fust hatte zwar von Anfang an die Absicht, später einmal eine Druckwerkstatt zu betreiben. Es ist aber nicht nachweisbar, dass er sich Gutenbergs Werkstatt verschaffen wollte.

---

43 Vgl. König (1991), S. 156; König (1986), S. 295 f.; König (1995), S. 18; Perrousseaux (2005), S. 60 und 66.

H. Exkurs: Der Brief des Enea Silvio de' Piccolomini an Juan de Carvajal

1. Zum Inhalt des Briefes

Der Brief, den der kaiserliche Diplomat Enea Silvio de' Piccolomini am 12.3.1455 aus Wiener Neustadt an Kardinal Juan de Carvajal schrieb,[1] ermöglicht es vielleicht, einige Fragen zu beantworten oder zumindest einer Antwort näherzubringen, die in einem engen Zusammenhang mit dem Bibeldruck stehen. Zu untersuchen ist, wann der Druck der B 42 abgeschlossen war, in welcher Art und Weise die Bibel vertrieben wurde, wann der Konflikt zwischen Fust und Gutenberg entstand und schließlich: wann Fust Klage erhob.

Zunächst jedoch zum Inhalt des Briefes. In der von Ferdinand Geldner publizierten deutschen Übersetzung[2] lautet die hier bedeutsame Passage folgendermaßen:[3]

> „Über jenen zu Frankfurt gesehenen wunderbaren Mann ist mir nichts Falsches geschrieben worden. Vollständige Bibeln habe ich nicht gesehen, vielmehr einige Quinternionen von verschiedenen Büchern in höchst sauberer und korrekter Schrift ausgeführt, an keiner Stelle vorgetäuscht; deine Gnade würde sie mühelos und ohne Brille lesen können. Von mehreren Gewährsmännern habe ich erfahren, dass 158[4] Bände vollendet seien; einige behaupteten sogar, es seien 180. Über die Zahl bin ich mir nicht ganz sicher, an der Vollendung der Bände zweifle ich nicht, wenn man den Leuten Glauben schenken darf. Wenn ich deinen Wunsch gekannt hätte, hätte ich zweifellos

---

1 Vgl. S. 26.

2 Im Original hat der den Bibeldruck betreffende Teil des Briefes den folgenden Wortlaut: „De viro illo mirabili apud Frankfordiam viso nihil falsi ad me scriptum est. Non vidi biblias integras, sed quinterniones aliquot diversorum librorum, mundissime ac correctissime litterae, nulla in parte mendaces, quos tua dignatio sine labore et absque berillo legeret. Volumina centum et quinquaginta octo absoluta esse ex pluribus testibus didici, quamvis aliqui centum et octuaginta esse confirmaverint. De numero mihi non plene constat; de perfectione voluminum, si fides habenda est hominibus, non sum dubius. Si scivissem desiderium tuum, emissem unum procul dubio volumen. Quinterniones etiam aliquot hic ad caesarem delati sunt. Conabor, si fieri poterit, aliquam huc bibliam venalem afferri eamque tui causa comparabo. Quod timeo, ne fieri possit: et propter distantiam itineris, et quia, antequam perficerentur volumina, paratos emptores fuisse tradunt. Quod autem tua dignitas magnopere desideraverit huius rei certitudinem habere, inde coniitio, quia per duplomatarium Pegaso velociorem id mihi significasti. Ac tantum iocatum esse sufficiat." Zitiert nach Meuthen (1982), S. 110; vgl. auch Davies (1996a), S. 196; Nemirovskij (2003), S. 70 f. = Nr. 151.

3 Geldner (1984), S. 134; Übersetzung ins Deutsche auch bei Hoffmann (2004), S. 214 f. Anm. 19.

4 Geldner fügt hier ein: (150).

einen Band gekauft. Einige Quinternionen sind auch hier[5] zum Kaiser gebracht worden. Ich werde versuchen, wenn es sich machen lässt, eine noch käufliche Bibel hierher bringen zu lassen, und sie für dich kaufen. Ich fürchte aber, es wird nicht möglich sein, sowohl wegen der langen Wegstrecke als auch deswegen, weil sie behaupten, noch vor Vollendung der Bände seien die Käufer bereit gestanden. Dass deine Gnade aber gewünscht hat in so hohem Maße, Gewissheit über diese Angelegenheit zu erlangen, schließe ich aus der Tatsache, dass du mir dieses durch einen Kurier hast mitgeteilt, der schneller als Pegasus ist. Doch genug des Scherzens."

Eva-Maria Hanebutt-Benz stellt zwar fest, „vir mirabilis" sei „eine geläufige Floskel der Zeit".[6] Die Nachweise in der über das Internet zugänglichen Library of Latin Texts[7] zeigen aber, dass die Wendung vornehmlich benutzt wurde, um Heilige und Märtyrer zu charakterisieren. Piccolomini wollte den Mann, von dem ihm berichtet worden war, wohl nicht einem Heiligen oder Märtyrer gleichsetzen. Die Wendung „de viro illo mirabili" zeigt jedoch, dass er mit höchster Wertschätzung über den Mann sprach. David McKitterick ist der Auffassung, Piccolominis Erstaunen habe sich zum Teil auf die gute Lesbarkeit der Buchstaben, nicht auf die Drucktypen und damit nicht auf die Erfindung bezogen.[8] Nicht so sehr die Unterschiede, sondern die Übereinstimmungen zwischen einem gedruckten Buch und einer Handschrift seien für ihn bedeutsam gewesen. Diese Auffassung ist fragwürdig: Nur ein Teil der auf die gedruckten Bibeln bezogenen Korrespondenz zwischen Piccolomini und Carvajal ist überliefert. In einem früheren Brief könnte Piccolomini auf die neue Technik eingegangen sein. Wenn Piccolomini die gute Lesbarkeit der Schrift hervorhob, so geschah dies unter der Voraussetzung, dass die Schrift mit Hilfe einer neuen Technik hergestellt worden war. In dem überlieferten Brief betonte Piccolomini die gute Lesbarkeit auch deswegen, weil er einige Lagen der mit der neuen Technik hergestellten Bibel nun zum ersten Mal selbst zu Gesicht bekommen hatte. Das Attribut „mirabili" bezog sich in erster Linie auf die Erfindung. Auch von anderen Zeitgenossen wurde die Erfindung mit Ausdrücken großer Bewunderung gekennzeichnet. So nannte Giovanni Andrea Bussi, Sekretär des Nikolaus von Kues, vielleicht sogar dieser selbst, die neue Technik geradezu eine „heilige Kunst" („haec sancta ars").[9] Widmann zufolge wurde die Drucktechnik in der Frühzeit des Buchdrucks häufig als Gottesgeschenk und überhaupt mit Termini aus der religiösen Sphäre bezeichnet.[10] Auch Johannes Trithemius verwendete in seinen „Annales Hirsaugienses" im Hinblick auf den

5 Geldner fügt hier ein: (= Wiener Neustadt).

6 Vgl. Hanebutt-Benz (2000), S. 189 Anm. 47.

7 Internetadresse: www.brepolis.net.

8 Vgl. McKitterick (2003), S. 31.

9 Vgl. Meuthen (1982), S. 118 Anm. 76.

10 Vgl. Widmann (1973), S. 257 ff.; vgl. auch Needham (1990), S. 101 ff.

Buchdruck das Wort „mirabilis“: „ars illa mirabilis“.[11] Gutenberg, Fust und Schöffer wurden sogar als „Sancta Dryas“ (Heilige Dreiheit) bezeichnet und damit in die Nähe der Trinität, der Heiligen Dreifaltigkeit, gerückt.[12]

Unklar ist, wer der „erstaunliche Mann“ gewesen ist. Einerseits würde das Attribut „mirabilis“ am besten auf Gutenberg als den Erfinder passen. Andererseits war es vielleicht Fust, der den Vertrieb geleitet hat und in Frankfurt aufgetreten ist. Er verfügte über weitreichende geschäftliche Verbindungen, die er für den Vertrieb nutzen konnte. Wie dem auch sei: Der erstaunliche Mann muss jedenfalls ein Vertreter der von Gutenberg und Fust betriebenen Gemeinschaftsdruckerei gewesen sein. Er dürfte sich entweder als Erfinder ausgegeben haben oder als jemand, der zum Erfinder in einer sehr engen Beziehung stand.[13] Andernfalls hätte Piccolomini das „Erstaunliche“ der Erfindung nicht einem bestimmten Mann persönlich zuordnen und von einem „erstaunlichen“ Mann sprechen können.

Es ist zweifelhaft, ob Piccolomini mitteilte, er habe diesen Mann selbst gesehen, wie mehrere Autoren annehmen.[14] Piccolomini schrieb nicht explizit, dass er den Mann zu Gesicht bekommen habe.[15] In einem solchen Fall hätte er dies wohl klar und eindeutig zum Ausdruck gebracht und er hätte vielleicht sogar den Namen des Mannes mitgeteilt. Im Mittelalter wurden Erfinder und technische Innovationen über den Bereich hinaus, in dem sie praktisch von Bedeutung waren, zwar zunächst kaum beachtet. Seit dem 14. und deutlicher noch im 15. Jahrhundert wurden technische Fortschritte aber allgemein stärker wahrgenom-

---

11 Vgl. Widmann (1978), S. 268.

12 Vgl. Hanebutt-Benz (2004), S. 9.

13 Meuthen (1982), S. 112 und 114 spricht zwar davon, in Frankfurt sei ein „Drucker“ gesehen worden, lässt es auf S. 118 aber offen, ob dies Gutenberg, Fust oder Schöffer gewesen ist.

14 Vgl. Amelung (1981), S. A 514; Zotter (1992), S. 10 Anm. 20; wohl auch König (1995), S. 9 und 20 (Piccolomini habe berichtet, ein „vir mirabilis“ sei auf dem Frankfurter Reichstag aufgetaucht und habe Lagen einer Bibel gezeigt); Koppitz (1997), S. 45; Corsten (1996), S. 268; Füssel (2000c), S. 16; Füssel (2004a), S. 16; Füssel (2004b), S. 229; Venske (2000), S. 189; Hanebutt-Benz (2002), S. 188; Flood (2003), S. 139 f.; Schneider (2000), S. 210; wohl auch Kapr (1988), S. 168; Galantaris (2004), S. 40; Janzin/Güntner (2007), S. 111.

15 Die hier in Frage gestellte Interpretation des ersten Satzes („De viro illo mirabili apud Frankfordiam viso nihil falsi ad me scriptum est“), wonach Piccolomini den „erstaunlichen Mann“ selbst gesehen hat, setzt sprachlich zweierlei voraus: Zum einen wird die Lesart „ad me scriptum est“ angezweifelt zugunsten von „a me scriptum est“; vgl. Meuthen (1982), S. 115; Needham (1985), S. 309 Anm. 10; Davies (1996a), S. 197. Gegen diese Lesart spricht: Falls Piccolomini hätte zum Ausdruck bringen wollen, er selbst habe Carvajal früher über den erstaunlichen Mann berichtet, hätte er gesagt: „scripsi“ (Davies 1996a S. 197 f.). Zum anderen wird vorausgesetzt, dass die Wendung „apud Frankfordiam viso“ bedeutet, Piccolomini habe den Mann gesehen. Gegen diese Auslegung spricht, dass Piccolomini in einem solchen Fall eher gesagt hätte, er habe den Mann gesehen, nicht: der Mann sei gesehen worden.

men. Auch die Erfinder erfuhren Beachtung und wurden als solche respektiert. So berichtete 1305 der Dominikanermönch Giordano aus Pisa in einer Fastenpredigt von der Erfindung der Lesebrille und fügte hinzu: „Ich habe den Mann gesehen, der sie erfunden und geschaffen hat und ich habe mit ihm gesprochen.“[16] In der Folgezeit finden sich Belege dafür, dass Erfinder sogar *namentlich* genannt wurden. Es wäre daher zu erwarten, dass Piccolomini berichtet, er habe den „erstaunlichen Mann“ selbst gesehen und mit ihm gesprochen, falls er ihm tatsächlich begegnet sein sollte. Er hätte dann wohl auch seinen Namen genannt. Im Hinblick auf die Höhe der Auflage der Bibel hätte Piccolomini auch nicht einander widersprechende oder zumindest unklare Informationen von Seiten mehrerer Gewährsleute anführen müssen, sondern er hätte den „erstaunlichen Mann“ selbst fragen können und ihn sicher auch tatsächlich gefragt, da er, wie der Brief beweist, ein starkes Interesse daran hatte, zuverlässige Informationen über die Bibel zu erlangen. Da dieser Mann ein Vertreter der Gemeinschaftsdruckerei war, hätte Piccolomini zuverlässige Auskunft von ihm erhalten. Die gleiche Überlegung ist im Hinblick auf die Vollständigkeit der Bibeln von Bedeutung: Wenn Piccolomini den „erstaunlichen Mann“ gesehen haben sollte, hätte er ihn nach vollständigen Bibeln gefragt, so dass er nicht gezwungen gewesen wäre, sich auf die Informationen seiner Gewährsleute zu verlassen.

Piccolomini stellte nicht fest, der erstaunliche Mann sei *anlässlich des Reichstages* in Frankfurt gewesen.[17] Er bezog sich vielmehr auf eine schriftliche Mitteilung, die er vor seinem Aufenthalt in Frankfurt empfangen hatte; darin war er über den Mann in Kenntnis gesetzt worden. Piccolomini teilte zwar nicht ausdrücklich mit, der „vir mirabilis“ habe gedruckte Bibelseiten angeboten. Dem Brief ist vielmehr zu entnehmen, dass Piccolomini solche Lagen in Frankfurt gesehen hat.[18] Der Mann wird aber nicht einfach nur von einer (gedruckten) Bibel *gesprochen* haben – dies hätte kaum Aufsehen erregt und auch nicht die Bezeichnung als „vir mirabilis“ gerechtfertigt. Er wird vielmehr eine gedruckte Bibel oder zumindest größere Teile davon *gezeigt* haben, mehr noch: Er dürfte die Bibel zum Verkauf angeboten haben. Andernfalls wäre der Zweck seines Auftretens unerklärlich. Vielleicht ist der erstaunliche Mann, wie einige Autoren vermuten, auf der Frankfurter Messe erschienen.[19]

---

[16] Vgl. Dohrn-van Rossum (2005), S. 34 ff.

[17] So aber König (1986), S. 290; König (1995), S. 20; Powitz (1990), S. 23; Rautenberg (1999), S. 348.

[18] Piccolomini selbst, nicht ein Gewährsmann (so Estermann 2002, S. XII), hat die Lagen gesehen.

[19] Vgl. Hoffmann (1992), S. 45 f.; Wagner (2000), S. 132; Galantaris (2004), S. 40; vgl. auch Schorbach (1925), S. 130. Es geht allerdings zu weit, wenn Rothmann (1998), S. 14; von Stromer (2000), S. 13 und Füssel (2000c), S. 16 konstatieren, Piccolomini habe zu berichten gewusst, dass Gutenberg dem erstaunten Publikum seine ersten gedruckten Bibeln auf der Messe präsentierte. Ähnlich ist Künast (1997), S. 19 Anm. 73 der Auffassung, die Bedeutung

Weiter heißt es im Brief Piccolominis, über den erstaunlichen Mann habe man ihm nichts Falsches berichtet. Er habe keine vollständigen Bibeln zu Gesicht bekommen,[20] sondern aus fünf Lagen bestehende Faszikel. Piccolomini stellte nicht fest, diese Lagen seien den Teilnehmern des Reichstages vorgelegt worden und es habe Kaufverhandlungen mit Anbietern gegeben.[21] Nicht zutreffend ist auch, dass Piccolomini mitteilte, gedruckte Lagen seien während des Reichstages dem Kaiser gezeigt worden.[22] Der Kaiser war nicht zum Reichstag gefahren (Piccolomini war als Vertreter des Kaisers nach Frankfurt geschickt worden), einzelne Lagen waren vielmehr in die kaiserliche Residenz nach Wiener Neustadt gelangt.[23]

Unklar ist, *wer* Piccolomini in Frankfurt Teile der Bibel gezeigt hat. Wenn es nicht der „vir mirabilis" war – wer war es dann? Vielleicht ein Vertreter der Gemeinschaftsdruckerei, möglicherweise sogar Gutenberg oder Fust selbst, die sich im Rahmen einer Werbeaktion an bedeutende Persönlichkeiten wandten, die zum Reichstag gekommen waren. Gegen diese Möglichkeit spricht allerdings, dass Piccolomini hinsichtlich der Auflagenhöhe unsicher war. Falls ein Vertreter der Druckerei ihm die Lagen gezeigt hätte, wäre es für Piccolomini ein Leichtes gewesen, ihn zu fragen, und er hätte sicher auch eindeutige Auskunft erhalten. Zudem hätte Piccolomini diesen Mann im Brief sehr wahrscheinlich erwähnt oder sogar namentlich genannt, wie er auch denjenigen ausdrücklich angesprochen hat („de viro illo mirabili"), der früher einmal vollständige Bibeln oder

---

der Frankfurter Messe für den Vertrieb der Gutenberg-Bibel belege der Brief des Piccolomini. Weder bezog sich Piccolomini ausdrücklich auf Gutenberg noch sprach er die Frankfurter Messe an. Piccolomini kann wohl auch nicht die Frankfurter Herbstmesse besucht haben (wie Wagner 2000, S. 132 feststellt). Die Herbstmesse ging offiziell am 15.9. zu Ende (so jedenfalls eine Regelung von 1394; vgl. Rothmann 1998, S. 102), während Piccolomini sich erst seit 5.10.1454 (bis 31.10.1454) in Frankfurt aufhielt (Meuthen 1982, S. 111). Zu beachten ist allerdings auch, dass die Termine für die Dauer der Messe nicht immer genau eingehalten wurden; vgl. Rothmann (1998), S. 107.

20 Galantaris (2004), S. 40 stellt fest, Piccolomini sei „Zeuge des Verkaufs einer 42-zeiligen Bibel im letzten Quartal des Jahres 1454 in Frankfurt am Main" gewesen. Piccolomini hat jedoch selbst keine vollständige Bibel gesehen und war erst recht nicht Zeuge des Verkaufs einer solchen Bibel.

21 So jedoch Corsten (1995), S. 125. Es ist allerdings eine naheliegende Vermutung, zwischen der Möglichkeit, einzelne Lagen zu besichtigen, und dem Reichstag habe ein enger Zusammenhang bestanden. Piccolomini schrieb auch nicht, den Teilnehmern des Reichstages seien Bibeln in großer Zahl gezeigt worden; so Corsten/Schmitz (1987), S. 117. Piccolomini hat nicht Bibeln, sondern nur einzelne Lagen gesehen. Er hat auch nicht berichtet, dass die Bibeln, von denen er Teile gesehen hatte, zum Verkauf angeboten wurden, so jedoch Ing (1983), S. 22.

22 So Germann (1995), S. 54; White (2002), S. 30.

23 Es wurden keine „Freiexemplare" nach Wiener Neustadt geschickt (so Weber 2004, S. 72), sondern lediglich einzelne Lagen.

zumindest Teile davon gezeigt hatte. Vielleicht waren es die Gewährsleute, denen Piccolomini die im Brief mitgeteilten Informationen über die Auflagenhöhe und die Vollständigkeit der Bibeln verdankte. Dies führt zu der weiteren, allerdings nicht zu beantwortenden Frage, von wem die Gewährsleute die Lagen erhalten haben. Der Ablauf der im Brief angesprochenen oder vorausgesetzten Ereignisse lässt sich folgendermaßen rekonstruieren:[24]

- In Frankfurt am Main wurde ein „erstaunlicher Mann" (von unbekannten Personen) gesehen, der vollständige gedruckte Bibeln oder zumindest Teile einer solchen Bibel zeigte.

- Jemand berichtete Piccolomini davon – sei es, dass er selbst diesen Mann gesehen hatte, sei es, dass er ihn lediglich vom Hörensagen kannte.[25] Möglich, wenn auch eher unwahrscheinlich ist, dass zwei oder mehr Personen Briefe dieses Inhalts an Piccolomini richteten.

- Piccolomini machte Carvajal schriftlich von dem „erstaunlichen Mann" Mitteilung.[26]

- Carvajal schrieb an Piccolomini, falls sich während des Reichstages in Frankfurt die bisher empfangenen Informationen bestätigen sollten, möge er ein Exemplar für ihn erwerben. Dieser Brief traf in Wiener Neustadt ein, als Picco-

---

24 Die folgende Darstellung des Ablaufs der Ereignisse hat lediglich eine plausibel erscheinende Vermutung zum Inhalt; zutreffend ist die Anmerkung von Davies (1996a), S. 200: „The allusive and fugitive nature of the notice ensures that no reconstruction of the situation is going to command total assent."

25 Emmrich (2001), S. 93; Emmrich (2002), S. 29 ist der Auffassung, möglicherweise habe *Carvajal* als Erster von dem Druck der B 42 erfahren und daraufhin Piccolomini gebeten, ihm weitere Informationen zu beschaffen. Was ist von dieser Möglichkeit zu halten? Denkbar wäre folgender Ablauf: Piccolomini erhielt Informationen, möglicherweise von Carvajal, über einen „erstaunlichen Mann", der gedruckte Bibeln zeigte. Daraufhin beauftragte Piccolomini (heute unbekannte) Personen (in Frankfurt am Main oder in Mainz), genauere Nachrichten zu beschaffen (so Davies 1996a S. 197). Die von diesen Personen empfangenen Auskünfte teilte Piccolomini Carvajal mit. Als Piccolomini in Frankfurt war, wurden diese Informationen bestätigt. Die Möglichkeit, dass Carvajal es war, der Piccolomini erstmals über die gedruckten Bibeln informierte, ist demnach nicht auszuschließen. Dieses Erklärungsmodell ist allerdings komplizierter als die hier vertretene Lösung. Vorausgesetzt wird dabei, dass die von Piccolomini empfangene Nachricht („ad me scriptum est") bereits das Ergebnis einer von ihm in Auftrag gegebenen Recherche war, während hier davon ausgegangen wird, dass Piccolomini dadurch erstmals von dem „erstaunlichen Mann" erfuhr. Die Frage lässt sich wohl nicht definitiv klären.

26 So auch Meuthen (1982), S. 110. Hoffmann (2002), S. 53 hält für möglich, dass Carvajal durch Dritte von der Bibel erfuhr und sich daraufhin an Piccolomini wandte.

lomini bereits auf dem Wege nach Frankfurt oder dort schon eingetroffen war, so dass er davon erst Kenntnis nehmen konnte, nachdem er von Frankfurt nach Wiener Neustadt zurückgekehrt war.[27]

- Als sich Piccolomini in Frankfurt aufhielt (Oktober 1454), bekam er einzelne Lagen der Bibel zu Gesicht, die gut lesbar waren. Von Gewährsleuten erhielt er weitere Informationen über die Bibel.[28]

- Nach seiner Rückkehr schrieb Piccolomini am 12.3.1455 von Wiener Neustadt aus (in dem überlieferten Brief) seine Antwort an Carvajal.

2. Zum Zeitpunkt der Vollendung des Bibeldrucks

Überwiegend wird die Auffassung vertreten, dem Brief Piccolominis sei zu entnehmen, dass der Druck der B 42 nicht, wie zuvor häufig angenommen, *1456* abgeschlossen wurde, sondern dass es bereits im Oktober *1454* einzelne vollständige Bibeln gab, wenn der Druck zu diesem Zeitpunkt nicht schon beendet war.[29] Davies ist dagegen der Ansicht, Piccolomini stelle ausdrücklich fest, der Bibeldruck sei zur Zeit seines Frankfurter Aufenthaltes noch *nicht* abgeschlossen gewesen. Vor der Vollendung des Bibeldrucks habe Piccolomini erst erfahren, als er zurück in Wiener Neustadt war, und zwar vor dem 12.3.1455, dem

---

27 Vgl. Emmrich (2001), S. 93 und (2002), S. 29: Piccolominis Brief sei die Antwort auf ein Schreiben, das Carvajal an ihn gerichtet hatte.

28 Anderer Auffassung ist Davies (1996a), S. 200: Am wahrscheinlichsten sei: Zunächst erfuhr Piccolomini vom „vir mirabilis“, sodann schrieb er einen Brief nach Frankfurt am Main oder nach Mainz und erhielt daraufhin von mindestens zwei Informanten schriftliche Berichte über gedruckte Bibeln. Anschließend machte Piccolomini Carvajal davon Mitteilung. Dieser antwortete vor dem 9.3.1455. Der vorliegende Brief (9.3.1455) habe eine Bestätigung dessen zum Inhalt, was die Gewährsleute (in Frankfurt am Main oder Mainz) ihm zuvor mitgeteilt hatten. Diese Bestätigung habe Piccolomini geben können, weil er nun selbst Lagen in Wiener Neustadt gesehen habe. Gegen die von Davies vertretene Auffassung spricht, dass der Aufenthalt Piccolominis in Frankfurt am Main im Hinblick auf die gedruckten Bibeln dann überhaupt keine Bedeutung gehabt hätte. Aus dem Brief ergibt sich aber, dass Piccolomini während seines Aufenthaltes in Frankfurt am Main eine Bestätigung dessen erhielt, was ihm zuvor über den „erstaunlichen Mann“ mitgeteilt worden war. Wagner (2000), S. 132 setzt voraus, dass Piccolomini in Frankfurt Lagen einer Bibel gesehen hat, sodann Carvajal davon berichtete, dieser nachfragte und Piccolomini im vorliegenden Brief antwortete.

29 Vgl. S. 17. Es wird auch die Auffassung vertreten, der Brief des Piccolomini vom 12.3.1455 zeige, dass Gutenbergs Bibeldruck zu diesem Zeitpunkt kurz vor dem Abschluss gestanden habe (Gummlich 2000, S. 382).

Datum seines Briefes an Carvajal. Der Bibeldruck müsse daher zur Jahreswende 1454/55 abgeschlossen worden sein.[30]

Grundsätzlich anderer Auffassung sind Geldner und Needham. Geldner stellt fest, wenn es zur Zeit der Abfassung des Briefes bereits vollständige Bibeln gegeben hätte, sei unerklärlich, warum nur einzelne Lagen, nicht jedoch vollständige Exemplare zu Kaiser Friedrich III. nach Wiener Neustadt gebracht worden seien. Außerdem betone Piccolomini ja selbst, keine vollständigen Bibeln gesehen zu haben.[31] Deshalb sei an der Auffassung festzuhalten, wonach der Bibeldruck 1456 abgeschlossen wurde.[32] Folgt man Needham, so ist immerhin möglich, dass sich das Wort „Perfektion" („de perfectione voluminum") nicht auf die Vollständigkeit der Bibeln bezieht, sondern auf die Qualität des Schriftbildes.[33] Dem Brief könne nicht mit Sicherheit entnommen werden, dass es zur Zeit von Piccolominis Frankfurter Aufenthalt bereits vollständige Bibeln gegeben habe.

Zum ersten Mal hat Piccolomini etwas über gedruckte Bibeln erfahren, *bevor* er nach Frankfurt am Main reiste – als er nämlich von dem „erstaunlichen Mann" durch einen Brief in Kenntnis gesetzt wurde. Fragt man, was ihm über diesen Mann mitgeteilt wurde, so kommen vier Möglichkeiten in Betracht:

- Der Mann zeigte Teile einer gedruckten Bibel.
- Er zeigte Teile einer Bibel und stellte in Aussicht, dass die Bibel in absehbarer Zeit vollständig vorliegen werde.
- Er zeigte Teile einer Bibel und teilte zugleich mit, es gebe auch schon vollständige Bibeln.
- Der Mann zeigte vollständige Bibeln.

---

30 Vgl. Davies (1996b), S. 34. Wagner (2000), S. 132 vertritt die Auffassung, der Bibeldruck sei höchstwahrscheinlich zwischen Oktober 1454 und dem Frühjahr 1455 vollendet worden. Davies (1996a), S. 199 und 201 ist zudem der Ansicht, die nach Wiener Neustadt gebrachten Lagen der Bibel seien mit den Lagen, die zuvor im Brief erwähnt wurden, identisch. Piccolomini habe die Lagen also erstmals in Wiener Neustadt gesehen. Aus dem Wort „etiam" (Satz 6) ergibt sich aber, dass Piccolomini verschiedene Lagen anspricht – diejenigen, die er in Frankfurt gesehen hatte, und solche, die „auch" zum Kaiser nach Wiener Neustadt gebracht worden waren. Das Wort „etiam" ist daher nicht unlogisch, wie Davies (1996a), S. 199 Anm. 18 annimmt. Ing (1986), S. 214 stellt fest, wahrscheinlich sei die Bibel irgendwann 1455 vollendet worden.

31 Vgl. Geldner (1984), S. 135 ff.; ähnlich Needham (1985), S. 309 und 313 f. Anm. 13; Ing (1988), S. 68.

32 Vgl. Geldner (1984), S. 135 f.

33 Vgl. Needham (1985), S. 309 Anm. 10. Needham fügt allerdings hinzu, das Wort „perfectio" könne genauso gut auch die technische Vollendung des Bibeldrucks bezeichnen.

Was Piccolomini über den „erstaunlichen Mann“ tatsächlich geschrieben wurde, kann dem Brief nicht entnommen werden. *Eine* Möglichkeit ist allerdings auszuschließen: dass der Mann lediglich Teile einer gedruckten Bibel zeigte, ohne sich zur Vollständigkeit der Bibeln zu äußern. Ein solches Verhalten wäre unvernünftig gewesen. Denn das Auftreten des Mannes diente wohl dem Zweck, Käufer für die Bibel (und nicht nur für Teile davon) zu finden. Der Mann musste zumindest darauf hinweisen, dass die Bibel in absehbarer Zeit vollständig vorliegen werde, wenn er schon nicht eine komplette Bibel zeigte. Hätte der Mann lediglich Teile einer Bibel präsentiert, wäre er auch kaum als „vir mirabilis“ bezeichnet worden. Die weitere Möglichkeit, dass der Mann Teile einer Bibel zeigte und außerdem behauptete, es gebe bereits vollständige Bibeln, ist eher unwahrscheinlich: Im Sinne einer wirksamen Werbung wäre es dann jedenfalls geschickter gewesen, eine vollständige Bibel zu zeigen. So deutet einiges darauf hin, dass der Mann entweder eine vollständige Bibel präsentierte oder dass er die Vollendung des Bibeldrucks in Aussicht stellte.[34]

Unter der Voraussetzung, dass der „erstaunliche Mann“ vollständige Bibeln zeigte, ist weiter zu fragen, *wann* dieser Mann gesehen worden sein könnte. Zweckmäßig ist es, sich den Ablauf der Ereignisse in Erinnerung zu rufen, die im Brief angesprochen wurden.[35] Bevor Piccolomini in Frankfurt war, wurden *drei* Briefe geschrieben, die sich auf den „vir mirabilis“ und die von ihm gezeigten Bibeln bezogen.

Unklar ist, wie viel Zeit zwischen dem Moment, an dem der unbekannte Informant von dem Mann erfahren hatte, und dem Tag, an dem er Piccolomini davon Mitteilung machte, verstrichen ist. Nicht deutlich ist zudem, wie viel Zeit zwischen den Briefen jeweils verging. Piccolomini muss nicht sofort, nachdem er von dem erstaunlichen Mann Kenntnis erlangt hatte, Carvajal davon Mitteilung gemacht haben. Bedenkt man schließlich, dass gewisse Zeitspannen für die jeweiligen Postwege zu veranschlagen sind,[36] so liegt der Schluss nahe, dass der erstaunliche Mann eine beträchtliche Zeit vor Piccolominis Aufenthalt in Frankfurt (Oktober 1454) gesehen wurde. Dies könnte zu Beginn des Jahres

---

34 Nicht zutreffend allerdings König (1995), S. 20, ein „vir mirabilis“ auf dem Frankfurter Reichstag habe das Erscheinen vollständiger Bibeln angekündigt. Der „vir mirabilis“ wurde *vor* dem Reichstag in Frankfurt gesehen, Piccolomini hat ihn nicht zu Gesicht bekommen; vgl. S. 132 f.

35 Vgl. S. 135 f.

36 Vgl. Miethke (2004), S. 338 f.: Zur Übermittlung eines Briefes im Römischen Reich des Mittelalters über seine west-östliche oder nord-südliche Erstreckung, z.B. Köln-Prag, Lübeck-Bologna/Rom, waren im Regelfall vier Wochen erforderlich, und selbst die eiligste Post war nicht um mehr als etwa 30 % oder 40 % zu beschleunigen, also drei Wochen, oder auch mal zwei Wochen; vgl. auch Hay (1989), S. 391 f.

1454 oder auch bereits 1453 gewesen sein.[37] Zu dieser Zeit muss es – unter der oben genannten Voraussetzung – bereits vollständige Bibeln gegeben haben.

Im Hinblick auf den Fall, dass der Bibeldruck noch *nicht* abgeschlossen war, als der erstaunliche Mann gesehen wurde, ist entscheidend, was Piccolomini bei seinem Besuch in Frankfurt erfahren hat. Was die von Geldner und Needham vertretene Auffassung betrifft, wonach der Bibeldruck erst 1456 vollendet wurde, so ist zwar richtig, dass Piccolomini betonte, er selbst habe keine vollständigen Bibeln gesehen. Zugleich berief er sich aber auf Gewährsleute, die ihm von der Vollständigkeit der Bibeln berichtet hatten. Piccolomini hat demnach in Frankfurt in Erfahrung gebracht, dass es vollständige Bibeln gab. Die von Needham erwogene Möglichkeit, dass sich die Wendung „de perfectione voluminum" auf die Qualität des Schriftbildes bezieht, kann ausgeschlossen werden: Der Zusatz „si fides habenda est hominibus" muss die Vollständigkeit betreffen. Denn in Bezug auf das Schriftbild war Piccolomini nicht auf Gewährsleute angewiesen: Er selbst hatte sich von dessen Qualität überzeugen können. Hat Piccolomini erst *nach* seinem Frankfurter Aufenthalt von vollständigen Bibeln erfahren – als er zurück in Wiener Neustadt war, wie Davies meint? Aufschlussreich ist die Gliederung des Briefes: Er besteht aus zwei deutlich voneinander unterschiedenen Teilen. Der erste Teil wird durch die Feststellung eingeleitet, über den in Frankfurt gesehenen erstaunlichen Mann sei ihm, Piccolomini, nichts Falsches geschrieben worden. Unmittelbar anschließend erklärt er zwar, keine vollständigen Bibeln gesehen zu haben, fährt aber fort, er habe gehört, es gebe solche Bibeln, und er hätte ein Exemplar für Carvajal erworben, wenn er von dessen Kaufwunsch Kenntnis gehabt hätte. Die zentrale Botschaft dieses ersten Teils lautet: Hatte Piccolomini bisher nur brieflich von einem in Frankfurt gesehenen Mann erfahren, so war er nun selbst „vor Ort" gewesen und hatte seine Informationen bestätigt gefunden. Im zweiten Teil des Briefes bezieht sich Piccolomini auf die Situation *nach* seiner Rückkehr von Frankfurt in Wiener Neustadt: Einige Lagen seien auch dorthin gebracht worden, er wolle von Wiener Neustadt aus versuchen, ein Exemplar der Bibel für Carvajal zu erwerben.

Die Mitteilung, Gewährsleute hätten ihn darüber informiert, dass es vollständige Bibeln gebe, findet sich im *ersten* Teil des Briefes. Dies spricht dafür, dass Piccolomini bereits in Frankfurt über die Vollständigkeit der Bibeln informiert wurde. Im Oktober 1454 gab es also schon vollständig gedruckte Bibeln. Was die weitere Frage angeht, ob Piccolomini diese Information für glaubwürdig hielt, so stellte er fest: „de perfectione voluminum, si fides habenda est hominibus, non sum dubius". Hatte er zunächst erklärt, selbst keine vollständigen

[37] Bechtel (1992), S. 516: im Sommer 1454; Wagner (2000), S. 132 allerdings: zwischen Oktober 1454 und Frühjahr 1455.

Bibeln gesehen zu haben, so bekräftigte er nun, gleichwohl keinen Zweifel daran zu haben, dass es vollständige Bibeln gebe. Er hielt seine Informanten für glaubwürdig. Ein Grund könnte gewesen sein: Piccolomini hatte zwei Gruppen von Informanten. Die einen sagten ihm, die Bibel liege in einer Auflage von 158 Exemplaren vor, andere nannten 180 Exemplare. Übereinstimmend setzten beide Gruppen voraus, dass der Bibeldruck abgeschlossen war.

Dass Piccolominis Informanten den Bibeldruck übereinstimmend für vollendet hielten, lässt sie auch aus heutiger Sicht als glaubwürdig erscheinen, zumal die Auffassung, der Bibeldruck sei erst im Jahre *1456* zur Vollendung gelangt, aus mehreren Gründen anfechtbar ist. Diese Ansicht beruht in der Hauptsache auf den Vermerken des Rubrikators Heinrich Albch, genannt Cremer, über die Beendigung seiner Arbeit, die im Papierexemplar der Bibliothèque Nationale (Paris) zu finden sind. Die Vermerke sind mit den Daten des 15.8.1456 (im zweiten Band) und des 24.8.1456 (im ersten Band) versehen.[38] Der August 1456 bildet jedoch nur einen „terminus ante quem", so dass sich aus den Vermerken ein Schluss auf den genauen Zeitpunkt der Vollendung des Drucks nicht ableiten lässt.[39]

Das Argument, der Druck und Vertrieb der Bibeln seien noch nicht abgeschlossen gewesen, als das Urteil im Verfahren Fust gegen Gutenberg gesprochen wurde (Herbst 1455), ist hinfällig geworden. Die vorliegende Untersuchung hat gezeigt, dass der Druck und Vertrieb der Bibel bereits beendet waren, als der Konflikt entstand, der dann zum Gerichtsverfahren führte.[40] Im ersten Band eines Pergamentexemplars der B 42, das sich bis 1945 im Deutschen Museum für Buch und Schrift (Leipzig) befand und heute in der Russischen Staatsbibliothek (Moskau) aufbewahrt wird, findet sich eine handschriftliche Eintragung, die lange Zeit „sträflich vernachlässigt worden ist".[41] Diese Notiz lautet: „1453". Es hat demnach bereits im Jahre 1453 ein vollständiges Exemplar des ersten Bandes der B 42 gegeben, so dass der Bibeldruck insgesamt 1453 oder in der ersten Jahreshälfte 1454 abgeschlossen worden sein muss.

38 Vgl. Bechtel (1992), S. 360 f.; Bechtel bezeichnet als Aufbewahrungsort die Bibliothèque Mazarine (Paris); die im Text genannte Bibliothèque Nationale (Paris) wird dagegen von Corsten (1979), S. 55 und König (1995), S. 32 (= Nr. 34) angegeben.

39 Vgl. Wehmer (1970), S. 472 Anm. 11; Bechtel (1992), S. 360.

40 Vgl. S. 124.

41 Vgl. Corsten (1979), S. 56; Dolgodrova (1997), S. 75; Hoffmann (2004), S. 217 f.

3. Der Vertrieb der Bibeln

Aus der Feststellung Piccolominis, bereits vor dem Abschluss des Bibeldrucks seien Käufer bereitgestanden, schließen einige Autoren, dass die Bibeln im Wege der Subskription verkauft wurden.[42] In größerem Stil wurde die Subskription von Büchern zwar erst im 17. Jahrhundert eingeführt.[43] Dies schließt aber nicht aus, dass sie in Einzelfällen schon vorher praktiziert wurde. Die erste nachweisbare Subskription von Büchern ist denn auch für das Jahr 1476 belegt.[44] Die Käufer der Bibel mussten also möglicherweise den gesamten oder vielleicht auch nur einen Teil des Kaufpreises im Vorhinein bezahlen und hatten dann einen Anspruch auf Lieferung einer gedruckten Bibel. Eine derartige Verkaufsmethode wäre für Gutenberg und Fust günstig gewesen: Noch vor der Vollendung und der Auslieferung der Bibeln hätten sie den Verkaufserlös oder zumindest einen Teil davon in Händen gehabt, was auf Grund der hohen Investitionskosten besonders wichtig war. Im 15. Jahrhundert war die Zahlungsmoral in der Regel schlecht. Die Käufer bezahlten die ihnen gelieferten Waren häufig erst nach Monaten, wenn nicht sogar nach Jahren.[45] Der Vertrieb durch Subskription hätte Fust und Gutenberg vor den damit verbundenen Problemen zumindest teilweise bewahrt. Sollte die Auflage der B 42 während des Drucks erhöht worden sein, wie angenommen wird,[46] würde dies ebenfalls für den Ver-

---

42 Vgl. Needham (1985), S. 313; Davis (1996a), S. 199; Davies (1996b), S. 41; als Möglichkeit gesehen von Bohnsack (1999), S. 11; von Stromer (1993), S. 72; Rautenberg (1999), S. 348; Wagner (2000), S. 132; Schneider (2000), S. 213; Janzin/Güntner (2007), S. 114. Weber (2004), S. 71 stellt fest, der Brief des Piccolomini zeige, dass „Gutenberg überwiegend auf Bestellung druckte". Powitz (1999), S. 23 spricht ebenfalls von „Vorbestellungen". Meuthen (1982), S. 110 gibt zu bedenken, die Angabe, alle Bücher hätten sich rasch verkauft, könne auch bloße „Werbetaktik" gewesen sein. Dazu merkt König (1986), S. 293 Anm. 37 mit Recht an, die Häufigkeit des Bibeldrucks in der anschließenden Frühdruckgeschichte spreche dafür, dass sich die Bibeln tatsächlich rasch verkauften. Auch stammt die Äußerung, wonach sich die Bibeln rasch verkauften, nicht von einer an Werbung interessierten Person (etwa Gutenberg oder Fust), sondern von insofern Unbeteiligten (nämlich Informanten Piccolominis), wenngleich nicht auszuschließen ist, dass diese Äußerung letztlich auf Informationen zurückging, die aus dem Bereich der Gemeinschaftsdruckerei Fust/Gutenberg stammten.

43 Vgl. Olbrich (1937), S. 355.

44 Vgl. Schneider (2000), S. 213.

45 Vgl. Hoffmann (1993b), S. 123.

46 Für eine Erhöhung der Auflage noch während des Drucks spricht Folgendes: Die Bibel hat in der Regel 42 Zeilen pro Seite, während einige Seiten nur 40 Zeilen aufweisen. Es gibt aber Exemplare, in denen anstelle der zu erwartenden 40 Zeilen die sonst üblichen 42 Zeilen zu finden sind. Teile der Bibel müssen also neu gesetzt worden sein; vgl. Corsten (1979), S. 37 f. Allerdings lässt sich einwenden, dass der Neusatz nicht notwendigerweise auf einer Auflagenerhöhung beruht, sondern andere Gründe gehabt haben kann, z.B. könnten Bögen durch irgendwelche Umstände verdorben worden sein; vgl. Hanebutt-Benz (2000), S. 188.

trieb durch Subskription sprechen: Nur wenn Gutenberg und Fust sicher sein konnten, dass die Bibel ohne Schwierigkeiten absetzbar war, konnten sie eine Auflagenerhöhung wagen.[47] Einiges spricht somit dafür, dass die Bibeln im Wege der Subskription vertrieben wurden. Hier könnte eine Verbindung zum „erstaunlichen Mann“ bestehen, der in Frankfurt, vielleicht auf der Messe, gesehen worden war: Er zeigte möglicherweise Teile der gedruckten Bibel, stellte die Vollendung des Werkes in Aussicht und lud zur Subskription ein.

Piccolomini stellte fest, es werde schwierig, wenn nicht unmöglich sein, ein Exemplar für Carvajal zu erwerben. Im Oktober 1454 waren also wohl schon alle Bibeln verkauft.[48] Dies lässt einen Schluss darauf zu, welche Funktion den Lagen der Bibel zukommt, die Piccolomini in Frankfurt gesehen hat. Die Lagen können nicht im Rahmen einer Werbeaktion für die Bibel gezeigt worden sein. Da die Bibeln im Oktober 1454 bereits verkauft waren, bedurfte es der Werbung für sie nicht mehr. Vielleicht haben Fust, Schöffer oder Gutenberg nach der Vollendung des Drucks und dem Vertrieb der B 42 Lagen gezeigt oder zeigen lassen, um auf die Qualität ihrer jeweiligen Werkstatt aufmerksam zu machen und um Aufträge zu akquirieren. Denkbar ist auch, dass die Lagen früher einmal zu Werbezwecken für die B 42 gezeigt worden waren, in Frankfurt aber noch vorhanden waren und den Gewährsleuten Piccolominis in die Hände gerieten (falls sie es gewesen sein sollten, die ihm die Lagen zeigten).

4. Zum Zeitpunkt der Entstehung des Konflikts

Da der Bibeldruck 1453 oder 1454 abgeschlossen wurde, dürfte der Konflikt auch in dieser Zeit entstanden sein. Fust hat sicher bald danach Klage erhoben.[49] Auffällig ist allerdings, dass die gerichtliche Entscheidung erst im Herbst 1455 verkündet wurde. Fragt man, wie sich eine derart lange Prozessdauer erklären

---

47 Vgl. Wagner (2000), S. 132.

48 Dies setzt allerdings voraus, dass Piccolomini nicht erst in Wiener Neustadt, sondern bereits in Frankfurt erfahren hatte, dass schon Käufer bereitgestanden seien, noch bevor die Bibeln vollendet waren.

49 Geldner (1954), S. 98 stellt fest, die Klage sei „wohl im Sommer 1455“ erhoben worden. Blum (1954), S. 43 führt aus: „Vermutlich hat Fust Gutenberg im August oder September 1455 verklagt.“ Hartwig (1900a), S. 21 konstatiert, Fust habe im Laufe des Sommers 1455 oder des Herbstes 1455 geklagt. Hoffmann (1993b), S. 121: Klageerhebung „im Herbst 1455“. Wagner (2000), S. 133: Klage im Frühjahr 1455; Scholderer (1954), S. 278: „lawsuit in 1455“. Hoffmann (1993a), S. 265; Hoffmann (2004), S. 16 gelangt auf Grund der Zinsforderung Fusts (140 Gulden) für die „zweiten“ 800 Gulden (die zur Verköstigung des Personals bestimmt waren) und der Annahme, mit dem Bibeldruck sei Anfang 1452 begonnen worden, zu dem Schluss, der Prozess habe etwa Mitte Oktober 1455 stattgefunden.

lässt, so lässt sich Folgendes überlegen: Das deutsch-rechtliche Verfahren des 15. Jahrhunderts scheint im Unterschied zum römisch-kanonischen Zivilprozess im Allgemeinen rasch und zügig betrieben worden zu sein.[50] Piccolomini stellte im Jahre 1438 fest:[51]

> „In ganz Deutschland gibt es weder Richter noch Advokaten. Folglich auch keine schriftlichen Verfahren und Frageartikel, summarisch gehen sie vor und nach der guten Gewohnheit."

Wenn Piccolomini den „summarischen" Charakter des deutsch-rechtlichen Verfahrens im Unterschied zum langwierigen und komplizierten römisch-kanonischen Zivilprozess betonte,[52] so stellt sich die Frage umso dringlicher, wie erklärt werden kann, dass das Verfahren gegen Gutenberg erst im Herbst 1455 abgeschlossen wurde.

Geldner ist der Auffassung, der Streit zwischen Fust gegen Gutenberg sei umfangreich und verwickelt gewesen[53] – eine Ansicht, die als plausibel erscheinen könnte, wenn man mit Geldner voraussetzt, dass es noch zusätzliche, unbekannte Klageartikel gegeben hat.[54] Der Konflikt war jedoch weder besonders kompliziert[55] noch hatte Fusts Klage weitere, nicht überlieferte Artikel zum Inhalt.[56] Das Verfahren konnte wohl an wenigen Terminen durchgeführt werden. Mehr als ein Jahr war dazu nicht erforderlich. Leopold Hallein berichtet aller-

---

50 Vgl. Weitzel (2000), S. 77.

51 Vgl. Weitzel (2000), S. 55; zitiert nach Hagemann in: Wege europäischer Rechtsgeschichte (1987), S. 90. Im Hinblick auf das Basler Schöffengericht heißt es bei Piccolomini: „Alles geht summarisch und man hält es für das Gemeinwesen für nützlicher, der einen Partei rasch zu genügen, als durch verzögerliche Untersuchung beide zu hintergehen." Weitzel (2000), S. 74.

52 Der Wert dieser Äußerung sollte allerdings nicht überschätzt werden. Sie ist einige Zeit vor dem Prozess gegen Gutenberg gefallen und sie bezieht sich nicht auf Mainz, sondern pauschal auf Deutschland insgesamt. Um die Äußerung einschätzen zu können, wäre es zudem erforderlich, die Motive und Tendenzen zu untersuchen, die der Äußerung zu Grunde liegen.

53 Geldner (1972), S. 100 f. und 118; Geldner (1968b), S. 310. Geldner stützt seine Auffassung auf die im Urteil enthaltene Formel, wonach das Gericht auf der Grund der Klage, der Antwort, der Widerrede und Nachrede sowie vieler anderer Worte der beiden Parteien sein Urteil gesprochen habe (vgl. Z. 47 f.). Der von Geldner zitierte Satz bildete jedoch ein in Urteilen häufig verwendete Formel (vgl. z.B. Schlosser 1971, S. 389), die nichts über den Umfang und den Schwierigkeitsgrad des Streits aussagte.

54 Vgl. Geldner (1972), S. 103 Anm. 19; vgl. auch Geldner (1966), S. 2537, wonach der oder die anderen Klagepunkte völlig unbekannt sind.

55 Das Gericht hatte im Wesentlichen nur über zwei Forderungen zu entscheiden: den Anspruch Fusts auf Zahlung von Zinsen und die Forderung Gutenbergs auf Erstattung des Betrages, den er für die Gesellschaft geleistet hatte.

56 Vgl. S. 115.

dings, in der Mainzer Justiz des 15. Jahrhunderts seien Prozesse häufig verschleppt worden.[57] Möglich ist daher, dass der Prozess Fust gegen Gutenberg zwar schon 1453 oder 1454 begann, dann aber verschleppt wurde, so dass das Urteil erst im Herbst 1455 gesprochen wurde.[58] Vielleicht war es aber auch so, dass die Subskribenten der Bibel zunächst nur einen *Teil* des Kaufpreises zu zahlen hatten und dass sie sich, nachdem sie die Bibeln einmal erhalten hatten, Zeit ließen, um den Rest des Kaufpreises zu bezahlen. Ein solches Verhalten war seinerzeit üblich.[59] Der Vertrieb hätte dann erst 1455 abgeschlossen werden können, so dass es erst in diesem Jahre zum Konflikt und zur Klage gekommen wäre.

5. Wann trennte sich Fust von Gutenberg?

Die Arbeitskräfte, die Fust benötigte, um eine neue, eigene Werkstatt einzurichten, waren so lange gebunden, wie der Bibeldruck dauerte. Erst nach der Vollendung des Drucks (1453/1454) konnte Fust damit beginnen. Für den Fall, dass Fust oder Gutenberg sich entschließen sollte, das gemeinsame Unternehmen nicht fortzuführen, war im Gesellschaftsvertrag vielleicht sogar ein Wettbewerbsverbot enthalten, das heißt eine Klausel, die es Fust untersagte, vor dem Ende des Unternehmens eine eigene Druckerei einzurichten.[60] Da der Vertrieb noch zum gemeinsamen Unternehmen gehörte,[61] besteht aber wohl die Möglichkeit, dass ein solches Verbot nicht erst mit dem Abschluss des Vertriebs und damit des Gesellschaftsverhältnisses insgesamt außer Kraft trat, sondern bereits mit der Vollendung des Drucks. Diese Überlegung führt ebenfalls zu der Annahme, dass Fust 1453 oder 1454 mit der Einrichtung einer eigenen Werkstatt begonnen haben kann.

---

57 Vgl. Hallein (1891b), S. 45. Hallein weist zusätzlich noch auf die zahlreichen Feiertage hin.

58 Im Hinblick auf das weltliche Gericht zu Bamberg vgl. Ott (1980), S. 169 Anm. 633: Eine Eidesleistung hatte in „dreyen virtzehen tagen und dreyen tagen“ stattzufinden. Blum (1954), S. 11 und 43 nennt Oktober 1455.

59 Vgl. Hoffmann (1993b), S. 123.

60 In den Verträgen süddeutscher Handelsgesellschaften waren jedenfalls häufig Wettbewerbsverbote enthalten; vgl. Lutz (1976), S. 307 ff. Die Wettbewerbsverbote der süddeutschen Handelsgesellschaften verloren ihre Geltung, sobald die jeweilige Handelsgesellschaft beendet war; vgl. Lutz (1976), S. 308 f.

61 Vgl. S. 123 f.

Im Hinblick auf die zyprischen Ablassbriefe, die in den Jahren 1454 und 1455 gedruckt und verkauft wurden,[62] ergibt sich eine weitreichende Konsequenz. Inhaltlich stimmen die Ablassbriefe zwar weitestgehend überein, unterscheiden sich aber zum Beispiel in Bezug auf die Schriftart, die Zeilenzahl und die Schreibweise mancher Worte. Zwei Ausgaben lassen sich unterscheiden, der 30-zeilige und der 31-zeilige Ablassbrief. Der früheste überlieferte 31-zeilige Ablassbrief wurde laut handschriftlicher Eintragung am 22.10.1454 verkauft, der früheste 30-zeilige am 27.2.1455.[63] Umstritten ist nun, ob die Ablassbriefe von zwei Druckern und in zwei Werkstätten produziert wurden oder ob es nur ein Drucker war, der, aus welchen Gründen auch immer, zwei unterschiedliche Ausgaben herstellte. Unklar ist daher auch, wer der oder die Drucker waren. Die Frage ließ sich so lange schwer beantworten, wie angenommen wurde, dass der Bibeldruck erst 1456 abgeschlossen wurde. Unter dieser Voraussetzung konnte Fust nämlich frühestens 1456 mit der Einrichtung einer eigenen Werkstatt beginnen, so dass er als Drucker der Ablassbriefe nicht in Betracht kam. Wenn man dagegen annimmt, dass die B 42 bereits 1453 oder 1454 vollendet war, stellt sich die Situation einfacher dar: Zu vermuten ist, dass Fust 1453 oder 1454 mit der Einrichtung einer eigenen Werkstatt begann, so dass er Ende 1454 oder zu Beginn des Jahres 1455 in der Lage war, eine Ausgabe der Ablassbriefe zu produzieren. Die beiden Ausgaben wurden also wohl in zwei verschiedenen Werkstätten gedruckt; eine gehörte Gutenberg, die andere Fust.[64] Als dieser im Verfahren gegen Gutenberg seinen Eid leistete (5.11.1455), hat es bereits zwei Druckereien gegeben. Im Notariatsinstrument sind einige Zeugen benannt, die im Auftrag Gutenbergs erschienen waren, andere traten für Fust auf. Unter den Zeugen befanden sich auch Drucker: Für Fust war Peter Schöffer erschienen (Z. 69), für Gutenberg hatten sich Berthold Ruppel und Heinrich Kefer eingefunden (Z. 14 f.).[65] Diese Zeugen lassen sich zwei konkurrierenden Werkstätten zuordnen: Schöffer war in Fusts neuer Werkstatt tätig, Ruppel und Kefer arbeiteten im Betrieb Gutenbergs.

---

62 Zum Folgenden vgl. Ing (1983), S. 14 ff.; Kapr (1988), S. 189 f.; Bechtel (1992), S. 410 ff.

63 Zedler (1929), S. 30 ff. vertrat die Ansicht, Gutenberg und Fust hätten sich wegen der Herstellung der zyprischen Ablassbriefe entzweit. Kapr (1988), S. 193 f. ist der Auffassung, dass Gutenberg vielleicht einen Teil des Geldes, das Fust für den Druck der B 42 gegeben hatte, für den 31-zeiligen Ablassbrief abgezweigt hatte. Die Ablassbriefe wurden jedoch lange nach der Trennung hergestellt.

64 Vgl. Corsten (1979), S. 61.

65 Vgl. Schorbach (1900), S. 268 Anm. 1.

I. Resümee

1. *Das zuständige Gericht:* Das Verfahren Fust gegen Gutenberg fand nicht, wie in der Gutenbergforschung gelegentlich angenommen wird, vor dem Rat der Stadt Mainz, sondern ausschließlich vor dem weltlichen Gericht (dem Stadtgericht) zu Mainz statt. Der Prozess wurde einige Jahrzehnte vor der Rezeption des gemeinen Rechts (ius commune) in Mainz durchgeführt, die um die Wende vom 15. zum 16. Jahrhundert vollzogen wurde. Das Gericht bestand nicht aus gelehrten Richtern (studierten Juristen), sondern aus Laien: einem vorsitzenden Richter und Schöffen (deren Zahl unbekannt ist). Gutenberg hatte einen Fürsprecher zur Seite. Fust dürfte ohne Fürsprecher aufgetreten sein. In einem Punkt folgte das Gericht vielleicht dem gemeinen Recht: Als Gerichtsschreiber war möglicherweise ein öffentlicher Notar, Ulrich Helmasperger, tätig (vor der Rezeption war dies sonst nur in der geistlichen Gerichtsbarkeit üblich).

2. *Das anzuwendende Recht:* Was das *Verfahren* angeht, so waren die Prinzipien des deutsch-rechtlichen Gerichtsganges maßgeblich. Der Prozess wurde öffentlich und mündlich geführt. Es sind allerdings drei Elemente des römisch-kanonischen Zivilprozessrechts, das zum gemeinen Recht gehörte, nachweisbar: die Gliederung der Klage Fusts in „Artikel“ (vgl. 5.), ferner die Tatsache, dass das Gericht den öffentlichen Notar und mutmaßlichen Gerichtsschreiber Helmasperger beauftragt hatte, einen Eid entgegenzunehmen, und schließlich die von Fust gesprochene Eidesformel. Als *materielles* Recht musste das Gericht vor allem die Regelungen beachten, die in den zwischen Gutenberg und Fust geschlossenen Verträgen enthalten waren. Einschlägig war zudem das Wucherverbot, das zwar dem kanonischen Recht entstammte, im weltlichen Recht aber ebenfalls maßgeblich war.

3. *Die umstrittenen Punkte:* Fust verlangte von Gutenberg ein Darlehen (800 Gulden) zurück. Der Darlehensvertrag war schriftlich, in einem „Zettel“, niedergelegt. Gutenberg erkannte prinzipiell an, ein Darlehen empfangen zu haben, dieser Punkt war nicht umstritten. Gleichwohl hatte Gutenberg das Darlehen nicht zurückgezahlt – nicht, weil er zahlungsunfähig gewesen wäre, wie in der Gutenbergforschung häufig angenommen wird, sondern weil streitig war, wie viel Fust von Gutenberg *insgesamt* verlangen durfte. Außerdem machte Fust geltend, Gutenberg habe die von ihm zu leistenden Zinsen nicht gezahlt, so dass er, Fust, einen weiteren Kredit gegen Zinsen habe aufnehmen müssen. Den Betrag, den er für die Zinsen habe zahlen müssen, verlange er von Gutenberg ersetzt. Gutenberg wies den Anspruch zurück mit der Begründung, Fust habe ihm die Zinsen erlassen. Fust verlangte damit nicht Zinseszinsen, wie in der

Gutenbergforschung allgemein angenommen wird, sondern er machte einen Anspruch auf Ersatz von Verzugsschaden geltend. Schließlich behauptete Fust, einen weiteren Kredit (wiederum in Höhe von 800 Gulden) an Gutenberg gezahlt zu haben, den er ebenfalls (samt Zinsen und Ersatz von Verzugsschaden) zurückverlangen könne. Gutenberg machte dagegen geltend, diesen Betrag habe Fust nicht als Darlehen, sondern auf der Grundlage eines Gesellschaftsvertrages geleistet. Der Zweck der Gesellschaft habe darin bestanden, Bücher (Bibeln) zu drucken. Fust habe sich vertraglich verpflichtet, für die Kosten des gemeinsamen Unternehmens aufzukommen. Umstritten war nicht, ob der Bibeldruck auf der Grundlage eines Darlehens- oder eines Gesellschaftsvertrages durchgeführt wurde, sondern ob Fust auch die Kosten für die Verpflegung des Personals tragen musste (oder ob er diese Kosten von Gutenberg zurückverlangen durfte). Was den Teil der Verhandlung betrifft, der im Notariatsinstrument nicht wiedergegeben ist, so ist der folgende Ablauf wahrscheinlich: Fust räumte ein, dass er auf Grund eines Gesellschaftsvertrages verpflichtet war, für die gesamten Kosten des gemeinsamen Unternehmens und damit auch für die Verköstigung des Personals aufzukommen. Daraufhin machte Gutenberg geltend, dass er Geld aus eigenen Mitteln für das gemeinsame Unternehmen habe zuschießen müssen. Den entsprechenden Betrag könne er von Fust erstattet verlangen. Dieser entgegnete, Gutenberg habe nicht alles Geld, das für die Verköstigung bestimmt gewesen sei, für Zwecke der Gesellschaft ausgegeben. Nicht sicher ist, ob Fust seine Behauptung mit dem Vorwurf verknüpfte, Gutenberg habe einen Teil dieses Geldes *absichtlich* für andere Zwecke verwendet und damit, um einen modernen Ausdruck zu verwenden, Untreue begangen, wie dies in der Gutenbergforschung allgemein angenommen wird. Möglich ist auch, dass er lediglich behauptete, es müsse noch Geld übrig sein, oder dass er geltend machte, Gutenberg habe dieses Geld versehentlich für andere Zwecke verwendet, oder dass er sich zum Verbleib des Geldes nicht weiter äußerte. Um die Frage der später gezahlten 800 Gulden zu klären, stellte Gutenberg bei Gericht den Antrag, eine Abrechnung darüber vornehmen zu dürfen, wofür er das Geld verwendet hatte.

4. *Das Urteil:* Um das wichtigste Ergebnis vorwegzunehmen: Gutenberg hat den Prozess nicht verloren, wie in der Gutenbergforschung zumeist behauptet wird. Dies ergibt sich aus Folgendem: Im mittelalterlichen, deutsch-rechtlichen Verfahren hatten Urteile in der Regel nicht explizit materiell-rechtliche Entscheidungen zum Inhalt, sondern Verfahrensentscheidungen; es waren Beweisurteile. Im Hinblick auf eine umstrittene Frage wurde jeweils einer Partei das Beweisvorrecht zuerkannt. Die Verteilung der Beweisrollen erfolgte, von Ausnahmen abgesehen, nicht nach feststehenden Regeln. Im Allgemeinen erhielt das Beweisvorrecht die Partei zugesprochen, die der Sache am Nächsten stand und daher zur Beweisführung am ehesten in der Lage war und die auch Beweis führen wollte. Materiell-rechtliche Gründe dürften bei der Verteilung der Beweisrollen

ebenfalls von Bedeutung gewesen sein. Es lag an der jeweiligen Partei, die vom Gericht zugelassenen Beweise zu erbringen. Tat sie dies, so stand fest, dass ihr der dadurch bewiesene Anspruch zustand. Andernfalls konnte sie den von ihr behaupteten Anspruch nicht durchsetzen. Derartige Entscheidungen werden zweizüngige Urteile genannt, sie bildeten zumeist Endurteile. Die Entscheidung des Mainzer weltlichen Gerichts im Fall Fust gegen Gutenberg ist ein zweizüngiges, ja sogar ein „vierzüngiges" Urteil: Es wurden *zwei* Streitfragen geklärt – durch jeweils zwei, auf mögliche Resultate bezogene Entscheidungen. *Fust* erhielt das Recht, durch Eid oder Zeugen zu beweisen, dass er den Gutenberg gewährten Kredit selbst gegen Zinsen aufgenommen hatte. Wenn Fust eine solche Beweishandlung vornahm, durfte er von Gutenberg Zinsen verlangen. Auf die weitere Frage, ob Fust Ersatz von Verzugsschaden beanspruchen dürfe, ging das Gericht nicht ein. Sollte das Gericht einen derartigen Anspruch für möglich gehalten haben, wäre es seine Aufgabe gewesen, einer Partei das Beweisvorrecht im Hinblick auf diese Frage zuzusprechen. Dies hat es nicht getan, vielleicht weil Fust eingeräumt hatte, dass er keinen weiteren Kredit gegen Zinsen aufgenommen hatte. Was die Frage betrifft, ob Gutenberg aus eigenen Mitteln etwas für das gemeinsame Unternehmen (den Bibeldruck) beigesteuert oder ob er einen Teil des für diesen Zweck von Fust empfangenen Geldes nicht für das Unternehmen ausgegeben hatte, so wurde *Gutenberg* das Beweisvorrecht zugesprochen: Er durfte die von ihm beantragte Abrechnung über die Verwendung der für das Unternehmen gezahlten 800 Gulden vornehmen. Falls sich dabei ergeben sollte, dass er aus eigenen Mitteln etwas in das Unternehmen investiert hatte, konnte er diesen Betrag von Fust erstattet verlangen und verrechnen – mit den 800 Gulden, die er auf Grund des Darlehensvertrages zurückzahlen musste. Wenn sich dagegen erweisen sollte, dass er nicht alles Geld für das Unternehmen ausgegeben hatte, musste er diesen Betrag an Fust zurückzahlen. *Nicht* entschieden wurde, ob Gutenberg den von Fust empfangenen Kredit (800 Gulden) zurückzahlen musste. Diese Frage war unstreitig und brauchte vom Gericht nicht behandelt zu werden. Gutenberg hätte den Prozess nur verloren, wenn das Gericht die Beweisvorrechte allein *Fust* zugewiesen hätte. Die Feststellung des Johannes Arnold (Bergellanus) von 1541, in diesem Jahr sei der Prozess noch anhängig gewesen, ist unglaubwürdig. Die Entscheidung von 1455 bildet ein Endurteil. Zur Einschätzung des Urteils, zunächst verfahrensrechtlich: Was die Behauptung Fusts angeht, er habe Gutenberg die Zinsen *nicht* erlassen, so war es üblich, einem Kläger, der Zinsen forderte, das Recht zur Beweisführung (durch Eid oder Zeugen) einzuräumen. Das Gericht folgte dieser Regel. Auch im Hinblick auf die Streitpunkte, die sich auf das gemeinsame Unternehmen bezogen, hat das Gericht das Beweisvorrecht so zugewiesen, wie es dem damals maßgeblichen Recht entsprach. Zur materiellrechtlichen Bewertung: Indem das Gericht, was die Zinsfrage angeht, Fust das Beweisvorrecht zuteilte, hat es ihm auch in der Sache Recht gegeben. Das Gericht nahm an, dass Fust das an Gutenberg gezahlte Darlehen selbst als Kredit gegen Zinsen aufgenommen und daher nicht auf die Zinsen verzichtet hatte. In Bezug auf Gutenbergs Feststellung, er habe aus eigenen Mitteln einen gewissen Betrag für das gemeinsame Unternehmen aufgebracht, gab das Gericht in der Sache Gutenberg Recht. Die Verteilung der Beweisrollen und die dahinterstehenden materiell-rechtlichen Erwägungen sind gut nachvollziehbar. Das Gericht ist nicht parteilich gegen Gutenberg vorgegangen.

5. *Die Artikel der Klage:* Im Verfahren gegen Gutenberg bezeichnete ein „Artikel" einen Punkt, der zwischen den Parteien umstritten war. Dieser Terminus entstammte dem römisch-kanonischen Zivilprozessrecht, das von den geistlichen Gerichten anzuwenden war. Die Benutzung des Ausdrucks im Notariatsinstrument beruht auf einer terminologischen Anleihe beim kanonischen Recht. Anders als von der herrschenden Meinung in der Gutenbergforschung angenommen, gab es keine unbekannten Klageartikel und darauf bezogene Urteile. Die im Notariatsinstrument wiedergegebene Klage ist vollständig überliefert und setzte sich aus zwei Artikeln zusammen:

- Der erste Artikel bezog sich auf den Darlehensvertrag, genauer: auf Fusts Anspruch auf Rückzahlung des Darlehens (800 Gulden), seine Zinsforderung sowie auf die Frage, ob Gutenberg Zinsen und Ersatz von Verzugsschaden zahlen musste.

- Der zweite Artikel betraf die später gezahlten 800 Gulden, die der Klage zufolge einen weiteren Kredit gebildet hatten, tatsächlich aber für das gemeinsame Unternehmen (die Verköstigung) gezahlt worden waren.

Die Entscheidung des Gerichts, Fust dürfe durch Eid oder Zeugen beweisen, dass er selbst Zinsen habe zahlen müssen, bezog sich auf den ersten Klageartikel. Die Entscheidung, Gutenberg sei zur Abrechnung befugt, betraf das gemeinsame Unternehmen und damit den zweiten Klageartikel.

6. *Die Umstände der Entstehung des Streits:* Als der Druck und der Vertrieb der Bibeln abgeschlossen waren und das gemeinsame Unternehmen sein Ende gefunden hatte, wurde kein neuer Vertrag geschlossen, auf dessen Grundlage der Druckbetrieb hätte fortgeführt werden können. Die beiden Partner trennten sich. Der Beschluss zur Trennung dürfte von Fust ausgegangen sein. Es brachte für ihn finanzielle und andere geschäftliche Vorteile mit sich, wenn er sich von Gutenberg lossagte. So musste er nicht länger den Gewinn mit ihm teilen und konnte allein über das Verlagsprogramm und die künstlerische Ausstattung der Bücher entscheiden. Ein zusätzlicher *Konflikt*, der zur Trennung führte, braucht entgegen der allgemeinen Auffassung in der Gutenbergforschung nicht

notwendigerweise angenommen zu werden. Die genannten, für Fust entstehenden Vorteile reichten aus, um eine Trennung zu begründen. Wohl seit Beginn seiner Beziehung zu Gutenberg hatte Fust die Absicht, später einmal eine eigene Werkstatt zu unterhalten und dabei mit Peter Schöffer zusammenzuarbeiten. Mit dem Abschluss des Vertriebs der Bibeln war nicht nur der Zweck des gemeinsamen Unternehmens erreicht – auch der Anspruch Fusts auf Rückzahlung des Kredits wurde fällig: Die Fälligkeit trat gemäß dem Darlehensvertrag ein, sobald Gutenberg den ihm gebührenden Teil des Erlöses aus dem Verkauf der Bibeln empfangen hatte. Die beiden Kontrahenten gingen nun daran, ihre geschäftliche Beziehung, das heißt den Darlehensvertrag und das Gesellschaftsverhältnis, abzuwickeln. Dabei kam es zum Konflikt. Die Streitpunkte waren die gleichen, die im Prozess verhandelt wurden. Beachtet werden sollte jedoch:

- Die von Fust geltend gemachte Zinsforderung hatte schon während des Bibeldrucks eine Rolle gespielt, die Behebung des Streits war jedoch auf das Ende des gemeinsamen Unternehmens vertagt worden.

- Es ist nicht sicher, ob die Behauptung Fusts, Gutenberg habe für die Verköstigung bestimmtes Geld nicht für diesen Zweck verwendet, den Konflikt ausgelöst hat, wie dies in der Gutenbergforschung häufig angenommen wird. Möglich ist auch, dass Gutenbergs Erstattungsanspruch zum Streit geführt hat und dass Fusts Forderung nur eine Reaktion darauf bildete.

Nicht der Streit, der zum Prozess führte, hat die Trennung verursacht, wie allgemein vermutet wird. Es verhielt sich umgekehrt: Die von Fust beschlossene Trennung führte zu Abwicklungsproblemen, die Fust dazu brachten, Klage zu erheben. Fust hat auch nicht „vorzeitig" geklagt, wie es in der Gutenbergforschung heißt. Er hat erst Klage erhoben, als seine Forderung auf Rückzahlung des Kredits gemäß dem Darlehensvertrag fällig war. Erst *nach* dem Eintritt der Fälligkeit kam es zum Streit und zum Prozess.

7. *Die Folgen des Urteils:* Zur Zeit des Urteils dürfte Gutenberg zahlungsfähig gewesen sein. Es kann nicht angenommen werden, dass Fust sich auf Grund eines ihm am Druckgerät zustehenden Pfandrechts die Werkstatt oder Teile davon angeeignet hat. Nichts an Gutenbergs späterem Lebensweg weist mit einiger Sicherheit oder Plausibilität darauf hin, dass er durch die an Fust zu leistenden Zahlungen in Armut geraten ist. Der Prozess bildet nicht die für Gutenbergs weiteren Lebensweg entscheidende Weichenstellung. Ausschlaggebend war vielmehr, dass Fust beschloss, sich von Gutenberg zu trennen. Der Konflikt und der Prozess waren nur eine Folge dieser Entscheidung.

8. *Der Brief Piccolominis:* Nicht Piccolomini hat den im Brief erwähnten „erstaunlichen Mann" in Frankfurt am Main zur Zeit des Reichstages (Oktober 1454) zu Gesicht bekommen, wie in der Gutenbergforschung häufig festgestellt wird. Der Mann wurde schon beträchtliche Zeit früher in Frankfurt gesehen – von unbekannten Personen. Möglicherweise hat der im Brief erwähnte „erstaunliche Mann" Teile einer Bibel, vielleicht auf der Frankfurter Messe, gezeigt und dabei zur Subskription des gesamten Werks eingeladen. Der Bibeldruck muss 1453 oder 1454 abgeschlossen worden sein. Unklar ist, ob der Konflikt zwischen Fust und Gutenberg unmittelbar nach dem Abschluss des Drucks entstand (1453/54) oder erst später (1455). Fust könnte sich 1453 oder 1454 von Gutenberg getrennt und mit der Einrichtung einer eigenen Druckwerkstatt begonnen haben.

Anhang: Das Helmasperger'sche Notariatsinstrument (6.11.1455)

(Quelle: Internet: http://www.gutenbergdigital.de/gudi/dframes/index.htm)

In gottes namen amen. Kunt sy allen den, die dieß offen instrument sehent oder horent lesen, das des jars, als man zait / [2]nach Cristi vnsers hern geburt dusent vierhundert vnd funffvndfunffzigk jar, in der dritten indictien, uff dornstag, der do was / [3]der seste dag des mondes zu latin genant Nouember, cronung des allerheiligsten in gott vater vnd hern, vnsers hern Calisti, von gotlicher / [4]vorsichtikeit des dritten babstes, in den ersten jar, zuschen eilffen vnd zwelff uwern in mittemdage, zu Mencz zu den barfus- / [5]sen in dem großen refender in myn offenbar schriber vnd der gezugen hernach benent gegenwertkeit personlich ist gestanden / [6]der ersam vnd vorsichtig man Jacob Fust, burger zu Mencz, vnd von wegen Johannis Fust, sines bruders, auch do selbst gegen- / [7]wertigk, hat vorgeleget, gesprochen vnd offenbart, wie zuschem dem itzgenant Johan Fust, sinem bruder, uff ein vnd Johan Guten- / [8]berg uff die ander parthy, dem itzgenanten Johann Guttenberg zu sehen vnd zu horen, solchen eydt dem genanten Johann Fust / [9]nach lude vnd Inhalt des rechtspruchs zwischen beden parthyen gescheen, bescheiden vnd offgesaczt durch den selben Johan Fust / [10]thun, ein entlicher tag uff hude zu dieser stunde in die couent Stuben do selbst gesetzt, gestempt vnd benent sy, Vnd off daz / [11]die brüder deß itzgenanten closters, noch in der couent Stuben versamelt, nit bekummert nach beswert werden, ließ der genant / [12]Jacob Fust durch sin boden in der egemelten stuben erfragen, ob Johann Gudenberg oder ymant von sint wegen in dem closter / [13]in obgerurter maiß wer, daz er sich zu den Sachen schicken well. Noch solcher schickung vnd fragung qwamen in den gemelten / [14]refender der ersame her Henrich Guntherj, etwan pffarer zu sant Cristoforus czu Mencz, Heinrich Keffer vnd Bechtolff / [15]von Hanauwe, diner vnd knecht deß genanten Johann Guttenberg. Vnd nachdem sie durch den genanten Johann Fuste gefreget / [16]vnd besprochen worden, waz sie do teden vnd war vmb sie do wern, ob sie auch in den sachen macht hetten von Johan Gutten- / [17]bergs wegen, antwerten sie gemeinlich vnd in sunderheit, sie weren bescheiden von irm junchern Johann Guttenberg zu horen / [18]vnd zu sehen, was in den sachen gescheen wurd. Darnoch Johann Fust verbottet vnd beczuget, das er den tag gnungk thun / [19]welt, noch dem er offgenummen vnd gesatzt wer, vnd er auch sins widderdeyls Johann Gutenbergs vor zwelff uwern ge- / [20]wartet het vnd noch wartet, der sich dan selbes zu den sachen nit gefuget hett, vnd beweyß sich do bereit vnd wolfertigk, / [21]dem rechtspruch vber den ersten artickel siner ansprach gescheen noch inhalt des selben gnung zu thun, den er von wort / [22]zu wort alsdo ließ lesen mitsampt der clage vnd entwert, vnd ludet alsus:

Vnd als dan Johan Fust dem obgenanten Johan / [23]Gutenberg zu gesprochen hait zum ersten, als in dem zettel irs vberkumme[n]s begriffen sy, das er Johan Gutenberg achthundert / [24]gulden an golde vngeuerlich verlegen, domit er das werck volnbrengen solt, vnd ob das me oder mynner kost, ging yen nit an, / [25]vnd das Johann Guttenberg ym von den selben achthundert gulden seß gulden von yedem hundcrt zu solde geben sall. Nu hab / [26]er ym solch achthundert gulden uff gülte ußgenummen vnd ym die geben, dar an er doch kein gnungen, sundert sich beklaget, / [27]das er der achthundert gulden noch nit habe. Also hab er ym ye wellen ein gnungen thun vnd hab ym vber die selben acht / [28]hundert gulden noch achthundert gulden me verlacht, dan er ym noch lude des obgemelten zettels pfflichtigk sy gewest, vnd / [29]also hab er von den achthundert gulden, die er ym vberig verlacht hat, hundert vnd vierczigk gulden zu solde mußen geben. Vnd / [30]wie wol sich der vorgenant Johann Guttenberg in der obgenanten zettel verschrieben hait, das er im von den ersten achthundert gulden / [31]von ydden hundert seß gulden zu solde geben soll, so hab er ym doch solchs keyns jars ußgeracht, sunder er hab solches selber / [32]mußen beczalen, das sich driffet an dritthalp hundert gulden zu guter rechnung. Vnd want nu Johann Guttenberg / [33]ym solchen solt, nemlich die seß gulden gelts von den ersten achthundert vnd dan auch den solt von den vberigen achthundert / [34]gulden nye ußgeracht noch beczalt hat, vnd er den selben solt furter vnder cristen vnd Juden hab mußen ußnemen vnd / [35]do von seßvnddryßig gulden vngeuerlich zu guter rechnung zu gesuch geben, daz sich zusammen mit dem heubpt / [36]geld vngeuerlich drifft an zweytusent vnd zwenczig gulden, vnd furdert ym solchs als an sin schaden ußzurichten vnd / [37]beczalen etc. Dar uff Johan Guttenberg geantwert hat, daß ym Johann Fust acht hundert gulden verlacht solt hain, mit solchem gelde er sin ge- / [38]czuge zurichten vnd machen solte vnd mit solchem gelt sichzufreden vnd in sinen nocz verstellen mochte vnd solche geczuge des egenanten / [39]Johann pffant sin solten, vnd das Johannes ym jerlichen dryhundert gulden vor kosten geben vnd auch gesinde lone, huß zinse, permet / [40]papier, dinte etc. verlegen solt. Wurden sie alsdan furter nit eins, so solte er ym sin achthundert gulden widdergeben vnd sol- / [41]ten sine geczuge ledig sin. Do by wol zuuersteen sy, das er solch werck mit sinem gelde, das er ym uff sin pffande geluhen / [42]hab, volbrengen solt, vnd hoff, das er ym nit pflichtig sy gewest, solch achthundert gulden uff das werck der bucher zulegen / [43]Vnd wie wol auch in dem czettel begriffen sy, das er ym von yddem hundert seß gulden zu gülte geben soll, so hab doch / [44]Johannes Fust ym zugesagt, das er solcher versoldunge nit begere von ym zunemen. So sin ym auch solch achthundert gulden / [45]nit alle vnd alßbalde noch Inhalt deß czettels worden, als er das in dem ersten artickel siner ansprach geme[l]det vnd fur- / [46]gewant hab, vnd von der uberigen acht hundert gulden wegen begert er ym ein rechnung zuthun. So gestett er auch ym / [47]keins soltes noch wuchers vnd hofft, ym im rechten dar vmb nicht pflichtigk sin etc. Wie dan solch ansprach, antwurt, wid / [48]dered vnd nachrede mit den vnd viel andern worten geludet hait, do sprechen wir zum rechten: Wan Johann Guttenberg / [49]sin rechnung gethain hat von allen innemen vnd ußgeben, daß er

uff daz werck zu ihrer beider nocz ußgeben hait, was / [50]er dan men gelts dor uber enpfanngen vnd ingenummen hait, das sall in die achthundert gulden gerechnet werdenn. / [51]Wer es aber, das sich an rechnung erfunde, das er ym me dan acht hundert gulden her uß geben hette, die nit in ieren / [52]gemeinen nocze kummen wern, sall er ym auch widder geben. Vnd brengt Johannes Fust by mit dem eyde oder redlicher / [53]kuntschafft, das er das obgeschrieben gelt uff gulte ußgenummen vnd nit von sinem eigen gelde dar geluhen hat, / [54]so sall im Johann Gutenberg solch gulde auch ußrichten vnd beczalen nach lude dez zettels.
Do solch rechtspruch, als / [55]itzgemelt ist, in bywesen der vorgenanten hern, Heinrichs etc., Heinrichs vnd Bechtolffs, diener des genanten Johann Guttenbergk / [56]gelesen wart, der icztgenante Johann Fust mit uffligenden fyngern lyplichen uff die heilgen in myner offenbar schribers / [57]hant, das alles in einem zettel noch lude des rechtspruchs, den er mir dan also ubergap, begriffen gancz war vnd / [58]gerecht wer, swure, geredt vnd gelubt, als ym got soll helffen vnd die heilgen vngeuerlich, vnd ludet der egenant / [59]zedel von wort zu wort also: Ich Johannes Fust han ußgenummen sechczendehalp hundert gulden, die Johann Guttenberg / [60]worden vnd auch uf vnser gemein wergk gangen sint, do von ich dan jerlichs gult, solt vnd schaden geben han vnd / [61]auch noch eins teils biß her schuldig bin. Do rechen ich vor ein iglich hundert gulden, die ich also ußgenommen hain, / [62]wie obgeschrieben stet, jerlich seß gulden: was ym dez selben ußgenummen geldes worden ist, das nit uff vnser beder / [63]werck gangen ist, das sich in rechnung erfindet, do von heischen ich ym den soldt noch lude des spruchs, vnd das das / [64]also ware sy, will ich behalten, als recht ist noch lude deß ußspruchs uber der ersten artickel myner ansprach, / [65]so ich an den obgenanten Johan Guttenbergen gethan han.
Ober vnd uff alle obgerurte sach begeret der obgemeldet / [66]Johannes Fust von mir offenbarschriber eins oder mer offen instrument, so vill vnd dick ym deß noit wurde, vnd / [67]sint alle obgeschrieben sachen gescheen in den jare, indictien, dag stund, babstumme, cronung, monet vnd stede obgenant / [68]in bywesen der ersamen menner Peter Granß, Johann Kist, Johann Kumoff, Johann Ysenneck, Jacop Fust, burger zu Mencz, / [69]Peter Girnßheim vnd Johannis Bonne, clericken Menczer Stadt vnd bistums, czu gezugen sunderlichen gebeden vnde geheischen./
[70]Und ich Vlrich Helmasperger, clerick Bamberger bistoms, von keyserlicher gewalt / [71]offen schriber vnd des heilgen stuls zu Mencze gesworn notarius, want ich / [72]by allen obgemelten punten vnd artickeln, wie obgescriben steet, mit den / [73]obgenanten geczugen gewest bin vnd sie mit han gehort, hirumb han ich / [74]diß offen instrumentum durch einen andern geschriben, gemacht, mit myner / [75]hant vnderschriben vnd mit mynem gewonlichen czeychen geczeichent, / [76]geheischen dar öber vnd gebeden in geczugniße vnd warer orkunde aller / [77]vorgeschribener ding. / Ulricus Helmasperger Notarius.

Literaturverzeichnis

Acta Cusana. Quellen zur Lebensgeschichte des Nikolaus von Kues. Hrsg. v. Erich Meuthen, Bd. 1, Lieferung 3a (1451 Januar – September 5) und 3b (1451 September 5 – 1452 März). Hamburg 1996.

Amelung, Peter: Mutmaßungen über Gutenberg, in: Aus dem Antiquariat (1981), S. A 509-514.

Armstrong, Lawrin: Usury and public debt in early Renaissance Florence: Lorenzo Ridolfi on the Monte Comune. Toronto 2003 (Pontifical Institute of Medieval Studies, 144).

Bader, Karl S.: Klerikernotare des Spätmittelalters in Gebieten nördlich der Alpen, in: Speculum iuris et ecclesiarum. Festschrift für Willibald M. Plöchl zum 60. Geburtstag. Wien 1967, S. 1-15.

Barker, Nicolas: The invention of printing: revolution within revolution, in: The Quarterly Journal of the Library of Congress, vol. 35 (1978), S. 64-76.

Battenberg, F.: Artikel „Schöffen, Schöffengericht", in: Handwörterbuch zur deutschen Rechtsgeschichte, Bd. 4. Berlin (1990), Sp. 1463-1470.

Baumann, Anette: Advokaten und Prokuratoren am Reichskammergericht in Speyer (1495 – 1690): Berufswege in der frühen Neuzeit, in: Zeitschrift der Savigny-Stiftung für Rechtsgeschichte (Germanistische Abt.), Bd. 117 (2000), S. 550-563.

Baumann, Anette: Die Prokuratoren am Reichskammergericht in Speyer und Wetzlar – Stand der Forschungen und Forschungsdesiderate, in: Baumann, Anette u.a. (Hrsg.): Reichspersonal. Funktionsträger für Kaiser und Reich. Köln u.a. 2003 (Quellen und Forschungen zur höchsten Gerichtsbarkeit im Alten Reich, Bd. 46), S. 179-197.

Bechtel, Guy: Gutenberg et l'invention de l'imprimerie. Une enquête. Paris 1992.

Becker, H.-J.: Artikel „Zinsverbot", in: Handwörterbuch zur deutschen Rechtsgeschichte, Bd. 5. Berlin 1998, Sp. 1719-1722.

Berman, Harold J.: Recht und Revolution. Frankfurt am Main 1991.

Besch, Werner: Zweigliedriger Ausdruck in der deutschen Prosa des 15. Jahrhunderts, in: Neuphilologische Mitteilungen, 65 (1964), S. 200-221.

Blum, Rudolf: Der Prozess Fust gegen Gutenberg. Eine Interpretation des Helmaspergerschen Notariatsinstruments im Rahmen der Frühgeschichte des Mainzer Buchdrucks. Wiesbaden 1954 (Beiträge zum Buch- und Bibliothekswesen, Bd. 2).

Bockenheimer, Karl Georg (Hrsg.): Gutenberg-Feier in Mainz 1900. Festschrift im Auftrag der Festleitung. Mainz 1900.

Bohnsack, Petra: Gutenberg und die Bibel. Verbreitung und kulturelle Bedeutung, in: Bohnsack, Petra; Foltin, Hans-Friedrich (Hrsg.): Lesekultur. Populäre Lesestoffe von Gutenberg bis zum Internet. Marburg 1999 (Schriften der Universitätsbibliothek Marburg, 93), S. 7-28.

Braun, Hans E.: Zur Erfindung des Buchdrucks, in: Braun, Hans E. u.a.: Le livre parmi les hommes – Das Buch unter den Menschen. Fribourg 1987 (Défis et dialogues. Herausforderung und Besinnung, 11), S. 53-100.

Brück, Anton Ph.: Mainz – vom Verlust der Stadtfreiheit bis zum Ende des dreissigjährigen Krieges (1462 – 1648). Düsseldorf 1972 (Geschichte der Stadt Mainz, 5).

Brundage, James A.: Medieval canon law. London 1995.

Brunner, Heinrich: Deutsche Rechtsgeschichte, Bd. 2. Neu bearb. v. Claudius Freiherr von Schwerin. Berlin 1928 (Systematisches Handbuch der Deutschen Rechtswissenschaft, 2. Abt., 1. Teil).

Buchda, Gerhard: Artikel „Appellation“, in: Handwörterbuch zur deutschen Rechtsgeschichte, Bd. 1. Berlin 1971, Sp. 196-200.

Buchda, Gerhard: Artikel „Gerichtsverfahren“, in: Handwörterbuch zur Deutschen Rechtsgeschichte. Berlin, Bd. 1 1971, Sp. 1551-1563.

Buchda, Gerhard: Artikel „Beweisinterlokut“, in: Handwörterbuch zur deutschen Rechtsgeschichte. Berlin, Bd. 1 1971, Sp. 408-411.

Buchholz-Johanek, Ingeborg: Geistliche Richter und geistliches Gericht im spätmittelalterlichen Bistum Eichstätt. Regensburg 1988 (Eichstätter Studien, N.F. Bd. 23).

Budischin, Hans Jörg: Der gelehrte Zivilprozess in der Praxis geistlicher Gerichte des 13. und 14. Jahrhunderts im deutschen Raum. Bonn 1974 (Bonner rechtswissenschaftliche Abhandlungen, 103).

Bühler, Theodor: Gewohnheitsrecht und Landesherrschaft im ehemaligen Fürstbistum Basel. Zürich 1972 (Rechtshistorische Arbeiten, Bd. 8).

Burger, Gerhart: Die südwestdeutschen Stadtschreiber im Mittelalter. Böblingen 1960 (Beiträge zur schwäbischen Geschichte, 1.-5. Heft).

Christ, Günter: Erzstift und Territorium Mainz, in: Christ, Günter; May, Georg: Erzstift und Erzbistum Mainz. Territoriale und kirchliche Strukturen. Würzburg 1997 (Handbuch der Mainzer Kirchengeschichte, 2 = Beiträge zur Mainzer Kirchengeschichte, 6), S. 17-444.

Cirullies, Michael: Die Rechtsterminologie des Stadtgerichts Babenhausen in der zweiten Hälfte des 15. Jahrhunderts. Aalen 1981 (Gerichtsbücherstudien, Bd. 7).

Coing, Helmut: Die Rezeption des römischen Rechts in Frankfurt am Main. Ein Beitrag zur Rezeptionsgeschichte. Frankfurt am Main 1939 (Frankfurter wissenschaftliche Beiträge, Rechts- und wirtschaftsgeschichtliche Reihe, 1).

Coing, Helmut: Europäisches Privatrecht, Bd. 1: Älteres Gemeines Recht (1500 bis 1800). München 1985.

Cordes, Albrecht: Die Helfer vor Gericht in der deutschen Rechtsgeschichte, in: L'assistance dans la résolution des conflits, 4. Part. Bruxelles 1998 (Recueils de la Société pour l'Histoire Comparative des Institutions, 65), S. 177-195.

Cordes, Albrecht: Rechtsgewohnheiten in lübischen Gesellschaftsverträgen, in: Cordes, Albrecht; Kannowski, Bernd (Hrsg.): Rechtsbegriffe im Mittelalter. Frankfurt am Main u.a. 2002 (Rechtshistorische Reihe, Bd. 262), S. 29-41.

Corsten, Severin: Die Drucklegung der zweiundvierzigzeiligen Bibel. Technische und chronologische Probleme, in: Johannes Gutenbergs zweiundvierzigzeilige Bibel. Faksimile-Ausgabe nach dem Exemplar der Staatsbibliothek Preußischer Kulturbesitz Berlin, Kommentarband. München 1979, S. 34-67.

Corsten, Severin: Die Gutenbergbibel in heutiger Sicht, in: Imprimatur, Neue Folge, Bd. 9 (1980), S. 67-79.

Corsten, Severin; Schmitz, Wolfgang: Buchdruck des 15. und 16. Jahrhunderts, in: Arnold, Werner u.a. (Hrsg.): Die Erforschung der Buch- und Bibliotheksgeschichte in Deutschland. Wiesbaden 1987, S. 93-120.

Corsten, Severin: Artikel „Fust, Johannes", in: Lexikon des Mittelalters, Bd. 4: Erzkanzler bis Hiddensee. München 1989, Sp. 1066.

Corsten, Severin: Artikel „Gutenberg, Johannes", in: Lexikon des Mittelalters, Bd. 4: Erzkanzler bis Hiddensee. München 1989, Sp. 1801-1802.

Corsten, Severin: Artikel „Fust, Johann", in: Lexikon des gesamten Buchwesens. 2. Aufl., Bd. 3. Stuttgart 1991, S. 82-83.

Corsten, Severin: Artikel „Gutenberg, Johannes", in: Lexikon des gesamten Buchwesens. 2. Aufl., Bd. 3. Stuttgart 1991, S. 308-312.

Corsten, Severin: Artikel „Helmasperger, Ulrich", in: Lexikon des gesamten Buchwesen. 2. Aufl., Bd. 3. Stuttgart 1991, S. 438.

Corsten, Severin: Artikel: „Helmaspergersches Notariatsinstrument", in: Lexikon des gesamten Buchwesens. 2. Aufl., Bd. 3. Stuttgart 1991, S. 438-439.

Corsten, Severin: Die Erfindung des Buchdrucks im 15. Jahrhundert, in: Die Buchkultur im 15. und 16. Jahrhundert. Hamburg 1995, S. 125-202.

Corsten, Severin: Artikel „Gutenberg, Johannes", in: Deutsche Biographische Enzyklopädie (DBE), Bd. 4. München u.a. 1996, S. 268.

Corsten, Severin: Die Erfindung des Buchdrucks im 15. Jahrhundert. Darmstadt 1997.

Corsten, Severin: Artikel „Schöffer, Peter d.Ä.", in: Lexikon des gesamten Buchwesens. 2., völlig neu bearb. Aufl., Bd. 6. Stuttgart 2003, S. 579-580.

Corsten, Severin: Artikel „Speyer (Spira), Johannes von", in: Lexikon des gesamten Buchwesens. 2., völlig neu bearb. Aufl., Bd. 7. Stuttgart 2005, S. 166-167.

Corsten, Severin: Artikel „Schöffer, Peter d.Ä., Peter d.J.", in: Neue Deutsche Biographie, Bd. 23: Schinzel bis Schwarz. Berlin 2007, S. 359-360.

Davies, Martin: Juan de Carvajal and early printing: The 42-line Bible and the Sweynheim and Pannartz Aquinas, in: The Library, 6th series, vol. 18 (1996), S. 193-215 = (1996a).

Davies, Martin: The Gutenberg Bible. London 1996 = (1996b).

Degering, Hermann: (Stellungnahme zu einem Artikel von Jan Hendrik Hessels), in: Zentralblatt für Bibliothekswesen, 27 (1910), S. 456-458.

Demeter, Karl: Studien zur Kurmainzer Kanzleisprache (ca. 1400 – 1550). Ein Beitrag zur Geschichte der neuhochdeutschen Schriftsprache, in: Archiv für hessische Geschichte und Altertumskunde, Neue Folge, Bd. 12 (1919), S. 427-558.

Deutsches Rechtswörterbuch (Wörterbuch der älteren deutschen Rechtssprache). Hrsg. von der Königlich-Preußischen Akademie der Wissenschaften, Bd. 1-11. Weimar 1914/1932-2003/2007.

Diestelkamp, Bernhard: Die Durchsetzung des Rechtsmittels der Appellation im weltlichen Prozessrecht Deutschlands. Stuttgart 1998 (Akademie der Wissenschaften und der Literatur. Abhandlungen der Geistes- und Sozialwissenschaftlichen Klasse, Jg. 1998, Nr. 2).

Dobras, Wolfgang: Gutenberg und seine Stadt: Mainzer Geschichte im 15. Jahrhundert, in: Gutenberg – aventur und kunst. Vom Geheimunternehmen zur ersten Medienrevolution. Katalog zur Ausstellung der Stadt Mainz anlässlich des 600. Geburtstages von Johannes Gutenberg, 14.4.-3.10.2000. Mainz 2000, S. 18-28.

Dobras, Wolfgang: (Erläuterungen zu StA 60, 61 und 63), in: Gutenberg – aventur und kunst. Vom Geheimunternehmen zur ersten Medienrevolution. Katalog zur Ausstellung der Stadt Mainz anlässlich des 600. Geburtstages von Johannes Gutenberg, 14.4.-3.10.2000. Mainz 2000, S. 74 f., 77 und 79.

Dobras, Wolfgang: Münzerhausgenossen und andere Geschlechter. Bemerkungen zur Mainzer Oberschicht in den Bürgerkämpfen des 15. Jahrhunderts, in: Mainzer Zeitschrift, Jg. 94/95 (1999/2000). 2001, S. 95-109.

Dodu, Jean-Marie: La Bible de Gutenberg. Ouvrage documentaire. Présentation historique, transcription, traduction. Paris 1985 (La Bible de Gutenberg, 3).

Dohrn-van Rossum, Gerhard: Erfinder und Erfinderschutz im Spätmittelalter und in der Frühen Neuzeit, in: Boch, Rudolf (Hrsg.): Patentschutz und Innovation in Geschichte und Gegenwart. Frankfurt am Main u.a. 1999 (Studien zur Technik-, Wirtschafts- und Sozialgeschichte, Bd. 11), S. 39-50.

Dohrn-van Rossum, Gerhard: Novitates – inventores. Die ‚Erfindung der Erfinder' im Spätmittelalter, in: Schmidt, Hans-Joachim (Hrsg.): Tradition, Innovation, Invention. Fortschrittsverweigerung und Fortschrittsbewusstsein im Mittelalter. Berlin u.a. 2005 (Scrinium Friburgense, Bd. 18), S. 27-49.

Dolezalek, Gero; Konow, Karl-Otto: Artikel „Notar, Notariat", in: Handwörterbuch zur deutschen Rechtsgeschichte, Bd. 3. Berlin 1984, Sp. 1043-1049.

Dolgodrova, Tatiana: Die Miniaturen der Leipziger Pergament-Ausgabe der Gutenberg-Bibel – zur Zeit in der Russischen Staatsbibliothek, Moskau – ein hervorragendes Denkmal der Buchkunst, in: Gutenberg-Jahrbuch, 72 (1997), S. 64-75.

Drüppel, Hubert: Iudex civitatis. Zur Stellung des Richters in der hoch- und spätmittelalterlichen Stadt deutschen Rechts. Köln 1981 (Forschungen zur Deutschen Rechtsgeschichte, 12).

Dziatzko, Karl: Beiträge zur Gutenbergfrage. Berlin 1889 (Sammlung bibliothekswissenschaflicher Arbeiten, Heft 2).

Dziatzko, Karl: Gutenbergs früheste Druckerpraxis. Berlin 1890 (Sammlung bibliothekswissenschaftlicher Arbeiten, Heft 4).

Dziatzko, Karl: (Rezension von:) Zedler, Gottfried: Gutenberg-Forschungen. Leipzig 1901, in: Göttingische gelehrte Anzeigen, Jg. 164 (1902), Bd. 2, S. 980-1000 = (1902a).

Dziatzko, Karl: Satz und Druck der 42-zeiligen Bibel, in: Dziatzko, Karl (Hrsg.): Beiträge zur Kenntnis des Schrift-, Buch- und Bibliothekswesens, VII. Leipzig 1902 (Sammlung bibliothekswissenschaftlicher Arbeiten, 15. Heft) = (1902b).

Eisenhardt, Ulrich: Die Rechtswirkungen der in der Goldenen Bulle genannten privilegia de non evocando et appellando, in: Zeitschrift der Savigny-Stiftung für Rechtsgeschichte (Germanistische Abt.), 86 (1969), S. 75-96.

Elm, Kaspar: Johannes Kapistrans Predigtreise diesseits der Alpen (1451 – 1456), in: Boockmann, Hartmut u.a. (Hrsg.): Lebenslehren und Weltentwürfe im Übergang vom Mittelalter zur Neuzeit. Politik – Bildung – Naturkunde – Theologie. Bericht über Kolloquien der Kommission zur Erforschung der Kultur des Spätmittelalters 1983 bis 1987. Göttingen 1989 (Abhandlungen der Akademie der Wissenschaften in Göttingen, Phil.-Hist. Klasse, 3. Folge, Nr. 179), S. 500-519.

Elm, Kaspar: Artikel „J. v. Capestrano", in: Lexikon des Mittelalters, Bd. 5: Hiera-Mittel bis Lukanien. München 1991, S. 60-561.

Elsener, Ferdinand: Notare und Stadtschreiber. Zur Geschichte des schweizerischen Notariats. Köln 1962 (Arbeitsgemeinschaft für Forschung des Landes Nordrhein-Westfalen. Geisteswissenschaften, H. 100).

Elsener, Ferdinand: Studien zur Rezeption des gelehrten Rechts. Ausgewählte Aufsätze. Sigmaringen 1989.

Emmrich, Karin: St. Viktor bei Mainz, Nikolaus Kues und der frühe Buchdruck – Klerikerkarrieren im Umfeld Johann Gutenbergs, in: Gutenberg-Jahrbuch, 76 (2001), S. 87-94.

Emmrich, Karin: St. Viktor bei Mainz, der römische Pfründenmarkt und der frühe Buchdruck – Klerikerkarrieren im Umfeld Johannes Gutenbergs, in: Matheus, Michael; Rödel, Walter G. (Hrsg.): Bausteine zur Mainzer Stadtgeschichte. Mainzer Kolloquium 2000, Stuttgart 2002 (Geschichtliche Landeskunde, Bd. 55), S. 13-30.

Endemann, Wilhelm: Studien in der romanisch-kanonistischen Wirthschafts- und Rechtslehre bis gegen Ende des siebenzehnten Jahrhunderts. Berlin, Bd. 1 (1874). Bd. 2 (1883).

Erler, Adalbert: Mittelalterliche Rechtsgutachten zur Mainzer Stiftsfehde (1459 – 1463). Wiesbaden 1964 (Schriften der Wissenschaftlichen Gesellschaft an der Johann-Wolfgang-Goethe-Universität Frankfurt/Main, Geisteswiss. Reihe, Nr. 4).

Erler, Adalbert: Der Oberhof zu Neustadt an der Weinstrasse. Frankfurt am Main, Bd. 1 (1968). Bd. 2 (1971).

Erler, Adalbert: Artikel „Kawerzen“, in: Handwörterbuch zur deutschen Rechtsgeschichte, Bd. 2. Berlin 1978, Sp. 695.

Erler, Adalbert: Sprache und Recht in den Urteilen der Oberhöfe von Ingelheim und Neustadt an der Weinstraße, in: Festschrift der Wissenschaftlichen Gesellschaft an der Johann Wolfgang Goethe-Universität Frankfurt am Main. Wiesbaden 1981, S. 111-123 = (1981a).

Erler, Adalbert: Ingelheimer Prozesse nach dem Städtekrieg von 1388. Ingelheim 1981 (Beiträge zur Ingelheimer Geschichte, Heft 32) = (1981b).

Erler, Adalbert: Ingelheimer Prozesse nach dem Städtekrieg von 1388, in: In memoriam Adalbert Erler. Ingelheim 1994 (Beiträge zur Ingelheimer Geschichte, Heft 40), S. 16-50.

Esch, Arnold: Artikel „Pius II.“, in: Lexikon des Mittelalters, Bd. 6. München 1993, Sp. 2190-2192.

Estermann, Monika: „O werthe Druckerkunst / Du Mutter aller Kunst“. Gutenbergfeiern im Laufe der Jahrhunderte. Mainz 1999.

Estermann, Monika: Vorwort, in: Lehmann-Haupt, Hellmut: Peter Schöffer aus Gernsheim und Mainz. Übersetzt u. mit einem Vorwort versehen v. Monika Estermann. Wiesbaden 2002, S. VII-XXIV.

Falck, Ludwig: Rechtsprechung und Verwaltung im spätmittelalterlichen Mainz, in: Mitteilungsblatt zur rheinhessischen Landeskunde, Jg. 15 (1966), S. 265-271.

Falck, Ludwig: Mainz in seiner Blütezeit (1244 bis 1328). Düsseldorf 1973 (Geschichte der Stadt Mainz. 3).

Falck, Ludwig: Artikel „Mainz“, in: Handwörterbuch zur deutschen Rechtsgeschichte, Bd. 3: List bis Protonotar. Berlin 1984, Sp. 186-198.

Faulmann, Karl: Illustrirte Geschichte der Buchdruckerkunst mit besonderer Berücksichtigung ihrer technischen Entwicklung bis zur Gegenwart. Wien u.a. 1882.

Fellinger, Helmut: Das formelle und materielle Beweisrecht des Stadtgerichts Butzbach im Zivilprozess des 15. Jahrhunderts. Aalen 1975 (Gerichtsbücher-Studien, Bd. 2).

Fischer, Ernst: Die Kosten des Verlegers in historischer Perspektive, in: Wolfenbütteler Notizen zur Buchgeschichte, Jg. 26 (2001), S. 23-36.

Flasch, Kurt: Nikolaus von Kues. Geschichte einer Entwicklung; Vorlesungen zur Einführung in seine Philosophie. Frankfurt am Main 2001.

Flessel, Klaus: Die Erfindung des Buchdrucks in China sowie einige Anmerkungen zu seiner frühen Nutzung, in: Archiv für Geschichte des Buchwesens, 57 (2003), S. 267-285.

Flood, John L.: ‚Volentes sibi comparare infrascriptos libros impressos ...' Printed books as a commercial commodity in the fifteenth century, in: Jensen, Kristian (Hrsg.): Incunabula and their readers. Printing, selling and using books in the fifteenth century. London 2003, S. 139-151, 255-262.

Foerster, Hans: Die Organisation des erzbischöflichen Offizialatsgerichts zu Köln bis auf Hermann von Wied, in: Zeitschrift der Savigny-Stiftung für Rechtsgeschichte (Kanonistische Abt.), Bd. 11 (1921), S. 254-350.

Franck, J.: Johann von Speyer, in: Allgemeine Deutsche Biographie. Neudr. d. 1. Aufl. v. 1881, Bd. 14: Jetzer bis Kähler. Berlin 1969, S. 472-475.

Friederichs, Heinz F.: Johann Fust, Herkunft und Familie, in: Hessische Familienkunde, Bd. 9 (1968), Sp. 1-7 = (1968a).

Friederichs, Heinz F.: Der Erfinder Johannes Gutenberg, in: Genealogisches Jahrbuch, Bd. 8 (1968), S. 93-101 = (1968b).

Friederichs, Heinz F.: Gutenbergs Herkunft, in: Widmann, Hans (Hrsg.): Der gegenwärtige Stand der Gutenbergforschung. Stuttgart 1972, S. 68-78.

Füssel, Stephan: Johannes Gutenberg (1400 – 1468), in: Dumont, Franz u.a. (Hrsg.): Mainz. Die Geschichte der Stadt. 2. Aufl. Mainz 1999, S. 859-875.

Füssel, Stephan: Gutenberg-Forschung. Neunzehnhundert – Zweitausend, in: Gutenberg-Jahrbuch, 75 (2000), S. 9-26 = (2000a).

Füssel, Stephan: Gutenberg und seine Wirkung. Text: Stephan Füssel. Katalogredaktion: Helmut Rohlfing. Hrsg. v. Elmar Mittler. Katalog zur Ausstellung der Niedersächsischen Staats- und Universitätsbibliothek Göttingen vom 23.6. bis zum 29.10.2000. Göttingen 2000 = (2000b).

Füssel, Stephan: Johannes Gutenberg: der Mann des Jahrtausends? In: Damals, Jg. 2000, Heft 4, S. 10-17 = (2000c).

Füssel, Stephan: Gutenberg und seine Wirkung. 2. Aufl. Frankfurt am Main, Leipzig 2004 = (2004a).

Füssel, Stephan: Die Erfindung des Buchdrucks um 1450, in: Scheibelreiter, Georg (Hrsg.): Höhepunkte des Mittelalters. Darmstadt 2004, S. 221-234 = (2004b).

Fuhrmann, Otto W.: Gutenberg and the Strasbourg Documents of 1439. New York 1940.

Fuhrmann, Otto W.: Über die Auflagenhöhe der ersten Drucke. Nebst Bemerkungen über den Verlauf der Erfindung Gutenbergs. Mainz 1956 (Kleiner Druck der Gutenberg-Gesellschaft, 61).

Funk, Franz Xaver: Zins und Wucher. Eine moraltheologische Abhandlung mit Berücksichtigung des gegenwärtigen Standes der Cultur und der Staatswissenschaften. Tübingen 1868.

Galantaris, Christian: Biblia Sacra Mazarinea. „Die Mazarine-Bibel“, MCDLV. Begleitbuch zur Wiedergabe des Exemplars der 42-zeiligen Gutenberg-Bibel Inc. 1 in der Bibliothèque Mazarine zu Paris. Münster 2004.

Geldner, Ferdinand: Bamberger Kleriker-Notare in der Frühgeschichte des Buchdrucks, in: Fränkische Blätter, 6. Jg. (1954), S. 97-98.

Geldner, Ferdinand: Ungelöste Gutenberg-Probleme, in: Börsenblatt für den Deutschen Buchhandel. Frankfurter Ausg., Jg. 22 (1966), S. 2533-2540.

Geldner, Ferdinand: Die deutschen Inkunabeldrucker, Bd. 1. Stuttgart 1968 = (1968a).

Geldner, Ferdinand: Johannes Gutenberg, Johannes Fust und Dr. Konrad Humery, in: Börsenblatt für den Deutschen Buchhandel. Frankfurter Ausg., Jg. 24 (1968), S. 309-317 = (1968b).

Geldner, Ferdinand: Das Helmaspergersche Notariatsinstrument in seiner Bedeutung für die Geschichte des ältesten Mainzer Buchdrucks, in: Widmann, Hans (Hrsg.): Der gegenwärtige Stand der Gutenbergforschung. Stuttgart 1972, S. 91-121.

Geldner, Ferdinand: Probleme um die „Mainzer Ablassbriefe“ von 1454/1455, in: Archiv für Geschichte des Buchwesens, Bd. 13 (1973), Sp. 595-612.

Geldner, Ferdinand: Peter Schöffers Frühzeit, in: Archiv für Geschichte des Buchwesens, Bd. 14 (1974), Sp. 417-432.

Geldner, Ferdinand: Inkunabelkunde. Eine Einführung in die Welt des frühesten Buchdrucks. Wiesbaden 1978 (Elemente des Buch- und Bibliothekswesens, Bd. 5).

Geldner, Ferdinand: Enea Silvio de' Piccolomini und Dr. Paulus Paulirinus aus Prag als Zeugen für die beiden ältesten Bibeldrucke, in: Gutenberg-Jahrbuch, 59 (1984), S. 133-139.

Geldner, Ferdinand: Alte und neue Wege der Gutenbergforschung. (Aus Anlass von Albert Kaprs ‚Johannes Gutenberg. Persönlichkeit und Leistung'. Leipzig 1986), in: Gutenberg-Jahrbuch, 63 (1988), S. 15-21.

Gerlich, Alois: Artikel „Dietrich von Erbach", in: Lexikon des Mittelalters, Bd. 3. München 1986, Sp. 1029-1030.

Germann, Martin: Neufund eines Exemplars von Gutenbergs 31-zeiligem Ablassbrief von 1454/1455 (GW 6556) in der Zentralbibliothek Zürich. Bericht zum Fund und Überblick über den Stand der Kenntnisse der Druckgeschichte, in: Gutenberg-Jahrbuch, 70 (1995), S. 51-56.

Gesamtkatalog der Wiegendrucke. Hrsg. v. d. Kommission für den Gesamtkatalog d. Wiegendrucke, Bd. 4: Bernardus de Cracovia bis Brentius. Leipzig 1930.

Gierke, Otto von: Deutsches Privatrecht, Bd. 3: Schuldrecht. München 1917 (Systematisches Handbuch der Deutschen Rechtswissenschaft, 2. Abtl., 3. Teil).

Giesecke, Michael: Der Buchdruck in der frühen Neuzeit. Eine historische Fallstudie über die Durchsetzung neuer Informations- und Kommunikationstechnologien. Frankfurt am Main 1991.

Gilomen, Hans-Jörg: Wucher und Wirtschaft im Mittelalter, in: Historische Zeitschrift, 250 (1990), S. 265-301.

Ginzburg, Carlo: Der Richter und der Historiker. Überlegungen zum Fall Sofri. Berlin 1991 (Wagenbach Taschenbuch, 189).

Göbel, Gerald: Der Beitrag des kanonischen Rechts zur europäischen Rechtskultur, in: Archiv für katholisches Kirchenrecht, Bd. 159 (1990), S. 19-35.

Goerlich, Theodor (Bearb.): Magdeburger Schöffensprüche für die Hansestadt Posen und andere Städte des Warthelandes. Stuttgart 1944 (Die Magdeburger Schöffensprüche und Rechtsmitteilungen. Reihe VIII. Wartheland, Bd. 1).

Gottlob, Theodor: Die Offiziale des Bistums Basel im Mittelalter, in: Zeitschrift der Savigny-Stiftung für Rechtsgeschichte (Kanonistische Abt.), 38 (1952), S. 113-157.

Grimm, Jacob; Grimm, Wilhelm: Deutsches Wörterbuch, Bd. 1-33. Nachdruck. München 1984.

Grothe, Walter: Wiegendrucke in der Zeitenwende. Versuch der geistes- und bildungsgeschichtlichen Einordnung von Inkunabeln einer Interim-Sammlung. Klagenfurt 1950.

Grube, Georg: Die Verfassung des Rottweiler Hofgerichts. Stuttgart 1969 (Veröffentlichungen der Kommission für Geschichtliche Landeskunde in Baden-Württemberg. Reihe B. Forschungen, Bd. 55).

Gudian, Gunter: Ingelheimer Recht im 15. Jahrhundert. 1968 (Untersuchungen zur Staats- und Rechtsgeschichte, N.F., 10).

Gudian, Gunter: Zur Klage mit Schadensformel, in: Zeitschrift der Savigny-Stiftung für Rechtsgeschichte (Germanistische Abt.), 90 (1973), S. 121-148.

Gummlich, Johanna Christine: „Gutenberg. Aventur und kunst – Vom Geheimunternehmen zur ersten Medienrevolution". Historische Ausstellung in Mainz, in: Aus dem Antiquariat, Jg. 2000, S. A 379-A 384.

Gutenberg – aventur und kunst. Vom Geheimunternehmen zur ersten Medienrevolution. Katalog zur Ausstellung der Stadt Mainz anlässlich des 600. Geburtstages von Johannes Gutenberg, 14.4.-3.10.2000. Mainz 2000.

Haas, Hans; Kienle, Richard von: Lateinisch-deutsches Wörterbuch. Heidelberg 1952.

Haebler, Konrad: Die deutschen Buchdrucker des XV. Jahrhunderts im Auslande. München 1924.

Haebler, Konrad: Handbuch der Inkunabelkunde. Leipzig 1925.

Haebler, Konrad: Die Erfindung der Druckkunst und ihre erste Ausbreitung in den Ländern Europas. Mainz 1930.

Hagemann, Hans-Rudolf: Aus dem Basler Rechtsleben in der frühen Neuzeit der Universität, in: Zeitschrift für Schweizerisches Recht, Neue Folge, Bd. 79 (1960), S. 123-153.

Hagemann, Hans Rudolf: Basler Stadtrecht im Spätmittelalter. Studien zur Rezeptionsgeschichte, in: Zeitschrift der Savigny-Stiftung für Rechtsgeschichte (Germanistische Abt.), 78 (1961), S. 171-297.

Hallein, Leopold (Hrsg.): Mainzer Gerichtsformeln aus dem fünfzehnten Jahrhundert, nach zwei Copiehandschriften. Würzburg 1891 = (1891a).

Hallein, Leopold: Mainzer Civilrecht im vierzehnten und fünfzehnten Jahrhundert, dargestellt auf Grund mehrerer Gerichtsformeln. Würzburg 1891 = (1891b).

Hanebutt-Benz, Eva: Gutenberg und Mainz, in: Johannes Gutenberg – die 42-zeilige Bibel. Kommentar zum Faksimile des Exemplars in Burgos. Valencia 1997, S. 7-21.

Hanebutt-Benz, Eva-Maria: Gutenbergs Erfindungen. Die technischen Aspekte des Druckens mit vielfachen Lettern auf der Buchdruckerpresse, in: Gutenberg – aventur und kunst. Vom Geheimunternehmen zur ersten Medienrevolution. Katalog zur Ausstellung der Stadt Mainz anlässlich des 600. Geburtstages von Johannes Gutenberg, 14.4.-3.10.2000. Mainz 2000, S. 158-189.

Hanebutt-Benz, Eva-Maria: Peter Schöffer aus Gernsheim. Sein Bild in Überlieferung und Legende. Eine Skizze. Mainz 2004.

Hartmann, Peter Claus (Hrsg.): Der Mainzer Kurfürst als Reichserzkanzler. Funktionen, Aktivitäten, Ansprüche und Bedeutung des zweiten Mannes im Alten Reich. Stuttgart 1997 (Geschichtliche Landeskunde, Bd. 45).

Hartwig, Otto: Zur Einführung, in: Hartwig, Otto (Hrsg.): Festschrift zum fünfhundertjährigen Geburtstage von Johann Gutenberg. Leipzig 1900 (Beihefte zum Centralblatt für Bibliothekswesen, H. 23), S. 1-29 = (1900a).

Hartwig, Otto: Die urkundlichen Nachrichten über Johann Gutenberg, in: Hartwig, Otto (Hrsg.): Festschrift zum fünfhundertjährigen Geburtstage von Johann Gutenberg. Leipzig 1900 (Beihefte zum Centralblatt für Bibliothekswesen, H. 23), S. 255-319 = (1900b).

Hashagen, Justus: Zur Charakteristik der geistlichen Gerichtsbarkeit vornehmlich im späteren Mittelalter, in: Zeitschrift der Savigny-Stiftung für Rechtsgeschichte (Kanonistische Abt.), Bd. 37 (1916), S. 205-292.

Haucap-Nass, Anette: Der Braunschweiger Stadtschreiber Gerwin von Hameln und seine Bibliothek. Wiesbaden 1995 (Wolfenbütteler Mittelalter-Studien, Bd. 8).

Hay, Denys: Europe in the fourteenth and fifteenth centuries. 2. ed. London u.a. 1989.

Hegel, Karl (Hrsg.): Die Chroniken der mittelrheinischen Städte. Mainz, Bd. 1. Leipzig 1881 (Die Chroniken der deutschen Städte vom 14. bis ins 16. Jahrhundert, Bd. 17). Bd. 2. 2., unveränd. Aufl. Göttingen 1968 (Die Chroniken ..., Bd. 18).

Heidenheimer, Heinrich: Peter Schöffer als Kleriker, in: Centralblatt für Bibliothekswesen, 19 (1902), S. 451-455.

Helmrath, Johannes: Artikel „Pius II.", in: Neue Deutsche Biographie, Bd. 20. Berlin 2001, S. 492-494.

Hertling, Hans Herbert: Die Schöffer-Familie aus Gernsheim. Wahres und zweifelhaftes zur Schöffer Genealogie. Stockstadt a. Rhein 2003 (CD).

Hessels, Jan Hendrik: The so-called Gutenberg documents, in: The Library, New Series, vol. 10 (1909), S. 152-167, 253-287, 386-417.

Hessels, Jan Hendrik: Eine Stelle im Helmaspergerschen Notariatsinstrument, in: Zentralblatt für Bibliothekswesen, 27 (1910), S. 456.

Hessels, Jan Hendrik: Artikel „Typography", in: The Encyclopaedia Britannica. 11th ed., vol. 27. Tonalite – Vesuvius. New York 1911, S. 509- 548.

Hofer, Johannes: Johannes Kapistran. Ein Leben im Kampf um die Reform der Kirche. Neue, bearb. Ausg. Heidelberg, Bd. 1 (1964). Bd. 2 (1965) (Bibliotheca Franciscana, 1. 2).

Hoffmann, Leonhard: Gutenberg, Fust und der erste Bibeldruck. Eine Untersuchung auf der Grundlage neuer Quellen, in: Zentralblatt für Bibliothekswesen, Teil 1. 97. Jg. (1983), S. 473-481; Teil 2. 98. Jg. (1984), S. 529-536; Teil 3. 100. Jg. (1986), S. 535-547; Teil 4. 101. Jg. (1987), S. 53-63.

Hoffmann, Leonhard: Von wegen pleite. Überraschendes über Gutenberg als Unternehmer, in: Stichwort. Hauszeitschrift der Staatsbibliothek zu Berlin. Preußischer Kulturbesitz, Neue Folge, 1. Jg., H. 4, 18.12.1992, S. 45-46.

Hoffmann, Leonhard: Die Gutenbergbibel. Eine Kosten- und Gewinnschätzung des ersten Bibeldrucks auf der Grundlage zeitgenössischer Quellen, in: Archiv für Geschichte des Buchwesens, 39 (1993), S. 255-319 = (1993a).

Hoffmann, Leonhard: Der Druck der 42-zeiligen Bibel durch Johannes Gutenberg. Eine Analyse nach dem neuesten Stand der Quellen. In: Johannes Gutenberg – regionale Aspekte des frühen Buchdrucks. Vorträge der Internationalen Konferenz zum 550. Jubiläum der Buchdruckerkunst am 26. und 27. Juni 1990 in Berlin. Berlin 1993 (Beiträge aus der Staatsbibliothek zu Berlin Preußischer Kulturbesitz, Bd. 1), S. 118-125 = (1993b).

Hoffmann, Leonhard: Der Preis der Gutenberg-Bibel. Zum Kauf der „Biblia de molde grande" in Burgos, in: Gutenberg-Jahrbuch, 77 (2002), S. 50-56.

Hoffmann, Leonhard: Wann hat Johannes Gutenberg die zweiundvierzigzeilige Bibel gedruckt? Ein Datierungsversuch nach Äußerungen von Zeitzeugen, in: Archiv für Geschichte des Buchwesens, Bd. 58 (2004), S. 211-220.

Hofmeister, Herbert: Artikel „Realvertrag“, in: Handwörterbuch zur deutschen Rechtsgeschichte, Bd. 4. Berlin 1990, Sp. 218.

Hollmann, Michael: Das Mainzer Domkapitel im späten Mittelalter (1306 – 1476). Mainz 1990.

Hübner, Rudolf: Grundzüge des Deutschen Privatrechts. 3., durchges. Aufl. Leipzig 1919.

Hupp, Otto: Zum Streit um das Missale speciale Constatiense. Ein dritter Beitrag zur Geschichte der ältesten Druckwerke. Straßburg 1917.

Hupp, Otto: Gutenberg und die Nacherfinder, in: Gutenberg-Jahrbuch, 4 (1929), S. 31-100.

Ing, Janet: The Mainz Indulgences of 1454/5: a review of recent scholarship, in: The British Library Journal, vol. 9 (1983), S. 14-31.

Ing, Janet: Johann Gutenberg and his Bible. A historical study. New York 1988.

Ing, Janet: Searching for Gutenberg in the 1980s, in: Fine Print, vol. 12 (1986), S. 212-215, 232.

Jahrbuch der Bibliotheken, Archive und Informationsstellen der Deutschen Demokratischen Republik. Hrsg. v. Bibliotheksverband der Deutschen Demokratischen Republik, Jg. 10 (1976/77).

Janzin, Marion; Güntner, Joachim: Das Buch vom Buch. 5000 Jahre Buchgeschichte. 3., überarb. u. erw. Aufl. Hannover 2007.

Jeschke, Peter (Bearb.): Ländliche Rechtsquellen aus dem Kurmainzer Rheingau. Stuttgart 2003 (Geschichtliche Landeskunde. Veröffentlichungen des Instituts für Geschichtliche Landeskunde an der Universität Mainz, Bd. 54).

Juchhoff, Rudolf: Urteilsspruch und Eidesleistung im Helmaspergerschen Notariatsinstrument. Köln 1951.

Jürgensmeier, Friedhelm: Artikel „Schenk von Erbach, Dietrich“, in: Gatz, Erwin: Die Bischöfe des Heiligen Römischen Reiches, 1448 – 1648. Berlin 1996, S. 630-631.

Kammerer, Klaus: Das Unternehmensrecht süddeutscher Handelsgesellschaften in der Montanindustrie des 15. und 16. Jahrhundert. Jur. Diss. Tübingen 1977.

Kannowski, Bernd: Rechtsbegriffe im Mittelalter. Stand der Diskussion, in: Cordes, Albrecht; Kannowski, Bernd (Hrsg.): Rechtsbegriffe im Mittelalter. Frankfurt am Main u.a. 2002 (Rechtshistorische Reihe, Bd. 262), S. 1-27.

Kapp, Friedrich: Geschichte des deutschen Buchhandels bis in das siebzehnte Jahrhundert. (Kapp, Friedrich; Goldfriedrich, Johann: Geschichte des deutschen Buchhandels, Bd. 1). Neudruck d. Ausg. Leipzig 1886. Aalen 1970.

Kapr, Albert: Zum 500. Todestag von Johannes Gutenberg, in: Beiträge zur Inkunabelkunde, 3. Folge, 4. Berlin 1969, S. 7-15.

Kapr, Albert: Marginalien zur Gutenbergforschung, in: Beiträge zur Inkunabelkunde, 3. Folge, 4. Berlin 1969, S. 28-33.

Kapr, Albert: Gab es Beziehungen zwischen Johannes Gutenberg und Nikolaus von Kues? In: Gutenberg-Jahrbuch, 47 (1972), S. 32-40.

Kapr, Albert: Johannes Gutenberg. Persönlichkeit und Leistung. 2., durchges. Aufl. 1988.

Kaser, Max: Das Römische Privatrecht, 2. Abschnitt: Die nachklassischen Entwicklungen. München 1959.

Kaufmann, Ekkehard: Das spätmittelalterliche deutsche Schadensersatzrecht und die Rezeption der „actio iniuriarum aestimatoria", in: Zeitschrift der Savigny-Stiftung für Rechtsgeschichte (Germanistische Abt.), Bd. 78 (1961), S. 93-139 = (1961a).

Kaufmann, Ekkehard: Canel contra Moschel. Ein Schadensersatzprozess vor dem Ingelheimer Oberhof aus dem Jahre 1404, in: Festgabe für Paul Kirn zum 70. Geburtstag. Berlin 1961, S. 145-156 = (1961b).

Kaufmann, Ekkehard: Artikel „Gefahr", in: Handwörterbuch zur deutschen Rechtsgeschichte, Bd. 1: Aachen bis Haussuchung. Berlin 1971, Sp. 1429.

Keiderling, Thomas: Johannes Gutenberg und Friedrich Koenig – zwei Pioniere des Druckmaschinenbaus. Zur Methodik der vergleichenden Biographie- und Innovationsforschung. In: Hettling, Manfred (Hrsg.): Figuren und Strukturen. Historische Essays für Hartmut Zwahr zum 65. Geburtstag. München 2002, S. 335-354.

Kellenbenz, Hermann: Artikel „Lombarden", in: Handwörterbuch zur deutschen Rechtsgeschichte, Bd. 3. Berlin 1984, Sp. 37-38.

Kind, Helmut; Rohlfing, Helmut: Gutenberg und der europäische Frühdruck. Zur Erwerbungsgeschichte der Göttinger Inkunabelsammlung. Göttingen 1995.

Kirn, Paul: Der mittelalterliche Staat und das geistliche Gericht, in: Zeitschrift der Savigny-Stiftung für Rechtsgeschichte (Kanonistische Abt.), Bd. 15 (1926), S. 162-199.

Kirn, Paul: Das Urkundenwesen und die Kanzlei der Mainzer Erzbischöfe im fünfzehnten Jahrhundert, in: Archiv für hessische Geschichte und Altertumskunde, Neue Folge, 15 (1928), S. 302-347, 533-573.

Kisch, Guido (Hrsg.): Leipziger Schöffenspruchsammlung. Leipzig 1919 (Forschungsinstitut für Rechtsgeschichte. Quellen zur Geschichte der Rezeption, Bd. 1).

Kist, Johannes: Die Matrikel der Geistlichkeit des Bistums Bamberg, 1400 – 1556. Würzburg 1965 (Veröffentlichungen der Gesellschaft für Fränkische Geschichte, 4. Reihe: Matrikeln fränkischer Schulen und Stände, Bd. 7).

Klee, Otto: Noch einmal die Kleriker, in: Centralblatt für Bibliothekswesen, 20 (1903), S. 325-333.

Knemeyer, Franz-Ludwig: Das Notariat im Fürstbistum Münster. Diss. Münster 1964.

Köbler, Gerhard: Artikel „Artikelprozess“, in: Tilch, Horst; Arloth, Frank (Hrsg.): Deutsches Rechtslexikon. 3. Aufl., Bd. 1: A bis F. München 2001, S. 315.

Köbler, Gerhard: Deutsche Rechtsgeschichte. Ein systematischer Grundriss der geschichtlichen Grundlagen des deutschen Rechts von den Indogermanen bis zur Gegenwart. 6., durchges. Aufl. München 2005.

Köhler, Johann David: Hochverdiente und aus bewährten Urkunden wohlbeglaubigte Ehren-Rettung Johann Guttenbergs, eingebohrnen Bürgers in Mayntz ... Zu Ehren Elmar Mittlers aus Anlass seines 60. Geburtstages hrsg. v. Axel Halle. Reprint d. Ausg. Leipzig 1741. München 2000.

König, Eberhard: A leaf from a Gutenberg Bible illuminated in England, in: The British Library, 9 (1983), S. 32-50.

König, Eberhard: Für Johannes Fust, in: Ars impressoria. Entstehung und Entwicklung des Buchdrucks. Eine internationale Festgabe für Severin Corsten zum 65. Geburtstag. München 1986, S. 285-313.

König, Eberhard: The history of art and the history of the book at the time of the transition from manuscript to print, in: Bibliography and the study of 15th-century civilisation. Papers presented at a Colloquium at the British Library 26 - 28 september 1984. London 1987 (British Library Occasional Papers, 5), S. 154-184.

König, Eberhard: New perspectives on the history of Mainz printing: a fresh look at illuminated prints, in: Hindman, Sandra (ed.): Printing the written word. The social history of books, circa 1450 – 1520. Ithaca 1991, S. 143-173.

König, Eberhard: Zur Situation der Gutenberg-Forschung. Ein Supplement. Münster 1995 (Gutenberg-Bibel. Handbuch zur B 42. Sonderausgabe des Kommentars zum zweiten Faksimile des Berliner Exemplars mit grundlegenden Beiträgen).

König, Eberhard: Die Buchmalereien in der Gutenbergbibel zu Burgos, in: Johannes Gutenberg – die 42-zeilige Bibel. Kommentar zum Faksimile des Exemplars in Burgos. Valencia 1997, S. 119-126.

König, Eberhard: Zensus 2004 (1995) der erhaltenen Exemplare der zweiundvierzigzeiligen Bibel Gutenbergs, in: Galantaris, Christian: Biblia Sacra Mazarinea. „Die Mazarine-Bibel", MCDLV. Begleitbuch zur Wiedergabe des Exemplars der 42-zeiligen Gutenberg-Bibel Inc. 1 in der Bibliothèque Mazarine zu Paris. 2004, S. 66-69.

Konow, Karl-Otto: Johannes Halder. Apostolischer und kaiserlicher Notar in Frankfurt am Main. Jur. Diss. Frankfurt am Main 1959.

Koppitz, Hans-Joachim: Gutenbergs Erfindung – Bedeutung und Folgen, in: Johannes Gutenberg – die 42-zeilige Bibel. Kommentar zum Faksimile des Exemplars in Burgos. Valencia 1997, S. 23-51.

Kornblum, Udo: Das Beweisrecht des Ingelheimer Oberhofes und seiner malpflichtigen Schöffenstühle im Spätmittelalter. Jur. Diss. Frankfurt am Main 1960.

Kornblum Udo: Artikel „Beweis", in: Handwörterbuch zur deutschen Rechtsgeschichte, Bd. 1. Berlin 1971, Sp. 401-408.

Koschorreck, Walter: Zum Prozess Fust gegen Gutenberg. Parteiverhandlungen und Urteil in der Notariatsurkunde des Ulrich Helmasperger, in: Gutenberg-Jahrbuch, 30 (1955), S. 33-42.

Kroeschell, Karl: Geschichte der Advokatur in den welfischen Landen, in: Hundert Jahre Rechtsanwaltskammern. Festansprachen. München 1981 (Schriftenreihe der Bundesrechtsanwaltskammer, Bd. 2), S. 1-24.

Kroeschell, Karl: Die Rezeption des gelehrten Rechts und ihre Bedeutung für die Bildung des Territorialstaates, in: Deutsche Verwaltungsgeschichte, Bd. 1: Vom Spätmittelalter bis zum Ende des Reiches. Stuttgart 1983, S. 279-288.

Kroeschell, Karl: Rezension von: Überlieferung und Geltung normativer Texte des frühen und hohen Mittelalters. Sigmaringen 1986, in: Zeitschrift der Savigny-Stiftung für Rechtsgeschichte (Kanonistische Abt.), 76 (1990), S. 335-342.

Kroeschell, Karl: Deutsche Rechtsgeschichte, Bd. 2 (1250 – 1650). 8. Aufl. Opladen 1992 (WV studium, Bd. 9).

Kroeschell, Karl: Studien zum frühen und mittelalterlichen deutschen Recht. Berlin 1995 (Freiburger Rechtsgeschichtliche Abhandlungen, Neue Folge, Bd. 20).

Krusch, Bruno: Studie zur Geschichte der geistlichen Jurisdiktion und Verwaltung des Erzstifts Mainz, in: Zeitschrift des Historischen Vereins für Niedersachsen, Jg. 1897, S. 112-277.

Künast, Hans-Jörg: „Getruckt zu Augspurg". Buchdruck und Buchhandel in Augsburg zwischen 1468 und 1555. Tübingen 1997 (Studia Augustana, Bd. 8).

Künast, Hans-Jörg: Buchdruck und Buchhandel von Gutenberg bis zur Mitte des 16. Jahrhunderts, in: Vogeler, Georg (Hrsg.): Geschichte „in die Hand genommen". München 2005 (Studia Augustana, Bd. 8), S. 71-99.

Kurz, Peter: Weltgeschichte des Erfindungsschutzes. Erfinder und Patente im Spiegel der Zeiten. Hrsg. v. d. Patentanwaltskammer zum 100-jährigen Jubiläum des Gesetzes betreffend die Patentanwälte vom 21.5.1900. Köln 2000.

Landau, Peter: Die Gesetzgebungsgeschichte des § 247 BGB – zugleich ein Beitrag zur Geschichte der Einführung der Zinsfreiheit in Deutschland, in: Kleinheyer, Gerd (Hrsg.): Beiträge zur Rechtsgeschichte. Gedächtnisschrift für Hermann Conrad. Paderborn 1979, S. 385-408 (Rechts- und Staatswissenschaftliche Veröffentlichungen der Görres-Gesellschaft, Neue Folge, H. 34).

Landau, Peter: Artikel: „Eid. V. Historisch", in: Theologische Realenzyklopädie, Bd. 9. Berlin 1982, S. 382-391.

Landau, Peter: Artikel: „Zins", in: Handwörterbuch zur deutschen Rechtsgeschichte, Bd. 5. Berlin 1998, Sp. 1709.

Landwehr, Götz: „Urteilfragen" und „Urteilfinden" nach spätmittelalterlichen, insbesondere sächsischen Rechtsquellen, in: Zeitschrift der Savigny-Stiftung für Rechtsgeschichte (Germanistische Abt.), Bd. 96 (1979), S. 1-37.

Langer, Gottfried: Von Zusammenhängen zwischen Inkunabelforschung und Rechtsgeschichte, in: Zeitschrift der Savigny-Stiftung für Rechtsgeschichte (Germanistische Abt.), Bd. 85 (1968), S. 217-222.

Laubenstein, Heinz: Die Entwicklung des Münzwesens und der Hausgenossen des Erzbistums sowie der Stadt Mainz vom 10. – 15. Jahrhundert. Jur. Diss. Mainz 1953.

Lehmann-Haupt, Hellmut: Peter Schoeffer of Gernsheim and Mainz. Rochester 1950.

Lehmann-Haupt, Hellmut: Peter Schöffer aus Gernsheim und Mainz. Übersetzt u. mit einem Vorwort versehen v. Monika Estermann. Wiesbaden 2002.

Leiber, Erwin: Das Kanonische Zinsverbot in deutschen Städten des Mittelalters. Jur. Diss. Freiburg im Br. 1926.

Lie, Hiu: Die Anfänge des koreanischen Buchdrucks mit Metalllettern. Thunum 2003 (Collana. Koreanische Literatur und Kultur. Texte und Untersuchungen, Bd. 10).

Linde, Antonius van der: Geschichte der Erfindung der Buchdruckkunst, Bd. 3. Berlin 1886.

Ludwig, Karl-Heinz: Artikel „Patent", in: Lexikon des Mittelalters, Bd. 6. München 1993, Sp. 1780.

Lülfing, Hans: Johannes Gutenberg und das Buchwesen des 14. und 15. Jahrhunderts. Leipzig 1969.

Lutz, Elmar: Die rechtliche Struktur süddeutscher Handelsgesellschaften in der Zeit der Fugger, I. Darstellung. Tübingen 1976.

Männl, Ingrid: Gelehrte Juristen im Dienst der deutschen Territorialherren am Beispiel von Kurmainz (1250 – 1440), in: Boockmann, Hartmut u.a. (Hrsg.): Recht und Verfassung im Übergang vom Mittelalter zur Neuzeit, Teil 1. Bericht über Kolloquien der Kommission zur Erforschung der Kultur des Spätmittelalters 1994 bis 1995. Göttingen 1998, S. 185-198 (Abhandlungen der Akademie der Wissenschaften in Göttingen, Phil.-Hist. Klasse, 3. Folge, Nr. 228).

Marquordt, Gerhard: Vier rheinische Prozeßordnungen aus dem 16. Jahrhundert (Mainzer Untergerichtsordnung von 1534 – Trierer Untergerichtsordnung von 1537 – Kölner Gerichtsordnung von 1537 – Jülicher Ordnung und Reformation von 1555) – ein Beitrag zum Prozessrecht der Rezeptionszeit. Bonn 1938 (Rheinisches Archiv, 33).

Matheus, Michael: Verhandlungen vor dem Mainzer weltlichen Gericht ..., in: Gutenberg – aventur und kunst. Vom Geheimunternehmen zur ersten Medienrevolution. Katalog zur Ausstellung der Stadt Mainz anlässlich des 600. Geburtstages von Johannes Gutenberg, 14.4.-3.10.2000. Mainz 2000, S. 43-44.

Matzinger-Pfister, Regula: Paarformel, Synonymik und zweisprachiges Wortpaar. Zur mehrgliedrigen Ausdrucksweise der mittelalterlichen Urkundensprache. Zürich 1972 (Rechtshistorische Arbeiten, Bd. 9).

May, Georg: Die geistliche Gerichtsbarkeit des Erzbischofs von Mainz im Thüringen des späten Mittelalters. Das Generalgericht zu Erfurt. Leipzig 1956 (Erfurter theologische Studien, Bd. 2).

May, Georg: Geistliche Ämter und kirchliche Strukturen, in: Christ, Günter; May, Georg: Erzstift und Erzbistum Mainz. Territoriale und kirchliche

Strukturen. Würzburg 1997 (Handbuch der Mainzer Kirchengeschichte. 2 = Beiträge zur Mainzer Kirchengeschichte, 6), S. 447-592.

May, Georg: Die Organisation von Gerichtsbarkeit und Verwaltung in der Erzdiözese Mainz vom hohen Mittelalter bis zum Ende der Reichskirche, Bd. 1: Die Zentralbehörden. Mainz 2004 (Quellen und Abhandlungen zur mittelrheinischen Kirchengeschichte, Bd. 111).

Mayer, Erich: Das Mainzer Notariat von seinen Anfängen (1292) bis zur Auflösung des Kurstaates. Diss. Mainz 1953.

McKitterick, David: Print, manuscript and the search for order, 1450 – 1830. Cambridge 2003.

Menczel, Josef Salomon: Beiträge zur Geschichte der Juden von Mainz im XV. Jahrhundert. Eine quellenkritische Untersuchung mit Quellenabdruck. Berlin 1932.

Menn, Walter: Das Helmaspergersche Notariatsinstrument vom 6. November 1455. Greifswald 1941, in: Gutenberg und seine Erfindung. Zwei Aufsätze. Greifswald 1941 (Aus den Schätzen der Universitätsbibliothek zu Greifswald, 16).

Mentzel-Reuters, Arno: (Rezension eines Aufsatzes von Kai-Michael Sprenger) in: Deutsches Archiv für Erforschung des Mittelalters, Jg. 57 (2001), S. 287.

Meuthen, Erich: Ein neues frühes Quellenzeugnis (zu Oktober 1454?) für den ältesten Buchdruck. Enea Silvio Piccolomini am 12. März 1455 aus Wiener Neustadt an Kardinal Juan de Carvajal, in: Gutenberg-Jahrbuch, 57 (1982), S. 108-118.

Meuthen, Erich: Artikel „Carvajal, Juan de", in: Lexikon des Mittelalters, Bd. 2. München 1983, Sp. 1536.

Miethke, Jürgen: Wissenschaftliche Politikberatung im Spätmittelalter – die Praxis der scholastischen Theorie, in: Politische Reflexion in der Welt des späten Mittelalters / Political thought in the age of scholasticism. Essays in honour of Jürgen Miethke. Leiden u.a. 2004 (Studies in medieval and reformation traditions, vol. 103), S. 337-357.

Mitteis, Heinrich; Lieberich, Heinz: Deutsches Privatrecht. Ein Studienbuch. 9., durchges. u. erg. Aufl. München 1981.

Mommsen, Karl: Das Basler Kanzleiwesen des Spätmittelalters, in: Basler Zeitschrift für Geschichte und Altertumskunde, Bd. 74 (1974), S. 159-188.

Müller, Hans: Oberhof und neuzeitlicher Territorialstaat – dargestellt am Beispiel der drei rheinischen geistlichen Kurfürstentümer. Aachen 1978 (Untersuchungen zur deutschen Staats- und Rechtsgeschichte, N.F., Bd. 20).

Müller-Volbehr, Jörg: Die geistlichen Gerichte in den Braunschweig-Wolfenbüttelschen Landen. Göttingen 1973 (Göttinger Studien zur Rechtsgeschichte, 3).

Needham, Paul: The paper supply of the Gutenberg Bible, in: The Papers of the Bibliographical Society of America, vol. 79 (1985), S. 303-374.

Needham, Paul: Haec sancta ars: Gutenberg's invention as a divine gift, in: The Gazette of the Grolier Club, 1990, S. 101-120.

Nemirovskij, Evgenij L.: Gutenberg und der älteste Buchdruck in Selbstzeugnissen. Chrestomathie und Bibliographie 1454 – 1550. Baden-Baden 2003 (Bibliotheca Bibliographica Aureliana, 202).

Neumann, Max: Geschichte des Wuchers in Deutschland bis zur Begründung der heutigen Zinsgesetze (1654). Halle 1865.

Oestmann, Peter: Erholung und Wandel am Ingelheimer Oberhof, in: Schulze, Reiner (Hrsg.): Symbolische Kommunikation vor Gericht in der Frühen Neuzeit. Berlin 2006 (Schriften zur Europäischen Rechts- und Verfassungsgeschichte, Bd. 51), S. 29-55.

Oestmann, Peter: Artikel „Artikelprozess", in: Handwörterbuch zur deutschen Rechtsgeschichte. 2., völlig überarb. u. erw. Aufl., 2. Lieferung. Berlin 2005, Sp. 313-314.

Ogris, Werner: Artikel „Munt, Muntgewalt", in: Handwörterbuch zur Deutschen Rechtsgeschichte, Bd. 3: List bis Protonotar. Berlin 1984, Sp. 750-761.

Olbrich, Wilhelm: Artikel „Subskription", in: Löffler, Karl u.a. (Hrsg.): Lexikon des gesamten Buchwesens. Leipzig, Bd. 3 (1937), S. 355-356.

Ott, Hans Friedel: Die weltliche Rechtsprechung des Bischofs im Hochstift Bamberg von den Anfängen bis in die erste Hälfte des sechzehnten Jahrhunderts. Bamberg 1980 (Historischer Verein für die Pflege der Geschichte des ehemaligen Fürstbistums Bamberg, Beiheft 11).

Paarhammer, Hans: Rechtsprechung und Verwaltung des Salzburger Offizialates (1300 – 1569). Wien 1977 (Dissertationen der Universität Salzburg, 8).

Painter, George D.: Quincentenary, in: The Book Collector, 17 (1968), S. 42-43.

Painter, George D.: Gutenberg and the B 36 group, a re-consideration, in: Essays in honour of Victor Scholderer. Mainz 1970, S. 292-322.

Pauldrach, Sabine: Bußpredigten und Bußprediger, besonders Johannes von Capestrano, in: Der Bußprediger Capestrano auf dem Domplatz in Bamberg. Eine Bamberger Tafel um 1470/75. Begleitschrift zur Ausstellung. Bamberg 1989 (Schriften des Historischen Museums Bamberg, Nr. 12), S. 95-109.

Péligry, Christian: Vorwort (zu: Galantaris, Christian: Biblia Sacra Mazarinea. „Die Mazarine-Bibel“, MCDLV. Begleitbuch zur Wiedergabe des Exemplars der 42-zeiligen Gutenberg-Bibel Inc. 1 in der Bibliothèque Mazarine zu Paris. Münster 2004), S. 7-9.

Perrousseaux, Yves: Histoire de l'écriture typographique de Gutenberg au XVIIe siècle. Méolans-Revel 2005.

Planck, Julius Wilhelm: Das Deutsche Gerichtsverfahren im Mittelalter. Braunschweig, Bd. 1, 1. Hälfte (1878). Bd. 2 (1879).

Planitz, Hans: Deutsche Rechtsgeschichte. 2. Aufl. bearb. v. Karl August Eckhardt. Graz u.a. 1961.

Powitz, Gerhardt: Die Frankfurter Gutenberg-Bibel. Ein Beitrag zum Buchwesen des 15. Jahrhunderts. Frankfurt am Main 1990.

Presser, Helmut: Johannes Gutenberg in Zeugnissen und Bilddokumenten. Reinbek bei Hamburg 1967 (rowohlts monographien, 134).

Rautenberg, Ursula: Buchhändlerische Organisationsformen in der Inkunabel- und Frühdruckzeit, in: Die Buchkultur im 15. und 16. Jahrhundert. Hamburg, 2. Halbband (1999), S. 339-376.

Reske, Christoph: Die Buchdrucker des 16. und 17. Jahrhunderts im deutschen Sprachgebiet. Auf der Grundlage des gleichnamigen Werkes von Josef Benzing. Wiesbaden 2007.

Ringel, Ingrid Heike: Studien zum Personal des Mainzer Erzbischofs Dietrich von Erbach (1434 – 1459). Mainz 1980 (Quellen und Abhandlungen zur mittelrheinischen Kirchengeschichte, Bd. 34).

Rohlfing, Helmut: Gutenberg und seine Wirkung. Katalog, in: Füssel, Stephan: Gutenberg und seine Wirkung. Text: Stephan Füssel. Katalogredaktion: Helmut Rohlfing. Hrsg. v. Elmar Mittler. Katalog zur Ausstellung der Niedersächsischen Staats- und Universitätsbibliothek Göttingen vom 23.6. bis zum 29.10.2000. Göttingen 2000, S. 143-269.

Roth, F.W.E.: Die Mainzer Druckerfamilie Schöffer während des 16. Jahrhunderts und deren Erzeugnisse zu Mainz, Worms, Straßburg und Venedig. Leipzig 1892 (Centralblatt für Bibliothekswesen; Beih. 9).

Rothmann, Michael: Die Frankfurter Messen im Mittelalter. Stuttgart 1998 (Frankfurter Historische Abhandlungen, Bd. 40).

Rothmann, Michael: „Das trojanische Pferd der Deutschen" oder die Vervielfältigung des Wissens – Johannes Gutenberg, der Buchdruck und der Markt, in: Matheus, Michael (Hrsg.): Lebenswelten Johannes Gutenbergs. Stuttgart 2005 (Mainzer Vorträge, 10), S. 39-58.

Ruppel, Aloys: Gutenberg, 1397 – 1468, in: Die Großen Deutschen. Neue Deutsche Biographie. In vier Bänden, Band 1. Berlin 1942, S. 284-297.

Ruppel, Aloys: Johannes Gutenberg. Sein Leben und sein Werk. 2. Aufl. Berlin 1947.

Ruppel, Aloys: Artikel „Gutenberg", in: Neue Deutsche Biographie, Bd. 7: Grassauer bis Hartmann. Berlin 1966, S. 339-342.

Ruppel, Aloys: Artikel „Fust, Johannes", in: Neue Deutsche Biographie, Bd. 5: Falck bis Fyner. Berlin 1971, S. 743-744.

Schaab, Carl Anton: Die Geschichte der Erfindung der Buchdruckerkunst durch Johann Gensfleisch genannt Gutenberg zu Mainz, Bd. 1. Mainz 1830.

Schartl, Reinhard: Johannes Fust und Johannes Gutenberg in zwei Verfahren vor dem Frankfurter Schöffengericht, in: Gutenberg-Jahrbuch, 76 (2001), S. 83-86.

Schartl, Reinhard: Gerichtsverfassung und Zivilprozess in Frankfurt am Main im Spätmittelalter, in: Zeitschrift der Savigny-Stiftung für Rechtsgeschichte (Germanistische Abt.), Bd. 123 (2006), S. 135-165.

Schenk zu Schweinsberg, Gustav Freiherr: Genealogie des Mainzer Geschlechts Gänsfleisch, in: Hartwig, Otto (Hrsg.): Festschrift zum fünfhundertjährigen Geburtstage von Johann Gutenberg. Leipzig 1900 (Beihefte zum Centralblatt für Bibliothekswesen, Bd. 8, Heft 23), S. 80-162.

Schlosser, Hans: Spätmittelalterlicher Zivilprozess nach bayerischen Quellen. Gerichtsverfassung und Rechtsgang. Köln, Wien 1971 (Forschungen zur deutschen Rechtsgeschichte, Bd. 8).

Schlosser, Hans: Prozesseide der Kleriker im Verfahren vor dem weltlichen Zivilgericht während des späten Mittelalters, in: Gagnér, Sten u.a. (Hrsg.): Festschrift für Hermann Krause. Köln u.a. 1975, S. 43-65.

Schlosser, Hans: Artikel „Inquisitionsverfahren", in: Handwörterbuch zur deutschen Rechtsgeschichte, Bd. 2: Haustür bis Lippe. Berlin 1978, Sp. 378-382.

Schmelzeisen, Gustav Klemens: Rechtsfindung im Mittelalter, in: Zeitschrift der Savigny-Stiftung für Rechtsgeschichte (Germanistische Abt.), 91 (1974), S. 73-89.

Schmidmaier, Dieter: Die Erfindung des Drucks mit einzelnen zusammengesetzten Buchstaben haben wir einem Chur-Mainzischen Cavalier, Herrn von Gutenberg, ums Jahr 1440 zu danken. Die Gutenbergforschung und Johann David Köhler, in: Johannes Gutenberg – Regionale Aspekte des frühen Buchdrucks. Berlin 1993, S. 93-96.

Schmidt-Künsemüller, Friedrich Adolf: (Rezension von: Blum, Rudolf: Der Prozess Fust gegen Gutenberg. Wiesbaden 1954), in: Zentralblatt für Bibliothekswesen, 69 (1955), S. 56-59 = (1955a).

Schmidt-Wiegand, Ruth: Eid und Gelöbnis, Formel und Formular im mittelalterlichen Recht, in: Classen, Peter (Hrsg.): Recht und Schrift im Mittelalter. Sigmaringen 1977, S. 55-90 = (1977a).

Schmidt-Wiegand, Ruth: Fremdeinflüsse auf die deutsche Rechtssprache, in: Sprachliche Interferenz. Festschrift für Werner Betz zum 65. Geburtstag. Tübingen 1977, S. 226-245 = (1977b).

Schmidt-Wiegand, Ruth: Artikel „Paarformeln", in: Handwörterbuch zur deutschen Rechtsgeschichte, Bd. 3: List bis Protonotar. Berlin 1984, Sp. 1387-1393.

Schmidt-Wiegand, Ruth (Hrsg.): Deutsche Rechtsregeln und Rechtssprichwörter. Ein Lexikon. München 1996.

Schmiedt, Heinz H.: Betrachtungen über Gutenberg, Wesen und Wirkung seiner Erfindung. Eltville 1983 (Eltviller Druck, 32).

Schmitz, Wolfgang: Gutenberg und die Ausbreitung des Buchdrucks zu seinen Lebzeiten, in: Marginalien, H. 164 (2001, H. 4), S. 18-34.

Schneider, Cornelia: Gutenberg – der Erfinder und seine Bücher, in: Gutenberg – 550 Jahre Buchdruck in Europa. Weinheim 1990 (Ausstellungskataloge der Herzog-August-Bibliothek, Nr. 62), S. 45-52.

Schneider, Cornelia: Mainzer Drucker – Drucken in Mainz (I). Der Erstdrucker: Gutenberg, in: Gutenberg – aventur und kunst. Vom Geheimunternehmen zur ersten Medienrevolution. Katalog zur Ausstellung der Stadt Mainz anlässlich des 600. Geburtstages von Johannes Gutenberg, 14.4.-3.10.2000. Mainz 2000, S. 190-211.

Schneider, Cornelia: Mainzer Drucker – Drucken in Mainz (II), in: Gutenberg – aventur und kunst. Vom Geheimunternehmen zur ersten Medienrevolution. Katalog zur Ausstellung der Stadt Mainz anlässlich des 600. Geburtstages von Johannes Gutenberg, 14.4.-3.10.2000. Mainz 2000, S. 212-235.

Schneider, Cornelia: Peter Schöffer: Bücher für Europa. Mainz 2003.

Scholderer, Victor: (Rezension von: Blum, Rudolf: Der Prozess Fust gegen Gutenberg. 1954), in: The Library, 3rd series, vol. IX (1954), S. 278-281.

Schorbach, Carl: Die urkundlichen Nachrichten über Johann Gutenberg, in: Hartwig, Otto (Hrsg.): Festschrift zum fünfhundertjährigen Geburtstage von Johann Gutenberg. Leipzig 1900 (Beihefte zum Centralblatt für Bibliothekswesen, Bd. 8, Heft 23), S. 163-319.

Schorbach, Karl: Neue Straßburger Gutenbergfunde, I und II, in: Ruppel, Aloys (Hrsg.): Gutenberg-Festschrift zur Feier des 25-jährigen Bestehens des Gutenberg-Museums in Mainz 1925. Mainz 1925, S. 130-143.

Schott, Clausdieter: Rechtsgeschichte. Texte und Lösungen. 7. Aufl. Zürich 1997.

Schottenloher, Otto: Artikel „Arnoldus Bergellanus, Johann", in: Neue Deutsche Biographie, Bd. 1: Aachen bis Behaim. Berlin 1971, S. 392.

Schrohe, Heinrich: Die Stadt Mainz unter kurfürstlicher Verwaltung (1462 – 1792). Mainz 1920 (Beiträge zur Geschichte der Stadt Mainz, 5).

Schüngeler, Dieter: Die zivilprozessualen Beweismittel des Babenhausener Rechts im 14. und 15. Jahrhundert. Jur. Diss. Köln 1973.

Schuler, Peter-Johannes: Geschichte des südwestdeutschen Notariats. Von seinen Anfängen bis zur Reichsnotariatsordnung von 1512. Bühl (Baden) 1976 (Veröffentlichung des Alemannischen Instituts Freiburg/Br., Nr. 39).

Schuler, Peter-Johannes: Notare Südwestdeutschlands. Textband. Stuttgart 1987 (Veröffentlichungen der Kommission für Geschichtliche Landeskunde in Baden-Württemberg, Reihe B. Forschungen, Band 90).

Schuler, Peter-Johannes: Artikel „Notar, Notariat/Deutsches Reich", in: Lexikon des Mittelalters, Band 6. München 1993, Sp. 1271-1273.

Schwenke, Paul: Untersuchungen zur Geschichte des ersten Buchdrucks. Festschrift zur Gutenbergfeier am 24.6.1900. Berlin 1900.

Schwenke, Paul: (Stellungnahme zu einem Artikel von Hessels), in: Zentralblatt für Bibliothekswesen, 27 (1910), S. 458-459.

Schwenke, Paul: Die Gutenbergbibel, in: Johann Gutenbergs zweiundvierzigzeilige Bibel. Ergänzungsband zur Faksimile-Ausgabe. Leipzig 1923, S. 3-54.

Schwintowski, Hans-Peter: Legitimation und Überwindung des kanonischen Zinsverbots, in: Brieskorn, Norbert u.a. (Hrsg.): Vom mittelalterlichen Recht zur neuzeitlichen Rechtswissenschaft. Paderborn 1994 (Rechts- und Staatswissenschaftliche Veröffentlichungen der Görres-Gesellschaft), S. 261-270.

Sellert, Wolfgang; Schmidt-Wiegand, Ruth: Artikel „Li(e)dlohn", in: Handwörterbuch zur deutschen Rechtsgeschichte, Bd. 2: Haustür bis Lippe. Berlin 1978, Sp. 2005.

Sellert, Wolfgang: Zur Rezeption des römischen und kanonischen Rechts in Deutschland von den Anfängen bis zum Beginn der frühen Neuzeit: Überblick, Diskussionsstand und Ergebnisse, in: Boockmann, Hartmut u.a. (Hrsg.): Recht und Verfassung im Übergang vom Mittelalter zur Neuzeit, Teil 1. Bericht über Kolloquien der Kommission zur Erforschung der Kultur des Spätmittelalters 1994 bis 1995. Göttingen 1998, S. 115-166 (Abhandlungen der Akademie der Wissenschaften in Göttingen. Phil.-Hist. Klasse, 3. Folge, Nr. 228).

Siegel, Heinrich: Die Erholung und Wandelung im gerichtlichen Verfahren. Wien 1863.

Sotzmann, Johann Daniel Friedrich: Gutenberg und seine Mitbewerber oder die Briefdrucker und die Buchdrucker. Leipzig (1841).

Sprenger, Kai-Michael: „volumus tamen, quod expressio fiat ante finem mensis Maii presentis". Sollte Gutenberg 1452 im Auftrag Nikolaus von Kues' Ablassbriefe drucken, in: Gutenberg-Jahrbuch, 74 (1999), S. 42-57.

Stammler, Rudolf: Die Rechtshändel des Johann Gutenberg, in: Festgabe der Juristischen Fakultät der Vereinigten Friedrichs-Universität Halle-Wittenberg für Wilhelm von Brünneck zum 8. August 1912. Halle 1912, S. 1-25.

Steffens, Rudolf: Frühneuhochdeutsch in Mainz, in: Rheinische Vierteljahrsblätter, Jg. 57 (1993), S. 176-226.

Steffens, Rudolf: Das „Mainzer Friedgebot" in der Redaktion von 1335 (1352). Neuedition, in: Mainzer Zeitschrift, Jg. 100 (2005), S. 17-37.

Stein, Peter: Schriftkultur. Eine Geschichte des Schreibens und Lesens. Darmstadt 2006.

Steins, Achim: Der ordentliche Zivilprozess nach den Offizialatsstatuten. Ein Beitrag zur Geschichte des gelehrten Prozesses in Deutschland im Spätmittelalter, in: Zeitschrift der Savigny-Stiftung für Rechtsgeschichte (Kanonistische Abt.), Bd. 59 (1973), S. 191-262.

Stromer, Wolfgang von: Vom Stempeldruck zum Hochdruck – Forster und Gutenberg, in: Johannes Gutenberg – regionale Aspekte des frühen Buchdrucks. Vorträge der Internationalen Konferenz zum 550. Jubiläum der Buchdruckerkunst am 26. und 27. Juni 1990 in Berlin. Berlin 1993 (Beiträge aus der Staatsbibliothek zu Berlin Preußischer Kulturbesitz, Bd. 1), S. 47-92.

Stromer, Wolfgang von: Gutenbergs Geheimnis. Von Turfan zum Karlstein – die Seidenstraße als Mittler der Druckverfahren von Zentralasien nach Mitteleuropa. Genf 2000.

Tan, Elaine S.: An empty shell? Rethinking the usury laws in medieval Europe, in: Journal of Legal History, vol. 23 (2002), S. 177-196.

Tavano, Luigi; Karp, Hans-Jürgen: Artikel „Piccolomini, Enea Silvio", in: Gatz, Erwin: Die Bischöfe des Heiligen Römischen Reiches, 1448 – 1648. Berlin 1996, S. 537-539.

Teucher, Eugen: Das Helmaspergersche Notariatsinstrument – eine neue Interpretation, in: Schweizerisches Gutenbergmuseum, 42. Jg. (1956), S. 26-31.

Thiel, Rudolf: Kritische Gutenbergstudien, in: Gutenberg-Jahrbuch, 14 (1939), S. 62-86.

Trusen, Winfried: Spätmittelalterliche Jurisprudenz und Wirtschaftsethik, dargestellt an Wiener Gutachten des 14. Jahrhunderts. Wiesbaden 1961 (Vierteljahrsschrift für Sozial- und Wirtschaftsgeschichte. Beihefte, Nr. 43).

Trusen, Winfried: Die gelehrte Gerichtsbarkeit der Kirche, in: Coing, Helmut (Hrsg.): Handbuch der Quellen und Literatur der neueren europäischen Privatrechtsgeschichte, Bd. 1. Mittelalter (1100 – 1500). München 1973, S. 467-504.

Trusen, Winfried: Zur Urkundenlehre der mittelalterlichen Jurisprudenz, in: Classen, Peter (Hrsg.): Recht und Schrift im Mittelalter. Sigmaringen 1977 (Vorträge und Forschungen, Bd. 23), S. 197-219.

Trusen, Winfried: Notar und Notariatsinstrument an der Wende vom Mittelalter zur Neuzeit. Zu den gemeinrechtlichen Grundlagen der Reichsnotariatsordnung von 1512, in: Kleinheyer, Gerd u.a. (Hrsg.): Beiträge zur Rechtsgeschichte. Gedächtnisschrift für Hermann Conrad. Paderborn u.a. 1979 (Rechts- und Staatswissenschaftliche Veröffentlichungen der Görres-Gesellschaft, Neue Folge, H. 34), S. 545-566.

Trusen, Winfried: Artikel „Rentenkauf", in: Handwörterbuch zur deutschen Rechtsgeschichte. Berlin, Bd. 4: Protonotarius Apostolicus – Strafprozessordnung (1990), Sp. 897-901.

Tschepe, Axel: Gerichtsverfassung und Prozess des Stadtgerichts Butzbach im 15. Jahrhundert. Aalen 1976 (Gerichtsbücher-Studien, Bd. 1).

Twitchett, Denis: Druckkunst und Verlagswesen im mittelalterlichen China. Wiesbaden 1994 (Wolfenbütteler Studien zur Geschichte des Buchwesens, Bd. 22).

Umbreit, August Ernst: Die Erfindung der Buchdruckerkunst. Kritische Abhandlungen zur Orientirung auf dem jetzigen Standpunkte der Forschung. Leipzig 1843.

Urbach, Johannes: Processus iudicii qui panormitani ordo iudiciarius a multis dicitur ex recognitione Theodori Mutheri. Halle 1873.

Velke, Wilhelm: Zur frühesten Verbreitung der Druckkunst, in: Hartwig, Otto (Hrsg.): Festschrift zum fünfhundertsten Geburtstage von Johann Gutenberg. Leipzig 1900, S. 402-431 (Beihefte zum Centralblatt für Bibliothekswesen, H. 23).

Venzke, Andreas: Johannes Gutenberg. Der Erfinder des Buchdrucks und seine Zeit. München, Zürich 2000.

Voss, Wolfgang: Dietrich von Erbach – Erzbischof von Mainz (1434 – 1459). Studien zur Reichs-, Kirchen- und Landespolitik sowie zu den erzbischöflichen Räten. Mainz 2004.

Voullième, Ernst: Die deutschen Drucker des fünfzehnten Jahrhunderts. 2. Aufl. Berlin 1922.

Wagner, Harald: Artikel „Johannes von Capestrano“, in: Bautz, Friedrich Wilhelm; Bautz, Traugott (Hrsg.): Biographisch-bibliographisches Kirchenlexikon. Herzberg, Bd. 3 (1992), Sp. 295-296.

Wagner, Sabina: Bekannter Unbekannter – Johannes Gutenberg, in: Gutenberg – aventur und kunst. Vom Geheimunternehmen zur ersten Medienrevolution. Katalog zur Ausstellung der Stadt Mainz anlässlich des 600. Geburtstages von Johannes Gutenberg, 14.4.-3.10.2000. Mainz 2000, S. 114-143.

Wagner, Sabina: (Erläuterungen zu GM 59a), in: Gutenberg – aventur und kunst. Vom Geheimunternehmen zur ersten Medienrevolution. Katalog zur Ausstellung der Stadt Mainz anlässlich des 600. Geburtstages von Johannes Gutenberg, 14.4.-3.10.2000. Mainz 2000, S. 309-310.

Wagner, Sabina: (Erläuterungen zu GM 140), in: Gutenberg – aventur und kunst. Vom Geheimunternehmen zur ersten Medienrevolution. Katalog zur Ausstellung der Stadt Mainz anlässlich des 600. Geburtstages von Johannes Gutenberg, 14.4.-3.10.2000. Mainz 2000, S. 339-340.

Wagner, Sabina: (Erläuterungen zu GM 153), in: Gutenberg – aventur und kunst. Vom Geheimunternehmen zur ersten Medienrevolution. Katalog zur Ausstellung der Stadt Mainz anlässlich des 600. Geburtstages von Johannes Gutenberg, 14.4.-3.10.2000. Mainz 2000, S. 351.

Wagner, Sabina: (Erläuterungen zu GM 161, 162, 162 a und 162 b), in: Gutenberg – aventur und kunst. Vom Geheimunternehmen zur ersten Medienrevolution. Katalog zur Ausstellung der Stadt Mainz anlässlich des 600. Geburtstages von Johannes Gutenberg, 14.4.-3.10.2000. Mainz 2000, S. 355-357.

Weber, Wolfgang E. J.: Buchdruck – Repräsentation und Verbreitung von Wissen, in: van Dülmen, Richard: Macht des Wissens. Die Entstehung der modernen Wissensgesellschaft. Köln u.a. 2004, S. 65-87.

Wehmer, Carl: Gutenbergs Typographie und die Teigdrucke des Monogrammisten d, in: Essays in honour of Victor Scholderer. Mainz 1970, S. 426-484.

Weigand, Rudolf: Liebe und Ehe im Mittelalter. Goldbach 1993 (Bibliotheca eruditorum, 7).

Weitzel, Jürgen: Über Oberhöfe, Recht und Rechtszug. Göttingen 1981 (Göttinger Studien zur Rechtsgeschichte, Bd. 15).

Weitzel, Jürgen: Recht und Spruch der Laienurteiler – zumindest *eine* Epoche der *europäischen* Rechtsgeschichte, in: Lück, Heiner (Hrsg.): Recht – Idee – Geschichte. Beiträge zur Rechts- und Ideengeschichte für Rolf Lieberwirth anlässlich seines 80. Geburtstages. Köln (usw.) 2000, S. 53-78.

Werkmüller, Dieter: Zur Geschichte des Eltviller Oberhofs, in: Becker, Hans-Jürgen u.a. (Hrsg.): Rechtsgeschichte als Kulturgeschichte. Festschrift für Adalbert Erler zum 70. Geburtstag. Aalen 1976, S. 357-419.

Werner, Matthias: Johannes Kapistran in Jena, in: Helmrath, Johannes (Hrsg.): Studien zum 15. Jahrhundert. Festschrift für Erich Meuthen, Bd. 1. München 1994, S. 505-520.

Wetter, Johann: Kritische Geschichte der Erfindung der Buchdruckerkunst durch Johann Gutenberg zu Mainz. Mainz 1836.

Wetzstein, Thomas: Heilige vor Gericht. Das Kanonisationsverfahren im europäischen Spätmittelalter. Köln 2004 (Forschungen zur kirchlichen Rechtsgeschichte und zum Kirchenrecht, Bd. 28).

White, Eric Marshall: Long lost leaves from Gutenberg's Mons-Trier II Bible, in: Gutenberg-Jahrbuch, 77 (2002), S. 19-36.

Widmann, Hans: Gutenbergs Wirken – Versuch eines Umblicks, in: Widmann, Hans (Hrsg.): Der gegenwärtige Stand der Gutenbergforschung. Stuttgart 1972, S. 1-47.

Widmann, Hans: Divino quodam numine ... Der Buchdruck als Gottesgeschenk, in: Feld, Helmut (Hrsg.): Wort Gottes in der Zeit. Festschrift Karl Hermann Schelkle zum 65. Geburtstag. Düsseldorf 1973, S. 257-273.

Wieacker, Franz: Privatrechtsgeschichte der Neuzeit. 2. unveränd. Nachdruck d. 2., neubearb. Aufl. von 1967. Göttingen 1996.

Winterberg, Hans: Artikel „Fürsprecher", in: Handwörterbuch zur deutschen Rechtsgeschichte, Bd. 1. Berlin 1971, Sp. 1333-1337.

Wörterbuch der mittelhochdeutschen Urkundensprache auf der Grundlage des Corpus der altdeutschen Originalurkunden bis zum Jahre 1300, Bd. 1: ab bis hinnen. Berlin 1994 (Veröffentlichungen der Kommission für Deutsche Literatur des Mittelalters der Bayerischen Akademie der Wissenschaften).

Wolf, Armin: Das öffentliche Notariat, in: Coing, Helmut (Hrsg.): Handbuch der Quellen und Literatur der neueren europäischen Privatrechtsgeschichte. München, Bd. 1: Mittelalter (1100 – 1500) 1973, S. 505-514.

Wyss, Arthur: Die Weisthümer des Kämmerers, des Waltboten und des Marktmeisters in Mainz, in: Archiv für Hessische Geschichte und Alterthumskunde. Bd. 15 (1884), S. 144-199 (der Aufsatz war in H. 1 von Bd. 15 enthalten, das 1880 erschien).

Wyss, Arthur: Die neuesten Forschungen zur Gutenbergfrage, in: Centralblatt für Bibliothekswesen, 7 (1890), S. 403-429.

Zedler, Gottfried: Gutenberg-Forschungen. Leipzig 1901.

Zedler, Gottfried: Das Helmaspergersche Notariatsinstrument und die 42-zeilige Bibel, in: Zentralblatt für Bibliothekswesen, 24 (1907), S. 193-207.

Zedler, Gottfried: Die sogenannte Gutenbergbibel. Mainz 1929.

Zotter, Hans: Die Geschichte des europäischen Buchdrucks. Wien 1992.

Zwerenz, Reinhard: Der Rechtswortschatz der Urteile des Ingelheimer Oberhofs. Jur. Diss. Gießen 1988.

RECHTSHISTORISCHE REIHE

Band 1 Studien zu den germanischen Volksrechten. Gedächtnisschrift für Wilhelm Ebel. Vorträge gehalten auf dem Fest-Symposion anläßlich des 70. Geburtstages von Wilhelm Ebel am 16. Juni 1978 in Göttingen. Götz Landwehr (Hrsg.) 1982.

Band 2 Hans Poeschel: Die Statuten der Banken, Sparkassen und Kreditgenossenschaften in Hamburg und Altona von 1710 bis 1889. 1978.

Band 3 Thomas Kolbeck: Juristenschwemmen, Untersuchungen über den juristischen Arbeitsmarkt im 19. und 20. Jahrhundert. 1978.

Band 4 Norbert Hempel: Richterleitbilder in der Weimarer Republik. 1978.

Band 5 Rolf Stratmann: Die Scheinbußen im mittelalterlichen Recht. 1978.

Band 6 Martin C. Lockert: Die niedersächsischen Stadtrechte zwischen Aller und Weser. Vorkommen und Verflechtungen. Eine Bestandsaufnahme. 1979.

Band 7 Joachim Rückert/Wolfgang Friedrich: Betriebliche Arbeiterausschüsse in Deutschland, Großbritannien und Frankreich im späten 19. und frühen 20. Jahrhundert. Eine vergleichende Studie zur Entwicklung des kollektiven Arbeitsrechts. 1979.

Band 8 Peter Bender: Die Rezeption des römischen Rechts im Urteil der deutschen Rechtswissenschaft. 1979.

Band 9 Friedrich Karl Alsdorf: Untersuchungen zur Rechtsgestalt und Teilung deutscher Ganerbenburgen. 1980.

Band 10 Dietmar Willoweit/Winfried Schich (Hrsg.): Studien zur Geschichte des sächsisch-magdeburgischen Rechts in Deutschland und Polen (Sammelband). 1980.

Band 11 Brigitte Hempel: Der Entwurf einer Polizeiordnung für das Herzogtum Sachsen-Lauenburg aus dem Jahre 1591. 1980.

Band 12 Klaus-Detlev Godau-Schüttke: Rechtsverwalter des Reiches. Staatssekretär Dr. Curt Joël. 1981.

Band 13 Rainer Polley: Anton Friedrich Justus Thibaut (AD 1772-1840) in seinen Selbstzeugnissen und Briefen. Teil 1: Abhandlung. Teil 2: Briefwechsel. Teil 3: Register zum Briefwechsel. 1982.

Band 14 Michael Wettengel: Der Streit um die Vogtei Kelkheim 1275-1276. Ein kanonischer Prozeß.1981.

Band 15 Otto Wilhelm Krause: Naturrechtler des sechzehnten Jahrhunderts. Ihre Bedeutung für die Entwicklung eines natürlichen Privatrechts. 1982.

Band 16 Helga Spindler: Von der Genossenschaft zur Betriebsgemeinschaft. Kritische Darstellung der Sozialrechtslehre Otto von Gierkes. 1982.

Band 17 Holger Otte: Gustav Radbruchs Kieler Jahre 1919-1926. 1982.

Band 18 Rüdiger Teuner: Die fuldische Ritterschaft 1510-1656. 1982.

Band 19 Gerhard Dilcher/Rudolf Hoke/Gian Savino Pene Vidari/Hans Winterberg (Hrsg.): Grundrechte im 19. Jahrhundert. 1982.

Band 20 Karl-Hans Schloßstein: Die westfälischen Fabrikengerichtsdeputationen - Vorbilder, Werdegang und Scheitern. 1982.

Band 21 Birger Schulz: Der Republikanische Richterbund (1921-1933). 1982.

Band 22 Engelbert Krause: Die gegenseitigen Unterhaltsansprüche zwischen Eltern und Kindern in der deutschen Privatrechtsgeschichte. 1982.

Band 23 Meent W. Francksen: Staatsrat und Gesetzgebung im Großherzogtum Berg (1806-1813). 1982.

Band 24 Gerd von Sonnleithner: Bearbeitung des Handelsrechts durch Ignaz von Sonnleithner in seinem "Leitfaden über das österreichische Handels- und Wechselrecht". 1982.

Band 25 Rudolf Palme: Rechts-, Wirtschafts- und Sozialgeschichte der inneralpinen Salzwerke bis zu deren Monopolisierung. 1983.

Band 26 Helen Bosshard: Pestalozzis Staats- und Rechtsverständnis und seine Stellung in der Aufklärung. 1983.

Band 27 Jens Jessen: Die Selbstzeugnisse der deutschen Juristen. Erinnerungen, Tagebücher und Briefe. Eine Bibliographie. 1983.

Band 28 Günter Martin Jensen: Das Domanium Waldeck. Die rechtliche Zuordnung eines Fürstenvermögens. 1984.

Band 29 Johann Heinrich Kumpf: Petitionsrecht und öffentliche Meinung im Entstehungsprozeß der Paulskirchenverfassung 1848/49. 1983.

Band 30 Sabine Frey: Rechtsschutz der Juden gegen Ausweisungen im 16. Jahrhundert. 1983.

Band 31 Dietrich Joswig: Die germanische Grundstücksübertragung. 1984.

Band 32 Andreas Baryli: Konzessionssystem contra Gewerbefreiheit. Zur Diskussion der österreichischen Gewerberechtsreform 1835 bis 1860. 1984.

Band 33 Gerhard Oberkofler: Studien zur Geschichte der österreichischen Rechtswissenschaft. 1984.

Band 34 Rudolf Lauda: Kaufmännische Gewohnheit und Burgrecht bei Notker dem Deutschen. Zum Verhältnis von literarischer Tradition und zeitgenössischer Realität in der frühmittelalterlichen Rhetorik. 1984.

Band 35 Jens Jensen: Die Ehescheidung des Bischofs Hans von Lübeck von Prinzessin Julia Felicitas von Württemberg-Weiltingen AD 1648-1653. Ein Beitrag zum protestantischen Ehescheidungsrecht im Zeitalter des beginnenden Absolutismus. 1984.

Band 36 Horst Schröder: Friedrich Karl von Savigny. Geschichte und Rechtsdenken beim Übergang vom Feudalismus zum Kapitalismus in Deutschland. 1984.

Band 37 Andreas Hatzung: Dogmengeschichtliche Grundlagen und Entstehung des zivilrechtlichen Notstands. 1984.

Band 38 Matthias Klasen: Das Billwerder Landrecht. Landrecht und Landgericht in den Hamburger Elbmarschen. 1985.

Band 39 Rainer Jamin: Aufbau, Tätigkeit und Verfahren der Auseinandersetzungsbehörden bei der Durchführung der preußischen Agrarreformen. 1985.

Band 40 Henry Winter: Teilschuld, Gesamtschuld und unechte Gesamtschuld. Zur Konzeption der §§ 420 ff. BGB - Ein Beitrag zur Entstehungsgeschichte des BGB. 1985.

Band 41 Hermann Eichler: Verfassungsbewegung in Amerika und Europa. 1985.

Band 42 Dagmar Bandemer: Heinrich Albert Zachariae. Rechtsdenken zwischen Restauration und Reformation. 1985.

Band 43 Eva-Christine Frentz: Das Hamburgische Admiralitätsgericht (1623-1811). Prozeß und Rechtsprechung. 1985.

Band 44 Karl Lillig: Rechtsetzung im Herzogtum Pfalz-Zweibrücken während des 18. Jahrhunderts. Ein Beitrag zur Geschichte der territorialen Rechtsbildung. 1985.

Band 45 Walter Weber: Die Entwicklung der Sparkassen zu selbständigen Anstalten des öffentlichen Rechts. Ein Beitrag zur Entwicklung des Anstaltsbegriffs im 19. Jahrhundert. 1985.

Band 46 Bärbel Baum: Der Stabreim im Recht. Vorkommen und Bedeutung des Stabreims in Antike und Mittelalter. 1986.

Band 47 Hans Popp: Die nationalsozialistische Sicht einiger Institute des Zivilprozeß- und Gerichtsverfassungsrechts. 1986.

Band 48 John Karl-Heinz Montag: Die Lehrdarstellung des Handelsrechts von Georg Friedrich von Martens bis Meno Pöhls. Die Wissenschaft des Handelsrechts im ersten Drittel des 19. Jahrhunderts. 1986.

Band 49 Volker D. Anhäusser: Das internationale Obligationenrecht in der höchstrichterlichen Rechtsprechung des 19. Jahrhunderts. 1986.

Band 50 Udo Beer: Die Juden, das Recht und die Republik. Verbandswesen und Rechtsschutz 1919-1933. 1986.

Band 51 Herbert Grziwotz: Der moderne Verfassungsbegriff und die "Römische Verfassung" in der deutschen Forschung des 19. und 20. Jahrhunderts. 1986.

Band 52 Ralf Conradi: Karl Friedrich Eichhorn als Staatsrechtslehrer. Seine Göttinger Vorlesung über "Das Staatsrecht der deutschen Bundesstaaten" nach einer Kollegmitschrift aus dem Wintersemester 1821/22. 1987.

Band 53 Dieter Dannreuther: Der Zivilprozeß als Gegenstand der Rechtspolitik im Deutschen Reich 1871-1945. Ein Beitrag zur Geschichte des Zivilprozeßrechts in Deutschland. 1987.

Band 54 Stephan Felix Pauly: Organisation, Geschichte und Praxis der Gesetzesauslegung des (Königlich) Preußischen Oberverwaltungsgerichtes 1875-1933. 1987.

Band 55 Rüdiger Schulz: Die Entstehung des Seerechts des Allgemeinen Deutschen Handelsgesetzbuches unter besonderer Berücksichtigung der Bestimmungen über die Reederei, den Schiffer und die Schiffsmannschaft. 1987.

Band 56 Reinhold Reis: Deutsches Privatrecht in den Weistümern der Zenten Schriesheim und Kirchheim. 1987.

Band 57 Jürgen Christoph: Die politischen Reichsamnestien 1918-1933. 1987.

Band 58 Gerhard Oberkofler/Eduard Rabofsky: Hans Kelsen im Kriegseinsatz der k.u.k.-Wehrmacht. Eine kritische Würdigung seiner militärtheoretischen Angebote. 1988.

Band 59 Arne Wulff: Staatssekretär Prof. Dr. Dr. h.c. Franz Schlegelberger. 1876-1970. 1991.

Band 60 Gerhard Köbler (Hrsg.): Wege europäischer Rechtsgeschichte. Karl Kroeschell zum 60. Geburtstag. 1987.

Band 61 Rüdiger Hütte: Der Gemeinschaftsgedanke in den Erbrechtsreformen des Dritten Reichs. 1988.

Band 62 Markus Göldner: Politische Symbole der europäischen Integration. Fahne, Hymne, Hauptstadt, Paß, Briefmarke, Auszeichnungen. 1988.

Band 63 Wolfgang Kröner: Freiheitsstrafe und Strafvollzug in den Herzogtümern Schleswig, Holstein und Lauenburg von 1700 bis 1864. 1988.

Band 64 Werner Gaile: Die Norder Theelacht. 1988.

Band 65 Karl v. Kempis: Andreas Gaill (1526-1587). Zum Leben und Werk eines Juristen der frühen Neuzeit. 1988.

Band 66 Wolf-Rüdiger Osburg: Die Verwaltung Hamburgs in der Franzosenzeit. 1811-1814. 1988.

Band 67 Christian Schudnagies: Hans Frank. Aufstieg und Fall des NS-Juristen und Generalgouverneurs. 1988.

Band 68 Otmar Jung: Senatspräsident Freymuth. Richter, Sozialdemokrat und Pazifist in der Weimarer Republik. Eine politische Biographie. 1989.

Band 69 Joachim Lohner: Das landeshauptmannschaftliche Gericht in Oberösterreich zu Beginn der Neuzeit. Eine Darstellung des oberösterreichischen Prozeßrechts am obersten Territorialgericht des Landes anhand der oberösterreichischen Landtafel.1989.

Band 70 Bernd Klemann: Rudolf von Jhering und die Historische Rechtsschule. 1989.

Band 71 Adalbert Langer: Männer um die österreichische Zivilprozeßordnung 1895. Zusammenspiel / Soziales Ziel. 1990.

Band 72 Robert-Dieter Klee: Die Landessuperintendentur Lauenburg. Ursprung und Entwicklung sowie Ende der Sonderstellung des Kirchenkreises Herzogtum Lauenburg durch die nordelbische Kirchenvereinigung. 1989.

Band 73 Heinrich Herrmann: Die Gehöferschaften im Bezirk Trier. 1989.

Band 74 Wilhelm Brauneder, Franz Baltzarek (Hrsg.): Modell einer neuen Wirtschaftsordnung. Wirtschaftsverwaltung in Österreich 1914-1918. 1991.

Band 75 Thomas Dreyer: Die "Assecuranz- und Haverey-Ordnung" der Freien und Hansestadt Hamburg von 1731. 1990.

Band 76 Bernhard Sendler: Die Rechtssprache in den süddeutschen Stadtrechtsreformationen. 1990.

Band 77 Brigitte Lehmann: Ehevereinbarungen im 19. und 20. Jahrhundert. 1990.

Band 78 Michael Sunnus: Der NS-Rechtswahrerbund (1928-1945). Zur Geschichte der nationalsozialistischen Juristenorganisation. 1990.

Band 79 Stefan Schulz: Die historische Entwicklung des Rechts an Bienen. (§§ 961-964 BGB). 1990.

Band 80 Gerhard Lingelbach, Heiner Lück (Hrsg.): Deutsches Recht zwischen Sachsenspiegel und Aufklärung. Rolf Lieberwirth zum 70. Geburtstag dargebracht von Schülern, Freunden und Kollegen, herausgegeben von Gerhard Lingelbach und Heiner Lück. 1991.

Band 81 Manfred Krohn: Die deutsche Justiz im Urteil der Nationalsozialisten 1920-1933. 1991.

Band 82 Angelika Kühn: Privilegierung nationaler Minderheiten im Wahlrecht der Bundesrepublik Deutschland und Schleswig-Holsteins. 1991.

Band 83 Georg Brun: Leben und Werk des Rechtshistorikers Heinrich Mitteis unter besonderer Berücksichtigung seines Verhältnisses zum Nationalsozialismus. 1991.

Band 84 Wolfgang Simon: Claudius Freiherr von Schwerin. Rechtshistoriker während dreier Epochen deutscher Geschichte. 1991.

Band 85 Friedrich-Carl Wachs: Das Verordnungswerk des Reichsdemobilmachungsamtes. Stabilisierender Faktor zu Beginn der Weimarer Republik. 1991.

Band 86 Jens-Uwe Petersen: Die Vorgeschichte und die Entstehung des Mieterschutzgesetzes von 1923 nebst der Anordnung für das Verfahren vor dem Mieteinigungsamt und der Beschwerdestelle. 1991.

Band 87 Ulrike Haibach: Familienrecht in der Rechtssprache. Die historische Entwicklung zentraler Ausdrücke des geltenden Familienrechts. 1991.

Band 88 Joern Christian Nissen: Die Beratungen des Seeversicherungsausschusses der Akademie für Deutsches Recht zu einem neuen Seeversicherungsgesetz (1934-1939). Ein Beitrag zur Entwicklung der allgemeinen Lehren des Seeversicherungsrechts unter besonderer Berücksichtigung des Handelsgesetzbuchs und der Allgemeinen Deutschen Seeversicherungs-Bedingungen 1919. 1991.

Band 89 Diethard Bühler: Die Entstehung der allgemeinen Vertragsschluß-Vorschriften im Allgemeinen Deutschen Handelsgesetzbuch (ADHGB) von 1861. Ein Beitrag zur Kodifikationsgeschichte des Privatrechts im 19. Jahrhundert. 1991.

Band 90 Gerhard Oberkofler: Die Vertreter des Römischen Rechts mit deutscher Unterrichtssprache an der Karls-Universität in Prag. Vom Vormärz bis 1945. 1991.

Band 91 Ulrich Andermann: Ritterliche Gewalt und bürgerliche Selbstbehauptung. Untersuchungen zur Kriminalisierung und Bekämpfung des spätmittelalterlichen Raubrittertums am Beispiel norddeutscher Hansestädte. 1991.

Band 92 Heinz Marcus Hanke: Luftkrieg und Zivilbevölkerung. Der kriegsvölkerrechtliche Schutz der Zivilbevölkerung gegen Luftbombardements von den Anfängen bis zum Ausbruch des Zweiten Weltkrieges. 1991.

Band 93 Kirsten Kraglund: Familien- und Erbrecht. Materielles Recht und Methoden der Rechtsanwendung in der Rechtsprechung des Oberappellationsgerichts der vier Freien Städte Deutschlands zu Lübeck. 1991.

Band 94 Reinhard Lorenz: Die politische und rechtliche Stellung des Proletariats in Preußen in der Zeit zwischen den Reformen und der Revolution 1848/49. 1991.

Band 95 Eric Hilgendorf: Die Entwicklungsgeschichte der parlamentarischen Redefreiheit in Deutschland. 1991.

Band 96 Hans J. Reiter: Die Handelsgesellschaft Villeroy & Boch von der Gründung 1836 bis zum Jahr 1878. 1992.

Band 97 Martin Johannes Heller: Reform der deutschen Rechtssprache im 18. Jahrhundert. 1992.

Band 98 Michael Kotulla: Die Tragweite der Grundrechte der revidierten preußischen Verfassung vom 31.01.1850. 1992.

Band 99 Michael Siefener: Hexerei im Spiegel der Rechtstheorie. Das crimen magiae in der Literatur von 1574 bis 1608. 1992.

Band 100 Andreas Ebert-Weidenfeller: Hamburgisches Kaufmannsrecht im 17. und 18. Jahrhundert. Die Rechtsprechung des Rates und des Reichskammergerichtes. 1992.

Band 101 Enno Bommel: Die Entstehung der Verwirkungslehre in der Krise des Positivismus. 1992.

Band 102 Ralph Steppacher: Die Berücksichtigung der bäuerlichen Postulate bei der Entstehung des ZGB und der Revision des OR. Ein Beitrag zur schweizerischen Kodifikationsgeschichte (1893-1912). 1992.

Band 103 Martin Fleckenstein: Die Todesstrafe im Werk Carl Joseph Anton Mittermaiers (1787-1867). Zur Entwicklungsgeschichte eines Werkbereichs und seiner Bedeutung für Theorie- und Methodenbildung. 1992.

Band 104 Jörn Eckert: Der Kampf um die Familienfideikommisse in Deutschland. Studien zum Absterben eines Rechtsinstitutes. 1992.

Band 105 Jörg Grotkopp: Beamtentum und Staatsformwechsel. Die Auswirkungen der Staatsformwechsel von 1918, 1933 und 1945 auf das Beamtenrecht und die personelle Zusammensetzung der deutschen Beamtenschaft. 1992.

Band 106 Andreas Rohde: Die Garantiehaftung des Vermieters und ihr Verhältnis zum Unmöglichkeitsrecht in dogmengeschichtlicher und modernrechtlicher Sicht. 1992.

Band 107 Tjark Siefke Kunstreich: Gesamtvertretung. Eine historisch-systematische Darstellung. 1992.

Band 108 Jürgen Krüger: Blindheit und Königtum. Die Blindheit des Königs Georg V. von Hannover als verfassungsrechtliches Problem. 1992.

Band 109 Wolfgang Putschek: Ständische Verfassung und autoritäre Verfassungspraxis in Österreich 1933-1938 mit Dokumentenanhang. Verfassung und Verfassungswirklichkeit. Mit einem Anhang: Denkschriften von Rechtsanwalt Dr. Erich Führer 1936/37. 1993.

Band 110 Klaus Hofmann: Die Verdrängung der Juden aus öffentlichem Dienst und selbständigen Berufen in Regensburg 1933-1939. 1993.

Band 111 Franz Kilger: Die Entwicklung des Telegraphenrechts im 19. Jahrhundert mit besonderer Berücksichtigung der technischen Entwicklung. Telegraphenrecht im 19. Jahrhundert. 1993.

Band 112 Wilhelm Brauneder (Hrsg.): Heiliges Römisches Reich und moderne Staatlichkeit. 1993.

Band 113 Thomas Heinrich: Das preußische Nichtehelichenrecht: Von der Aufklärung zur Reaktion. 1993.

Band 114 Gerald Kohl: Jagd und Revolution. Das Jagdrecht in den Jahren 1848 und 1849. 1993.

Band 115 Christian Schudnagies: Der Kriegs- oder Belagerungszustand im Deutschen Reich während des Ersten Weltkrieges. Eine Studie zur Entwicklung und Handhabung des deutschen Ausnahmezustandsrechts bis 1918. 1994.

Band 116 Elisabeth Bellmann: Die Internationale Kriminalistische Vereinigung (1889-1933). 1994.

Band 117 Julia Pfannkuch: Volksrichterausbildung in Sachsen 1945-1950. 1993.

Band 118 Jörg Offen: Von der Verwaltungsgemeinschaft des BGB von 1896 zur Zugewinngemeinschaft des Gleichberechtigungsgesetzes von 1957. 1994.

Band 119 Dorothee Kohlhas-Müller: Untersuchungen zur Rechtsstellung Theoderichs des Großen. 1995.

Band 120 Monika Rose: Das Gerichtswesen des Herzogtums Pfalz-Zweibrücken im 18. Jahrhundert. Ein Beitrag zur territorialen Gerichtsbarkeit im Alten Reich. 1994.

Band 121 Jörn Eckert / Hans Hattenhauer (Hrsg.): Bibel und Recht. Rechtshistorisches Kolloquium 9. - 13. Juni 1992 an der Christian-Albrechts-Universität zu Kiel. 1994.

Band 122 Robert Martin Mizia: Der Rechtsbegriff der Autonomie und die Begründung des Privatfürstenrechts in der deutschen Rechtswissenschaft des 19. Jahrhunderts. 1995.

Band 123 Walther Graf von Plettenberg: Das Fortleben des Liber Iudiciorum in Asturien/León (8.-13. Jh.). 1994.

Band 124 Wolfgang Schulz: Das deutsche Börsengesetz. Die Entstehungsgeschichte und wirtschaftlichen Auswirkungen des Börsengesetzes von 1896. 1994.

Band 125 Frank Hagemann: Der Untersuchungsausschuß Freiheitlicher Juristen. 1949-1969. 1994.

Band 126 Andreas Rethmeier: "Nürnberger Rassegesetze" und Entrechtung der Juden im Zivilrecht. 1995.

Band 127 Edith Grether: Die Poesie der Throne. Die Juristen in der Fruchtbringenden Gesellschaft. 1995.

Band 128 Anna Bartels-Ishikawa: Der Lippische Thronfolgestreit. Eine Studie zu verfassungsrechtlichen Problemen des Deutschen Kaiserreiches im Spiegel der zeitgenössischen Staats. 1995.

Band 129 Jörg Schmidt: Otto Koellreutter 1883-1972. Sein Leben, sein Werk, seine Zeit. 1995.

Band 130 Christian Hattenhauer: Wahl und Krönung Franz II. AD 1792. Das Heilige Reich krönt seinen letzten Kaiser - Das Tagebuch des Reichsquartiermeisters Hieronymus Gottfried von Müller und Anlagen. 1995.

Band 131 Jutta v. der Decken: Das Seearbeitsrecht im Hamburger Stadtrecht von 1301 bis 1603. 1995.

Band 132 Detlev Schmidt: Die Reform des Rechts der Handelsvertreter von 1953. 1995.

Band 133 Gabi Roßdeutscher: Privatautonomie im Scheidungsrecht. Scheidungsbezogene Vereinbarungen in den letzten 200 Jahren. 1995.

Band 134 Harald Kahlenberg: Leben und Werk des Rechtshistorikers Walther Merk. Ein Beispiel für das Verhältnis von Rechtsgeschichte und Nationalsozialismus. 1995.

Band 135 Michael Steitz: Adelbert Düringer am Reichsgericht (1902-1915). Seine aktienrechtlichen Entscheidungen und sein Einfluß auf das Aktienrecht in Deutschland. 1995.

Band 136 Christian Becker: Beata Justorum Translatio. Juristen in schleswig-holsteinischen Leichenpredigten. 1996.

Band 137 Christoph Seiler: Vom Allgemeinen Landrecht zum Bürgerlichen Gesetzbuch. Dargestellt am Beispiel der höchstrichterlichen Judikatur zum kaufrechtlichen Sachmängelgewährleistungsrecht. 1996.

Band 138 Bernd Mayer: Die Vertrauensmännerausschüsse auf den preußischen Steinkohlegruben an der Saar. Entstehung und Wirken. Eine rechtshistorische Untersuchung. 1996.

Band 139 Rochus Scholl: Juden und Judenrecht im Herzogtum Pfalz-Zweibrücken. Ein Beitrag zur Rechtsgeschichte eines deutschen Kleinstaates am Ende des alten Reiches. 1996.

Band 140 Meike Bursch: Judentaufe und frühneuzeitliches Strafrecht. Die Verfahren gegen Christian Treu aus Weener/Ostfriesland 1720-1728. 1996.

Band 141 Markus Hillenbrand: Fürstliche Eheverträge. Gottorfer Hausrecht 1544-1773. 1996.

Band 142 Ulf Häder: Das gemeinschaftliche Oberappellationsgericht thüringischer Staaten in Jena. Ein Beitrag zur Geschichte des Gerichtswesens im 19. Jahrhundert. 1996.

Band 143 Andreas Bauer: Das Gnadenbitten in der Strafrechtspflege des 15. und 16. Jahrhunderts. Dargestellt unter besonderer Berücksichtigung von Quellen der Vorarlberger Gerichtsbezirke Feldkirch und des Hinteren Bregenzerwaldes. 1996.

Band 144 Christian Wirth: Der Jurist Johann Andreas Georg Friedrich Rebmann zwischen Revolution und Restauration. 1996.

Band 145 Stefanie Müller: Die Rechtsprechung des Hanseatischen Oberlandesgerichts zum persönlichen Eherecht in Hamburgischen Gerichtsfällen von 1879-1900. 1996.

Band 146 Jean-Nicolas Morisset: Der Frachtvertrag in der *Ordonnance de la marine* von 1681. 1996.

Band 147 Dirk Lentfer: Die Glogauer Landesprivilegien des Andreas Gryphius von 1653. 1996.

Band 148 Wencke Mull: Die Haftung für Einsturzschäden nach den §§ 836-838 BGB in der Rechtsprechung des Reichsgerichts. 1996.

Band 149 Renate Zelger: Teufelsverträge. Märchen, Sage, Schwank, Legende im Spiegel der Rechtsgeschichte. 1996.

Band 150 Guido Kraß: Das Arrestverfahren in Frankfurt am Main im Spätmittelalter. 1996.

Band 151 F. Benedict Heyn: Die Entwicklung des Eisenbahnfrachtrechts von den Anfängen bis zur Einführung des Allgemeinen Deutschen Handelsgesetzbuches (ADHGB). 1996.

Band 152 Thomas Lang: Die Staats- und Verfassungslehre Carl Salomo Zachariaes. 1996.

Band 153 Michael Hebeis: Karl Anton von Martini (1726-1800). Leben und Werk. 1996.

Band 154 Gerald Hubert: Die Diskussion um die rechtliche Natur der Bizone in den Jahren 1947-1949. 1996.

Band 155 Christof Horn: Die Rechtsprechung des Reichsgerichts in Ehescheidungssachen der Jahre 1900 bis 1905. 1996.

Band 156 Hermann Nehlsen / Georg Brun (Hrsg.): Münchener rechtshistorische Studien zum Nationalsozialismus. 1996.

Band 157 Jan Otto Clemens Kehrberg: Die Entwicklung des Elektrizitätsrechts in Deutschland. Der Weg zum Energiewirtschaftsgesetz von 1935. 1997.

Band 158 Johannes Tradt: Der Religionsprozeß gegen den Zopfschulzen (1791-1799). Ein Beitrag zur protestantischen Lehrpflicht und Lehrzucht in Brandenburg-Preußen gegen Ende des 18. Jahrhunderts. 1997.

Band 159 Dietmar Olsen: Das kaufrechtliche Sachmängelgewährleistungsrecht des Code civil in der Rechtsprechung deutscher Gerichte im 19. Jahrhundert. Ein Beitrag zur Ablösung der Partikularrechte durch das BGB. 1997.

Band 160 Ulrich Bernhardt: Die Deutsche Akademie für Staats- und Rechtswissenschaft „Walter Ulbricht" 1948-1971. 1997.

Band 161 Claudia Susan Hoppe: Die Bürgschaft im Rechtsleben Hamburgs von 1600 bis 1900. 1997.

Band 162 Franz-Rudolf Ecker: Die Entwicklung des Bergrechts im Saarbrücker Steinkohlenrevier bis zum Ende des 18. Jahrhunderts. Ein Vergleich mit dem älteren deutschen Bergrecht. 1997.

Band 163 Anne Katrin Rückert: Politik und Privatrecht in der „konservativen Revolution". 1997.

Band 164 Gisbert Laube: Der Reichskunstwart. Geschichte einer Kulturbehörde 1919-1933. 1997.

Band 165 Nicolas Lührig: Die Diskussion über die Reform der Juristenausbildung von 1945 bis 1995. 1997.

Band 166 Regula Gerber Jenni: Die Emanzipation der mehrjährigen Frauenzimmer. Frauen im bernischen Privatrecht des 19. Jahrhunderts. 1997.

Band 167 Mischa A. Färber: Das gemeinschaftliche Testament in der höchstrichterlichen Rechtsprechung zum Allgemeinen Preußischen Landrecht und zum BGB. Ein Beitrag zur Ablösung der Partikularrechte durch das BGB. 1997.

Band 168 Catherine Antoinette Gasser: Philipp Lotmar 1850-1922. Professor der Universität Bern. Sein Engagement für das Schweizerische Arbeitsrecht. 1997.

Band 169 Lars Immisch: Der sozialistische Richter in der DDR und seine Unabhängigkeit. Der Versuch eines Rechtsvergleiches zum Unabhängigkeitsbegriff in der bundesdeutschen Rechtsordnung. 1997.

Band 170 Jessica Jacobi: Besitzschutz vor dem Reichskammergericht. Die friedenssichernde Funktion der Besitzschutzklagen am Reichskammergericht im 16. Jahrhundert, dargestellt anhand von Kameralisten. 1998.

Band 171 Ewald Hügemann: Die Geschichte des öffentlichen und privaten Mietpreisrechts vom Ersten Weltkrieg bis zum Gesetz zur Regelung der Miethöhe von 1974. 1998.

Band 172 Lutz Rentzow: Die Entstehungs- und Wirkungsgeschichte der Vernewerten Landesordnung für das Königreich Böhmen von 1627. 1998.

Band 173 Sabine Stürmer: Mühlenrecht im Herzogtum Pfalz-Zweibrücken während des 18. Jahrhunderts. Ein Beitrag zum Wirtschaftsrecht eines deutschen Kleinstaates im Alten Reich. 1998.

Band 174 Mario Bogisch: *Nemo testis in re sua.* Das Problem der Zeugnisfähigkeit bei der Anwendung der deutschen Zivilprozeßordnung von 1877. 1998.

Band 175 Rainer Oßwald: Pactane sunt servanda? Freiwilligkeit, Zwang und Unverbindlichkeitserklärungen im islamischen Vertragsrecht malikitischer Schule. 1998.

Band 176 Bettina Kern: Der preußische BGB-Entwurf von 1842. 1998.

Band 177 Inken Fuhrmann: Die Diskussion über die Einführung der fakultativen Zivilehe in Deutschland und Österreich seit Mitte des 19. Jahrhunderts. 1998.

Band 178 Annette Rieck: Der Heilige Ivo von Hélory (1247-1303). Advocatus pauperum und Patron der Juristen. 1998.

Band 179 Frank Bottenberg: Die Hamburgische Strafprozeßordnung von 1869. 1998.

Band 180 Matthias Krauß: Das kursächsische Postrecht von seinen Anfängen bis zum Ende des Alten Reichs. 1998.

Band 181 Torsten Schmidt: Die Entmündigung von den Anfängen des BGB bis zu ihrer Ablösung durch das Institut der Betreuung. 1998.

Band 182 Christian Nunn: Rudolf Müller-Erzbach. 1874-1959. Von der realen Methode über die Interessenjurisprudenz zum kausalen Rechtsdenken (Leben und Werk). 1998.

Band 183 Christian Ortloff: Das staatskirchenrechtliche System Wilhelm Traugott Krugs. Glaubens- und Gewissensfreiheit – eine Forderung der Vernunft. 1998.

Band 184 Christian Hattenhauer: Schuldenregulierung nach dem Westfälischen Frieden. Der sog. § *de indaganda* und seine Umsetzung im Jüngsten Reichsabschied (AD 1648 und 1654). 1998.

Band 185 Werner Schubert: Preußen im Vormärz. Die Verhandlungen der Provinziallandtage von Brandenburg, Pommern, Posen, Sachsen und Schlesien sowie – im Anhang – von Ostpreußen, Westfalen und der Rheinprovinz (1841-1845). 1998.

Band 186 Silvia Schumacher: Das Rechtsverhältnis zwischen Eltern und Kindern in der Privatrechtsgeschichte. 1999.

Band 187 Kai Sommer: Die Strafbarkeit der Homosexualität von der Kaiserzeit bis zum Nationalsozialismus. Eine Analyse der Straftatbestände im Strafgesetzbuch und in den Reformentwürfen (1871-1945). 1998.

Band 188 Jan Erik Backhaus: Volksrichterkarrieren in der DDR. 1999.

Band 189 Ralf Ruhnau: Die Fürstlich Thurn und Taxissche Privatgerichtsbarkeit in Regensburg. Ein Kuriosum der deutschen Rechtsgeschichte. 1999.

Band 190 Antonio Grilli: Die französische Justizorganisation am linken Rheinufer 1797-1803. 1999.

Band 191 Stephanie Kammerloher-Lis: Die Entstehung des Gesetzes über die religiöse Kindererziehung vom 15. Juli 1921. 1999.

Band 192 Jan Telp: Ausmerzung und Verrat. Zur Diskussion um Strafzwecke und Verbrechensbegriffe im Dritten Reich. 1999.

Band 193 Kurt von Pannwitz: Die Entstehung der Allgemeinen Deutschen Wechselordnung. Ein Beitrag zur Geschichte der Vereinheitlichung des deutschen Zivilrechts im 19. Jahrhundert. 1999.

Band 194 Sylvia Busch: Die Entstehung der Allgemeinen Gerichtsordnung für die Preussischen Staaten von 1793/95. Ein Beitrag zur Geschichte der Kodifikationsbewegung und der Reform des Zivilprozesses in Preußen im 18. Jahrhundert. 1999.

Band 195 Dirk Bieresborn: Klage und Klageerwiderung im deutschen und englischen Zivilprozeß. Eine rechtshistorische und rechtsvergleichende Untersuchung unter besonderer Berücksichtigung der Beeinflussung durch das römisch-kanonische Verfahren. 1999.

Band 196 Andreas Thier / Guido Pfeifer / Philipp Grzimek (Hrsg.): Kontinuitäten und Zäsuren in der Europäischen Rechtsgeschichte. Europäisches Forum Junger Rechtshistorikerinnen und Rechtshistoriker München 22.-24. Juli 1998. 1999.

Band 197 Franz Smola: Die Fürstlich Liechtenstein'sche Kunstsammlung. Rechtsfragen zur Verbringung der Sammlung von Wien nach Vaduz in den Jahren 1944/45. 1999.

Band 198 Frank Martin Krauss: Das geteilte Eigentum im 19. und 20. Jahrhundert. Eine Untersuchung zum Fortbestand des Teilungsgedankens. 1999.

Band 199 Matthias Frey: Die spanische Aktiengesellschaft im 18. Jahrhundert und unter dem Código de Comercio von 1829. 1999.

Band 200 Alexandra Gilde: Die Stellung der Frau im Reichsstrafgesetzbuch von 1870/71 und in den Reformentwürfen bis 1919 im Urteil der bürgerlichen Frauenbewegung. Eine Analyse ausgewählter Straftatbestände. 1999.

Band 201 Malte Dießelhorst / Arne Duncker: Hans Kohlhase. Die Geschichte einer Fehde in Sachsen und Brandenburg zur Zeit der Reformation. 1999.

Band 202 Jörg Hillmann: Territorialrechtliche Auseinandersetzungen der Herzöge von Sachsen-Lauenburg vor dem Reichskammergericht im 16. Jahrhundert. 1999.

Band 203 Carsten Engler: Die Kommanditgesellschaft (KG) und die stille Gesellschaft im Allgemeinen Deutschen Handelsgesetzbuch (ADHGB) von 1861. 1999.

Band 204 Vesta Hoffmann-Steudner: Die Rechtsprechung des Reichsgerichts zu dem Scheidungsgrund des § 49 EheG (EheG 1938) in den Jahren 1938-1945. 1999.

Band 205 Michaela Thiele: Die Auflösung von Arbeitsverhältnissen aufgrund Anfechtung und außerordentlicher Kündigung nach der Rechtsprechung des Reichsarbeitsgerichts (1927-1945). 2000.

Band 206 Peter Landau / Hermann Nehlsen / Mathias Schmoeckel (Hrsg.): Karl von Amira zum Gedächtnis. 1999.

Band 207 Marcus Flinder: Die Entstehungsgeschichte des Zivilgesetzbuches der DDR. 1999.

Band 208 Boris Franz Leo Bromm: Die Entstehungsgeschichte des Berufs des Handelsvertreters. Unter besonderer Berücksichtigung der Sozialgesetzgebung in den Jahren von 1871-1933. 2000.

Band 209 Winfried C. J. Eberstein: Das Tierschutzrecht in Deutschland bis zum Erlaß des Reichs-Tierschutzgesetzes vom 24. November 1933. Unter Berücksichtigung der Entwicklung in England. 1999.

Band 210 Patrick Deller: Der „nach dem Vertrage" vorausgesetzte Gebrauch (§ 459 Absatz 1 Satz 1 BGB). Eine kaufrechtliche Untersuchung unter Berücksichtigung rechtshistorischer wie rechtsvergleichender Grundlagen. 2000.

Band 211 Eckard Freiherr von Bodenhausen: Haftung des Geschäftsherrn für Verrichtungsgehilfen im Straßen- und Schienenverkehr. Eine Analyse der Entscheidungen des Reichsgerichts zu § 831 BGB (1900-1945). 2000.

Band 212 Birte Gast: Der Allgemeine Teil und das Schuldrecht des Bürgerlichen Gesetzbuchs im Urteil von Raymond Saleilles (1855-1912). 2000.

Band 213 Hansjörg Michael Huber: Koloniale Selbstverwaltung in Deutsch-Südwestafrika. Entstehung, Kodifizierung und Umsetzung. 2000.

Band 214 Ulf Björner: Die Verfassungsgerichtsbarkeit im Norddeutschen Bund und Deutschen Reich (1867-1918). Eine rechtshistorische Untersuchung über Gerichtsbarkeit im Spannungsfeld von Politik und Recht innerhalb der von Bismarck geschaffenen deutschen Bundesstaaten. 2000.

Band 215 Mathias Freiherr von Rosenberg: Friedrich Carl von Savigny (1779-1861) im Urteil seiner Zeit. 2000.

Band 216 Reinhard Binder-Krieglstein: Österreichisches Adelsrecht 1868-1918/19. Von der Ausgestaltung des Adelsrechts der cisleithanischen Reichshälfte bis zum Adelsaufhebungsgesetz der Republik unter besonderer Berücksichtigung des adeligen Namensrechts. 2000.

Band 217 Claudia-Regine Nerius: Johannes Lehmann-Hohenberg (1851-1925). Eine Studie zur völkischen Rechts- und Justizkritik im Deutschen Kaiserreich. 2000.

Band 218 Ludger Meuten: Die Erbfolgeordnung des Sachsenspiegels und des Magdeburger Rechts. Ein Beitrag zur Geschichte des sächsisch-magdeburgischen Rechts. 2000.

Band 219 Christoph Alexander von Wilcken: Die Reformbestrebungen zum Genossenschaftsgesetz in der Frühzeit der Bundesrepublik. Die Beratungen der Sachverständigenkommission zur Überprüfung des Genossenschaftsrechts 1954 bis 1958 und der Referentenentwurf von 1962. 2000.

Band 220 Verein Junger RechtshistorikerInnen Zürich (Hrsg.): ¿Rechtsgeschichte(n)? ¿Histoire(s) du droit? ¿Storia/storie del diritto? ¿Legal Histori(es)? Europäisches Forum Junger Rechtshistorikerinnen und Rechtshistoriker Zürich 28.-30. Mai 1999. 2000.

Band 221 Hans Christian Schüler: Die Entstehungsgeschichte der Bundesnotarordnung vom 24. Februar 1961. 2000.

Band 222 Nils-Eberhard Schramm: Die Vereinigung demokratischer Juristen (1949-1999). 2000.

Band 223 Silke Anke Torp: Das Rechtsverhältnis zwischen den Eltern und ihren Kindern. Dienstleistungspflicht, Aussteuer und Ausstattung. Eine Analyse der Rechtsprechung des Reichsgerichts und des Reichsarbeitsgerichts zu den Vorschriften der §§ 1616 bis 1625 des Bürgerlichen Gesetzbuches in der Zeit von 1900 bis 1945. 2000.

Band 224 Martin Jürgen Maaß: Die Geschichte des Eigentumsvorbehalts, insbesondere im 18. und 19. Jahrhundert. 2000.

Band 225 Stefanie Langer: Rechtswissenschaftliche Itinerarien. Lebenswege namhafter europäischer Juristen vom 11. bis zum 18. Jahrhundert. 2000.

Band 226 Ulrich Schmitz: Der Unterhaltsanspruch des nichtehelichen Kindes gegen seinen Erzeuger. Die rechtsgeschichtliche und dogmatische Entwicklung im deutschen Recht. 2000.

Band 227 Sebastian Günther: Friedrich Carl von Savigny als Grundherr. 2000.

Band 228 Henning Ibs: Hermann J. Held (1890-1963). Ein Kieler Gelehrtenleben in den Fängen der Zeitläufe. 2000.

Band 229 Matthias Rücker: Wirtschaftswerbung unter dem Nationalsozialismus. Rechtliche Ausgestaltung der Werbung und Tätigkeit des Werberats der deutschen Wirtschaft. 2000.

Band 230 Hendrik Sandmann: Die Entwicklung von Begriff und Inhalt des Wirtschaftchsrechts durch die Rechtswissenschaft in der Weimarer Republik. 2000.

Band 231 Sibylle Müller: Gibt es Menschenrechte bei Samuel Pufendorf? 2000.

Band 232 Karin Olechowski-Hrdlicka: Die gemeinsamen Angelegenheiten der Österreichisch-Ungarischen Monarchie. Vorgeschichte – Ausgleich 1867 – Staatsrechtliche Kontroversen. 2001.

Band 233 Johannes Mierau: Die juristischen Abschluß- und Diplomprüfungen in der SBZ/DDR. Ein Einblick in die Juristenausbildung im Sozialismus. 2001.

Band 234 Jörg Wolff (Hrsg.): Stillstand, Erneuerung und Kontinuität. Einsprüche zur Preußenforschung. 2001.

Band 235 Friedo Schröder: Die anwaltliche Tätigkeit während der nationalsozialistischen Herrschaft. Eine Analyse der anwaltlichen Argumentation in Zivilprozessen anhand der vorhandenen Prozeßakten der Landgerichte Frankenthal, Wiesbaden, Limburg und Frankfurt und der Handakten der *jüdischen Konsulenten* des OLG-Bezirks Frankfurt. 2001.

Band 236 Der Code pénal des Königreichs Westphalen von 1813 mit dem Code pénal von 1810 im Original und in deutscher Übersetzung. Herausgegeben und mit einer Einleitung versehen von Werner Schubert. 2001.

Band 237 Klaus Richter: Deutsches Kolonialrecht in Ostafrika 1885-1891. 2001.

Band 238 Kai von Lewinski: Deutschrechtliche Systembildung im 19. Jahrhundert. 2001.

Band 239 Alexander Herzog: Sittenwidrige Rechtsgeschäfte in der höchstrichterlichen Rechtsprechung aus den Jahren 1948-1965. 2001.

Band 240 Claudia Rönnau: Die Beratungen des Wasserrechtsausschusses der Akademie für Deutsches Recht zu einem Reichswassergesetz (1934-1941). Ein Beitrag zur Dogmatik der Begriffe *Gemeingebrauch* und *Sondergebrauch* in der Zeit des Nationalsozialismus. 2001.

Band 241 Momme Rohlack: Kriegsgesellschaften (1914-1918). Arten, Rechtsformen und Funktionen in der Kriegswirtschaft des Ersten Weltkrieges. 2001.

Band 242 Rolf Geyer: Der Gedanke des Verbraucherschutzes im Reichsrecht des Kaiserreichs und der Weimarer Republik (1871-1933). Eine Studie zur Geschichte des Verbraucherrechts in Deutschland. 2001.

Band 243 Felix Lorenz Benjamin Lehmann: Der Rote Adlerorden. Entstehung und rechtliche Grundlagen (1705-1918). 2002.

Band 244 Marc Ludwig: Der Pfändungsschutz für Lohneinkommen. Die Entstehungs- und Entwicklungsgeschichte der Vorschriften zum Schutz vor Lohnpfändung in Deutschland. 2001.

Band 245 Alexander Wachter: Dorfschule zwischen Pastor und Schulmeister. Zur Säkularisierung des niederhessischen Schulwesens im 19. Jahrhundert. 2001.

Band 246 Richard Scholz: Analyse der Entstehungsbedingungen der reichsgerichtlichen Aufwertungsrechtsprechung. Untersuchung unter besonderer Berücksichtigung der konservativen Geldpolitik der Reichsbank und der Inflationspolitik der Reichsregierung. 2001.

Band 247 Judith Laeverenz: Märchen und Recht. Eine Darstellung verschiedener Ansätze zur Erfassung des rechtlichen Gehalts der Märchen. 2001.

Band 248 Christina Schenk: Bestrebungen zur einheitlichen Regelung des Strafvollzugs in Deutschland von 1870 bis 1923. 2001.

Band 249 Nils Werner: Die Prozesse gegen die Landvolkbewegung in Schleswig-Holstein 1929/32. Ein Beitrag zur Justizkritik in der späten Weimarer Republik. 2001.

Band 250 Wolfgang Walter: Das Duell in Bayern. Ein Beitrag zur bayerischen Strafrechtsgeschichte. 2002.

Band 251 Jörn Eckert / Kjell Å. Modéer (Hrsg.): Geschichte und Perspektiven des Rechts im Ostseeraum. Erster Rechtshistorikertag im Ostseeraum 8.–12. März 2000. 2001.

Band 252 Jan Könighaus: Die Inauguration der Christian-Albrechts-Universität zu Kiel 1665. Symbolgehalt und rechtliche Bedeutung des Universitätszeremoniells. 2002.

Band 253 Andreas Görgen: Rechtssprache in der Frühen Neuzeit. Eine vergleichende Untersuchung der Fremdwortverwendung in Gesetzen des 16. und 17. Jahrhunderts. 2002.

Band 254 Ralf Schäfer: Die Rechtsstellung der Haigerlocher Juden im Fürstentum Hohenzollern-Sigmaringen von 1634-1850. Eine rechtsgeschichtliche Untersuchung. 2002.

Band 255 Regine Schmalhorst: Die Tierhalterhaftung im BGB von 1896. Die Entstehung und Änderung des § 833 BGB sowie eine Analyse der Rechtsprechung des Reichsgerichts bis 1908. 2002.

Band 256 Thomas Hense: Konrad Beyerle. Sein Wirken für Wissenschaft und Politik in Kaiserreich und Weimarer Republik. 2002.

Band 257 Christian Mahlmann: Die Strafrechtswissenschaft der DDR. Klassenkampftheorie und Verbrechenslehre. 2002.

Band 258 Henning Kahmann: Die Bankiers von Jacquier & Securius 1933–1945. Eine rechtshistorische Fallstudie zur "Arisierung" eines Berliner Bankhauses. Mit einem Geleitwort von John Kornblum. 2002.

Band 259 Volker Friedrich Drecktrah: Die Gerichtsbarkeit in den Herzogtümern Bremen und Verden und in der preußischen Landdrostei Stade von 1715 bis 1879. 2002.

Band 260 Andreas Klass: Standes- oder Leistungselite? Eine Untersuchung der Karrieren der Wetzlarer Anwälte des Reichskammergerichts (1693-1806). 2002.

Band 261 Wolfgang Eder: Das italienische Tribunale Speciale per la Difesa dello Stato und der deutsche Volksgerichtshof. Ein Vergleich zwischen zwei politischen Gerichtshöfen. 2002.

Band 262 Albrecht Cordes / Bernd Kannowski (Hrsg.): Rechtsbegriffe im Mittelalter. 2002.

Band 263 Thomas Hildebrandt: Die Brandenburgischen Provinziallandtage von 1841, 1843, und 1845 anhand ausgewählter Verhandlungsgegenstände. 2002.

Band 264 Jan Finzel: Georg Adam Struve (1619-1692) als Zivilrechtler. 2003.

Band 265 Björn Carsten Frenzel: Das Selbstverständis der Justiz nach 1945. Analyse der Rolle der Justiz unter Berücksichtigung der Reden zur *Wiedereröffnung* der Bundes- und Oberlandesgerichte. 2003.

Band 266 Nils Reichhelm: Die marxistisch-leninistische Staats- und Rechtstheorie Karl Polaks. 2003.

Band 267 Raik Schneider: Altrechtliche Personenzusammenschlüsse. Ihre Entwicklung unter besonderer Berücksichtigung des Rechts des Großherzogtums Sachsen-Weimar-Eisenach sowie der Herzogtümer Sachsen-Meiningen und Sachsen-Gotha. 2003.

Band 268 Anke Meier: Die Geschichte des deutschen Konkursrechts, insbesondere die Entstehung der Reichskonkursordnung von 1877. 2003.

Band 269 Stefan Jens Jordan: Leben und Werk des Tübinger Rechtsprofessors Wilhelm Gottlieb Tafinger 1760-1813. 2003.

Band 270 Stefanie Hubig: Die historische Entwicklung des § 23 ZPO. Zum Ursprung und Fortleben des Vermögensgerichtsstandes im deutschen Prozeßrecht des 19. Jahrhunderts. 2003.

Band 271 Michael G. Perband: Der Grundsatz der freien Beweiswürdigung im Zivilprozeß (§ 286 ZPO) in der Rechtsprechung des Reichsgerichts. 2003.

Band 272 Mathias Bouveret: Die Stellung des Staatsoberhauptes in der parlamentarischen Diskussion und Staatsrechtslehre von 1848 bis 1918. 2003.

Band 273 Barbara Széchényi: Rechtliche Grundlagen bayerischer Zensur im 19. Jahrhundert. 2003.

Band 274 Sylvia Scharfenberg: Die Entstehungsgeschichte des Beurkundungsgesetzes vom 28. August 1969. 2003.

Band 275 Urte Nesemann: Die schwedische Familiengesetzgebung von 1734 bis zu den Reformgesetzen von 1915 bis 1920 und deren Einfluss auf die Gesetzgebungsprojekte der Weimarer Republik. Unter besonderer Berücksichtigung der Rechtsstellung der Frau und des unehelichen Kindes. 2003.

Band 276 Alexandra Brück: Die Polizeiordnung Herzog Christians von Braunschweig-Lüneburg vom 6. Oktober 1618. 2003.

Band 277 Torsten Landwehr: Das Kommissionsgeschäft in Rechtswissenschaft, Gesetzgebung und Rechtspraxis vom 16. bis zum Ende des 18. Jahrhunderts. 2003.

Band 278 Tassilo Wilhelm Maria Englert: Deutsche und italienische Zivilrechtsgesetzgebung von 1933–1945. Parallelen in der Rechtsetzung und gegenseitige Beeinflussung unter besonderer Berücksichtigung des Familien- und Erbrechts. 2003.

Band 279 Tobias Prang: Der Schutz der Versicherungsnehmer bei der Auslegung von Versicherungsbedingungen durch das Reichsgericht. 2003.

Band 280 Thorsten Lieb: Privileg und Verwaltungsakt. Handlungsformen der öffentlichen Gewalt im 18. und 19. Jahrhundert. 2004.

Band 281 Michael Rühling: Das Ladenschlussgesetz vom 28. November 1956. Vorgeschichte, Entstehung des Gesetzes und weitere Entwicklung. 2004.

Band 282 Kathrin Nawotki: Die schleswigsche Deichstavengerechtigkeit. Vom 17. Jahrundert bis in die Gegenwart. Eine gewohnheitsrechtliche Superfizies an nordfriesischen Deichgrundstücken und ihre Entwicklung. 2004.

Band 283 Erik Nils Voigt: Die Gesetzgebungsgeschichte der militärischen Ehrenstrafen und der Offizierehrengerichtsbarkeit im preußischen und deutschen Heer von 1806 bis 1918. 2004.

Band 284 Dorothea Riedi Hunold: Die Einführung der allgemeinen Wechselfähigkeit in der Schweiz in der zweiten Hälfte des 19. Jahrhunderts. Unter besonderer Berücksichtigung der politischen, wirtschaftlichen und sozialen Verhältnisse. 2004.

Band 285 Thomas Gergen: Pratique juridique de la paix et trêve de Dieu à partir du concile de Charroux (989–1250). Juristische Praxis der Pax und Treuga Dei ausgehend vom Konzil von Charroux (989–1250). 2004.

Band 286 Kathrin Bethkenhagen: Die Entwicklung des Luftrechts bis zum Luftverkehrsgesetz von 1922. 2004.

Band 287 Heiko Lüpkes: Die Verbrechen der Diener des Staats im Allgemeinen Landrecht für die Preußischen Staaten von 1794 und ihre Entwicklung zu den Vergehen und Verbrechen im Amte im Strafgesetzbuch für die Preußischen Staaten von 1851. 2004.

Band 288 Mirco Peter Hirsch: Von der Erbbescheinigung des Preußischen Rechts zum Erbschein des Bürgerlichen Gesetzbuchs. 2004.

Band 289 Bettina Günther: Die Behandlung der Sittlichkeitsdelikte in den Policeyordnungen und der Spruchpraxis der Reichsstädte Frankfurt am Main und Nürnberg im 15. bis 17. Jahrhundert. 2004.

Band 290 Seunghyeon Seong: Der Begriff der *nicht gehörigen Erfüllung* aus dogmengeschichtlicher und rechtsvergleichender Sicht. 2004.

Band 291 Steffen-Werner Meyer: Bemühungen um ein Reichsgesetz gegen den Büchernachdruck. Anläßlich der Wahlkapitulation Leopolds II. aus dem Jahre 1790. 2004.

Band 292 Ulrich Löffler: Instrumentalisierte Vergangenheit? Die nationalsozialistische Vergangenheit als Argumentationsfigur in der Rechtsprechung des Bundesverfassungsgerichts. 2004.

Band 293 Norbert Koch: Die Entwicklung des deutschen privaten Immissionsschutzrechts seit Beginn der Industrialisierung. Unter besonderer Berücksichtigung des Einflusses der höchstrichterlichen Rechtsprechung. 2004.

Band 294 Julius Ludwig Pfeiffer: Das Tierschutzgesetz vom 24. Juli 1972. Die Geschichte des deutschen Tierschutzrechts von 1950 bis 1972. 2004.

Band 295 Bert-Hagen Strodthoff: Die richterliche Frage- und Erörterungspflicht im deutschen Zivilprozeß in historischer Perspektive. 2004.

Band 296 Tim Kannewurf: Die Höfeordnung vom 24. April 1947. Entstehungsgeschichte und Einordnung in die Entwicklung des Anerbenrechts. 2004.

Band 297 Steffi Heine: Die Methodendiskussion nach Inkrafttreten des Bürgerlichen Gesetzbuches und die Gründung des Vereins *Recht und Wirtschaft*. 2004.

Band 298 Anne Marlene Simon-Holtorf: Geschichte des Familienwahlrechts in Frankreich (1871 bis 1945). 2004.

Band 299 Jürgen Busch: Das Germanenbild der deutschen Rechtsgeschichte. Zwischen Wissenschaft und Ideologie. Mit einem Vorwort von Herwig Wolfram. 2004.

Band 300 Jan Kohlmann: Der Marsch zu den Gräbern von Karl und Rosa. Geschichte eines Gedenktages. 2004.

Band 301 Christian Rainer Schlicht: Die kumulative Schuldübernahme in der Rechtsprechung des Reichsgerichts und in der zeitgenössischen Literatur. 2004.

Band 302 Hans Peter Glöckner: Positive Vertragsverletzung. Die Geburt eines Rechtsinstituts. 2006.

Band 303 João Manuel Azevedo Alexandrino Fernandes: Die Theorie der Interpretation des Gesetzes bei Francisco Suárez. 2005.

Band 304 René Funk: Die Wahlprüfung der volksgewählten Abgeordneten der Volksvertretungen im Frühkonstitutionalismus. Eine Untersuchung der Wahlprüfung in den Kammern der Abgeordneten des Großherzogtums Baden, des Königreichs Württemberg und des Großherzogtums Hessen. 2005.

Band 305 Carolin O'Sullivan. Die Ahndung von Rechtsbrüchen der Seeleute im mittelalterlichen hamburgischen und hansischen Seerecht (1301–1482). 2005.

Band 306 Martin Jürgens: Staat und Reich bei Ernst Rudolf Huber. Sein Leben und Werk bis 1945 aus rechtsgeschichtlicher Sicht. 2005.

Band 307 Florian G. Dürselen: Franz Beyerle (1885–1977). Leben, Ära und Werk eines Rechtshistorikers. 2005.

Band 308 Kai Bandilla: Urheberrecht im Kaiserreich. Der Weg zum Gesetz betreffend das Urheberrecht an Werken der Literatur und Tonkunst vom 19. Juni 1901. 2005.

Band 309 Stefan Mieth: Die Entwicklung des Denkmalrechts in Preußen 1701–1947. 2005.

Band 310 Catharina Lodemann: Die Geschichte des französischen *acte de gouvernement*. 2005.

Band 311 Christina Wicke: Kodifikationsbestrebungen und Wissenschaft in Hessen-Darmstadt im vorkonstitutionellen Zeitalter. Zu der Beteiligung der Gießener Rechtsprofessoren an den Gesetzgebungsarbeiten in Hessen-Darmstadt in der Zeit zwischen 1769 und 1820. 2005.

Band 312 Christiane Chlosta: Nur dem Gesetz unterworfen? Eine rechtsgeschichtliche Untersuchung zu Idee und Wirklichkeit richterlicher Gesetzestreue unter besonderer Berücksichtigung der Aufwertungsrechtsprechung und des richterlichen Prüfungsrechts. 2005.

Band 313 Kathrin Dirr: Hoheitsrechtliche Streitigkeiten zwischen den Kölner Erzbischöfen und der Stadt Köln auf Grundlage reichskammergerichtlicher Verfahren des 16. und 17. Jahrhunderts. 2005.

Band 314 Michael Racky: Die Diskussion über Gewaltenteilung und Gewaltentrennung im Vormärz. 2005.

Band 315 Petra Thiemrodt: Die Entstehung des Staatshaftungsgesetzes der DDR. Eine Untersuchung auf der Grundlage von Materialien der DDR-Gesetzgebungsorgane mit zeitgeschichtlichen Bezügen. 2005.

Band 316 Julius F. Reiter: Entstehung und staatsrechtliche Theorie der italienischen *Carta del Lavoro*. 2005.

Band 317 André Book: Die Justizreform in der Frühzeit der Bundesrepublik. Die Beratungen der Kommission zur Vorbereitung einer Reform der Zivilgerichtsbarkeit in den Jahren 1955 bis 1961. 2005.

Band 318 Frank Zentz: Das amerikanische Strafverfahren als Element der Besatzungspolitik in Deutschland. Erziehung zur Demokratie durch den *Court of Appeals* 1948–1955. 2005.

Band 319 Friederike Quaisser: Mietrecht im 19. Jahrhundert. Ein Vergleich der mietrechtlichen Konzeptionen im Allgemeinen Landrecht für die Preußischen Staaten von 1794 und dem gemeinen Recht. 2005.

Band 320 Stefan Burghard: Professor Dr. Wilhelm Kahl – Leben zwischen Wissenschaft und Politik. 2005.

Band 321 Günter Baranowski: Die *Russkaja Pravda* – ein mittelalterliches Rechtsdenkmal. 2005.

Band 322 Christina Schneider: Die SS und „das Recht". Eine Untersuchung anhand ausgewählter Beispiele. 2005.

Band 323 Werner Schubert (Hrsg.): Zivilprozessreform in der Weimarer Zeit. Quellen zur Emminger-Zivilprozessverordnung vom 13.2.1924 und zu den Arbeiten der Zivilprozesskommission des Reichsjustizministeriums (1922–1930). Eingeleitet und herausgegeben von Werner Schubert. 2005.

Band 324 Felix Gaul: Der Jurist Rudolf Isay (1886–1956). Ein verantwortungsbewusster Vermittler im Spannungsfeld zwischen dynamischer Rechtsschöpfung, ökonomischem Wandel und technischem Fortschritt. 2005.

Band 325 Konstanze Braun: Dr. Otto Georg Thierack (1889–1946). 2005.

Band 326 Eckart Klein / Stefan Chr. Saar / Carola Schulze (Hrsg.): Zwischen Rechtsstaat und Diktatur. Deutsche Juristen im 20. Jahrhundert. 2006.

Band 327 Stefan Botor: Das *Berliner Sühneverfahren* – Die letzte Phase der Entnazifizierung. 2006.

Band 328 Andreas Köhler: Die Sorgerechtsregelungen bei Ehescheidung seit 1945. Scheidungsstrafe und verordnete Gemeinsamkeit. 2006

Band 329 Lars Düwel: Die Nichtigkeit und Anfechtbarkeit der Ehe in der Rechtsprechung des Reichsgerichts zwischen 1900 und 1945. 2006.

Band 330 Katalin Polgar: Das Oberappellationsgericht der vier freien Städte Deutschlands (1820–1879) und seine Richterpersönlichkeiten. 2007.

Band 331 Julia Schweitzer: Schiffer und Schiffsmann in den Rôles d'Oléron und im Llibre del Consolat de Mar. Ein Vergleich zweier mittelalterlicher Seerechtsquellen. 2007.

Band 332 Diana-Catharina Kurtz: Das Institut der Adoption im preußischen Allgemeinen Landrecht und im französischen Code civil zwischen Rezeption römisch-rechtlicher Prinzipien und verändertem Familienverständnis. 2006.

Band 333 Dino Joakim Duderstadt: Spiel, Wette und Differenzgeschäft (§§ 762–764 BGB) in der Rechtsprechung des Reichsgerichts und in der zeitgenössischen Literatur. 2007.

Band 334 Ronald Hoffmann: Die Domänenfrage in Thüringen. Über die vermögensrechtlichen Auseinandersetzungen mit den ehemaligen Landesherren in Thüringen nach dem Ersten Weltkrieg. 2006.

Band 335 Joachim Windmüller: *Ohne Zwang kann der Humanismus nicht existieren...* – „Asoziale" in der DDR. 2006.

Band 336 Sven Christian Gläser: Die Mediatisierung der Grafschaft Wertheim. Der juristische Kampf eines kleinen Reichsstandes gegen den Verlust der Landesherrschaft und seine Folgen. 2006.

Band 337 Benjamin Schleyer: Friedrich Wilhelm Bornemann (1798–1864). Eine Juristenkarriere im Preußen des 19. Jahrhunderts. 2006.

Band 338 Die Reform des Ehescheidungsrechts von 1976. Quellen zum Ersten Gesetz vom 14.6.1976 zur Reform des Ehe- und Familienrechts (Parlamentarische Ausschussprotokolle – Anglikanische Denkschrift von 1966 zur Scheidungsrechtsreform – Schlussabstimmung 1969 in der Eherechtskommission des Bundesministeriums der Justiz). Eingeleitet und herausgegeben von Werner Schubert. 2006.

Band 339 Andreas Feld: Das Bayerische Gesetz zum Schutz des Eigentums an Erzeugnissen der Literatur und Kunst gegen Nachdruck vom 15.04.1840. Vorgeschichte und Zustandekommen. 2007.

Band 340 Bernd Wörner: Adelbert Düringers Einfluß als Richter am Reichsgericht in Leipzig auf dem Gebiet des Personengesellschaftsrechts. 2007.

Band 341 Jan Jelle Kähler: Französisches Zivilrecht und französische Justizverfassung in den Hansestädten Hamburg, Lübeck und Bremen (1806–1815). 2007.

Band 342 Jörn Eckert / Pia Letto-Vanamo / Kjell Å. Modéer (Hrsg.): Juristen im Ostseeraum. Dritter Rechtshistorikertag im Ostseeraum 20.–22. Mai 2004. 2007.

Band 343 Ferdinand von Weyhe: A.E. Wassermann. Eine rechtshistorische Fallstudie zur „Arisierung" zweier Privatbanken. 2007.

Band 344 Martin Klaus Römermann: Kündigungen und Kündigungsschutz im Franquismus. 2007.

Band 345 Thomas Hoffmann: Der Landrechtsentwurf David Hilchens von 1599. Ein livländisches Rechtszeugnis polnischer Herrschaft. 2007.

Band 346 Ingo Ullmann: Die rechtliche Behandlung holsteinischer Leibeigener um die Mitte des 18. Jahrhunderts. Dargestellt unter besonderer Berücksichtigung der Schmoeler Leibeigenschaftsprozesse von 1738 bis 1743 sowie von 1767 bis 1777. 2007.

Band 347 Petra Fischer-Langosch: Die Entstehungsgeschichte des Familiengesetzbuches der DDR von 1965. 2007.

Band 348 Lasse O. Johannsen: Die rechtliche Behandlung ausreisewilliger Staatsbürger in der DDR. 2007.

Band 349 Ralf Schlottau: Deutsche Kolonialrechtspflege. Strafrecht und Strafmacht in den deutschen Schutzgebieten 1884 bis 1914. 2007.

Band 350 Hartwig Brandt / Ewald Grothe (Hrsg.): Rheinbündischer Konstitutionalismus. 2007.

Band 351 Nora Lutze: Der Verwandtenunterhalt nach den §§ 1601 bis 1603 und §§ 1610 bis 1612 BGB in der Rechtsprechung des Reichsgerichts. Unter Berücksichtigung der Entstehung des BGB. 2007.

Band 352 Frank Thiäner: Das Verhältnis von Aufsichtsrat und Abschlussprüfern in der rechtshistorischen Entwicklung bis 1937. 2007.

Band 353 Britta Heymann: Ernst Melsheimer (1897–1960). Eine juristische Karriere in verschiedenen staatlichen Systemen. Mitarbeiter im Preußischen Justizministerium in der Weimarer Republik, im Justizministerium Preußens und des Reiches sowie Richter am Kammergericht in der NS-Zeit und Erster Generalstaatsanwalt der Deutschen Demokratischen Republik. 2007.

Band 354 Susanne Adlberger: Wilhelm Kisch – Leben und Wirken (1874–1952). Von der Kaiser-Wilhelms-Universität Straßburg bis zur nationalsozialistischen Akademie für Deutsches Recht. 2007.

Band 355 Moritz Waibel: Josef Berchtold (1833–1894). Ein Leben gegen den Ultramontanismus. 2007.

Band 356 Aline Levin: Erinnerung? Verantwortung? Zukunft? Die Beweggründe für die gemeinsame Entschädigung durch den deutschen Staat und die deutsche Industrie für historisches Unrecht. 2007.

Band 357 Ferdinand Krause: Die hergebrachten Grundsätze des Berufsbeamtentums. Eine rechtshistorische Analyse. 2008.

Band 358 André Tiebel: Die Entstehung der Schutztruppengesetze für die deutschen Schutzgebiete Deutsch-Ostafrika, Deutsch-Südwestafrika und Kamerun (1884–1898). 2008.

Band 359 Holger Ruff: Sittenwidrige Rechtsgeschäfte in der späten Kaiserzeit. Die Entwicklung der reichsgerichtlichen Rechtsprechung zu § 138 BGB von 1900 bis 1914. 2007.

Band 360 Frank Rohrer: Strafjustiz im Dritten Reich und in der SBZ/DDR. Die personelle und organisatorische Neuordnung des Justizapparates in den totalitären Diktaturen (1933–1955) mit ihren Auswirkungen auf die Rechtsprechung zum politischen Strafrecht. 2007.

Band 361 Hans-Georg Knothe / Marc Liebmann (Hrsg.): Gerichtskultur im Ostseeraum. Vierter Rechtshistorikertag im Ostseeraum. 18.–20. Mai 2006 in Greifswald. 2007.

Band 362 Christina Meß: Das Vertragsrecht bei Adam Smith. 2008.

Band 363 Quellen zur dänischen Rechts- und Verfassungsgeschichte (12.–20. Jahrhundert). Herausgegeben von Ditlev Tamm, Werner Schubert und Jens Ulf Jørgensen. 2008.

Band 364 Günter Baranowski: Die Gerichtsurkunde von Pskov. 2008.

Band 365 Mark Spengler: Die Entstehung des Scheckgesetzes vom 11. März 1908. 2008.

Band 366 Ivan Biliarsky / Radu G. Păun (eds./éds.): The Biblical Models of Power and Law. Les modèles bibliques du pouvoir et du droit. Papers of the International Conference, Bucharest, New Europe College 2005. Actes du colloque international, Bucarest, New Europe College 2005. 2008.

Band 367 Thomas A. Roth: Ausgestaltungen der Rechtsfähigkeit im 19. und 20. Jahrhundert. Zur Rechtspersönlichkeit natürlicher Personen in den bedeutenden deutschen Zivilrechtsordnungen. 2008.

Band 368 Björn Alexander Rautenberg: Der Fiskal am Reichskammergericht. Überblick und exemplarische Untersuchungen vorwiegend zum 16. Jahrhundert. 2008.

Band 369 Thorsten Miederhoff: *Man erspare es mir, mein Juristenherz auszuschütten*. Dr. iur. Kurt Tucholsky (1890–1935). Sein juristischer Werdegang und seine Auseinandersetzung mit der Weimarer Strafrechtsreformdebatte am Beispiel der Rechtsprechung durch Laienrichter. 2008.

Band 370 Philipp Nordloh: Kölner Zunftprozesse vor dem Reichskammergericht. 2008.

Band 371 Judith Freund: Die Wechselverpflichtung im 19. Jahrhundert. 2008.

Band 372 Hans-Michael Empell: Gutenberg vor Gericht. Der Mainzer Prozess um die erste gedruckte Bibel. 2008.

www.peterlang.de

Günter Baranowski

Die Gerichtsurkunde von Pskov

Frankfurt am Main, Berlin, Bern, Bruxelles, New York, Oxford, Wien, 2008.
440 S.
Rechtshistorische Reihe. Verantwortlicher Herausgeber: Günter Baranowski.
Bd. 364
ISBN 978-3-631-57127-9 · br. € 62.–*

Die Gerichtsurkunde von Pskov (*Pskovskaja Sudnaja gramota*) ist das bedeutendste Rechtsdokument der Epoche der politischen Zersplitterung des mittelalterlichen Russland. Zwischen 1397 und 1471 entstanden, vereinigt sie fürstliche Rechtssetzungen, Elemente des Gewohnheitsrechts und gerichtlich geformtes Recht zu einer höheren kodifikatorischen Einheit. Gegenüber der *Russkaja Pravda* erweist sie sich als eine entwickeltere Stufe der Rechtsgestaltung, besonders im Zivilrecht und im Gerichtsprozess. Da sie bisher nur fragmentarisch in deutscher Sprache vermittelt ist, besteht der Kern dieser Arbeit in der Übersetzung und, gestützt vor allem auf die reichhaltige russische Literatur, in der ausführlichen Erläuterung der Präambel und der 120 Artikel dieses Rechtsdenkmals.

Aus dem Inhalt: Text der Gerichtsurkunde in Russisch und Deutsch mit Erläuterungen · Strukturelle Probleme · Inhaltliche Probleme · Beilagen

www.ingramcontent.com/pod-product-compliance
Ingram Content Group UK Ltd.
Pitfield, Milton Keynes, MK11 3LW, UK
UKHW021234031026
15588UKWH00001B/71

9 783631 581087

Gutenberg vor Gericht

Rechtshistorische Reihe

Band 372

Peter Lang
Frankfurt am Main · Berlin · Bern · Bruxelles · New York · Oxford · Wien